名家小史丛书

【图文版】

先秦文化史

孟世杰 著

山东画报出版社

图书在版编目（CIP）数据

先秦文化史/孟世杰著.—济南：山东画报出版社，2022.3
（名家小史丛书）
ISBN 978-7-5474-3912-8

Ⅰ.①先… Ⅱ.①孟… Ⅲ.①文化史—中国—先秦时代 Ⅳ.①K220.3

中国版本图书馆CIP数据核字（2021）第114644号

XIANQIN WENHUA SHI
先秦文化史
孟世杰　著

责任编辑	张　欢
封面题字	刘楣洪
装帧设计	文渊社
出 版 人	李文波
主管单位	山东出版传媒股份有限公司
出版发行	山东画报出版社
社　　址	济南市市中区舜耕路517号　邮编250003
电　　话	总编室（0531）82098472
	市场部（0531）82098479　82098476（传真）
网　　址	http://www.hbcbs.com.cn
电子信箱	hbcb@sdpress.com.cn
印　　刷	唐山才智印刷有限公司
规　　格	145毫米×210毫米　1/32
	8.625印张　170千字
版　　次	2022年3月第1版
印　　次	2022年3月第1次印刷
书　　号	ISBN 978-7-5474-3912-8
定　　价	42.00元

名家撰小史 神笔写春秋

百余年前,国运衰微,列强环伺,中华民族到了生死存亡的关头。在这种情势下,从"闭关锁国"到"开眼看世界",许多有识之士怀抱"借西方文明之学术以改良东方之文化,必可使此老大帝国,一变而为少年新中国"(容闳语)的理想,开始正视西学,有意识且积极全面地向西方学习,将之视为可与"中学"对等的学术思想,探讨二者之优点并有机结合以帮助国家富强。

随着新式学堂的创办,留学教育方兴未艾,"西学东渐"的客观态势业已形成,西方学术思想在中国这块古老的东方大地上得到广泛传播,同时推动了各个学科领域的蓬勃发展。尤其是以新文化运动为起点,以宣传民主和科学为核心的思想潮流蓬勃兴起,先进的知识分子在这场运动中受到了新思想的洗礼。思想长期被禁锢的国人得到彻底解放,思想观念得到更新,中国进入一个崭新的时代——思想学术的新时代。在这场划时代的思想变革中,涌现了一批闻名遐迩、学贯中西的大师级的学者。这些学者以全新的理论工具和严谨治学的态度,对传统文化加以梳理和重新阐释,为现代学术奠定了基础,取得了令人瞩目的成就。

"温故而知新",我们出版这套丛书的意义和指归,正在于此。重印昔贤经典,接续学术传统,亦是今日出版人义不容辞的责任。缘此,我们从浩瀚如烟的民国学术经典中遴选100部篇幅较小、雅俗共赏的史学名篇,取名"名家小史",以丛书形式出版。这套丛书有一个共同点,即作者都是世人所敬仰的学者,且各书均是写给普通读者的普及性读物。运笔举重若轻,文字洗练易懂,经岁月洗礼和时代考验,至今仍是声名远播、影响至深,是后人传承治学传统、接近经典的桥梁。

这套系列丛书,包含了哲学、伦理学、社会学、历史学、文字学(包括训诂学)、自然科学等多方面学科的发展史。这些著作,在让年轻一代读者享受备受尊敬的人文学术大师的文化成果的同时,也能感知中华民族五千年不屈不挠的精神和璀璨的文化内涵,增强民族文化、民族精神的自豪感、荣誉感、归属感和凝聚力。我们每一个中国人,都应该为自己生在中国倍感自豪,因为我们有着几千年的灿烂历史,我们的先人为我们创造了令人骄傲、无与伦比的文明篇章。

唐太宗李世民曾说:"以铜为镜,可以正衣冠;以古为镜,可以知兴替;以人为镜,可以明得失。"对于一个国家来说,历史是经验、教训,是过去的沉淀,是未来的导向;对于我们每一个人来说,历史是最好的老师。通过学习各种历史,我们不仅可以从中领悟到许多人生哲理,扩大知识面,增长见识,丰富头脑,亦可培养实事求是的态度,提高综合能力和综合素质。总之,学习历史可以让我们每一个人都终身受益,这一点是毋庸置疑的。

我们编辑出版这套"名家小史",均采用民国时期的初版为底本,并进行了精心校订。校订时遵循以下几点原则:

1.将原书的繁体竖排,改为当今通行的简体横排,并对标点符号按现代汉语使用规范做了处理。

2.为了尊重作者及原著,对作者自有文风与习惯性行文遣词、概念术语,以及地名、译名等未做修改,皆仍其旧。

3.对原书中个别涉及原则性的文字进行了技术处理,同时对原书中一些因排印造成的讹误做了订正,如"日""曰","己""已""巳"等。

限于学力和经验,编校过程中难免存在错讹疏漏之处,敬请广大方家、读者斧正!

"名家小史"丛书编辑委员会

目录

- 001 自序
- 001 第一章 未有文字以前
- 001 一 人类之始
- 003 二 中国民族之原
- 006 三 荒古人民之生活
- 013 第二章 远古之传说
- 013 一 开辟原始
- 016 二 三皇五帝之传异
- 019 三 三皇五帝之事迹
- 034 四 大禹治水
- 040 五 尧舜禅让之疑义
- 046 第三章 三皇五帝时代开化之程度
- 046 一 制度

054 二　礼俗

057 三　宗教

059 四　社会

062 五　学艺

074 第四章　夏

074 一　禹之异古

074 二　夏传疑之事

076 三　夏之衰亡

077 第五章　夏代之文明

077 一　制度

082 二　礼俗

084 三　宗教

085 四　社会

087 五　学艺

097 第六章 殷

097 一 殷之先世

098 二 汤之治绩

099 三 殷代传疑之事

102 四 殷代都城之屡迁

106 五 纣之不善

110 第七章 殷代之文明

110 一 制度

117 二 礼俗

119 三 宗教

120 四 社会

126 五 学艺

135 第八章 周

135 一 周之崛起

140 二 西周之盛衰

145 三 春秋之世

150 四 战国之世

156 五 周代种族之争

161 第九章 周代之文明

161 一 制度

202 二 礼俗

209 三 宗教

212 四 社会

219 五 学艺

自　序

近今坊间史学著作虽多，求其专门叙述吾先民创辟文化功业，以供我现代人生活诸方面资鉴者绝鲜！间或有之，亦译自东籍，讹误相沿，在所难免。民国十五年（1926）至十八年（1929），著者在燕京大学史学系讲授中国分代史，专以阐扬我先民开化伟迹为指归；精研搜讨，抉剔别择，写定讲义数种，兹编乃其一耳。他日多暇，当更就余编，董理刊行，贡献社会。海内宏达，幸祈教正。

北平公立第一中学校长孟世杰
十八年十一月廿五日

第一章
未有文字以前

一 人类之始

人类之生，决不能无所始！然言其所始，说各不同。约而别之，可分两派：其一为创造说（Creation theory），其一为进化说（Evolutionism）。创造说者谓现在生存动植物皆开辟时神之所创造。世界各古国，如埃及、巴比伦、印度、希伯来及我神洲，对于天地剖判之形，元祖降生之事，莫不各立一说；故埃及经文言上帝之为神也灵而诚，造物而非造于物。巴比伦人所著《创世纪》，与《旧约·创世纪》犹太人所纂辑。篇首之语，多相吻合。印度人则谓其民皆梵天所生。神洲则《五运历年纪》言盘古氏开天辟地。在昔每多入主出奴之见，自英人达尔文（Darwin）《物种起源》（*The Origin of Species*）一书刊行，世人始共喻生物相嬗之故，由于适应生存竞争，逐渐进化，改其形态，此进化说所由昉也。学者或谓今日生物之起源，决非一物，浮游海水之小动物，与领有地球高视阔步之人

颜颚齿系想像

类,决不能由共同之祖先递降而来!而主张生物多源论。然鲜佐证,不足以张其军。其引证比较丰富,为现今多数学者所左袒者,厥为生物一源论;盖地上栖息之生物,千状万态,种类繁夥,溯厥权舆,皆由极简单而渐次进化,递增复杂。惟生物之起源,既认为一。然则人类果何由生乎?从进化之理法论之,人与猿之关系最为密切,特猿以体格上遂其发达,人以智识显其发达为少异耳。于此又当知者,则为今之猿,即与以教育,决不能近人类。人类之初,固似猿;吾人未几于人类之时代,猿亦非猿,既分为人类以后,始终为人类。无论如何加教育于猿,使彼亦富有智识,称为进化之猿则可,认为人类则不可。读者至此,必更有一疑问焉。曰生物一源,人猿同祖,固矣;然最初之生机,果何自来乎?依宗教家之解答,直归之造物主。而哲学者,间或主张原子化合说,谓物质有各种之原素,有各各之原力。彼此二原合者,则为二原之力;彼此三原合者,则为三原之力;彼此四原、五原合者,则为四原、五原之力。明其如斯,遂生种种无量之物,遂生种种不可思议之势。又彼此二原相合同而二原之分适相均,则生种种之物与势亦相均。彼此三原之合同如斯,四原如斯,五原、六原如斯,则其所生种种无量之物与势亦如斯。又如有六十元素,取其内二原或三原或

四、五原而横列之，斯泽山所生之物，各异其势；或又二原、三原、四原相化合其二原、三原、四原之分相等，则生种种之异物异势亦相等。此种学说，固具真理，然仍有神秘不可思议者存。学者欲穷其指归，可就神学、哲学、生物学、古生物学、地质学、人类学、进化论等，会类研究，庶能陶铸群言，心证一是。

二　中国民族之原

民族、区域、年代，为历史必具之要素。历史者，一民族或数民族，在一时代或数时代，一区域或数区域内所活动之陈迹也。中国境内人民号称四亿余万，而在中国史上占重要位置者有六：一苗族，二汉族，三满洲族，四蒙古族，五回族，六藏族。苗族蛰居于云南、贵州、广西及四川南部，有史以前曾占优胜地位。汉族现时遍布于全国，为东亚文化之创造者。满族散居东北，经奉天、吉林，直抵黑龙江滨，为金清帝室所自出。蒙古族住居内外蒙古、青海及天山北路，有元之帝室，实起于此族。回族居住天山南北路，散布于各省。藏族旧居前藏、后藏，散布于青海及天山南路。

原有之土著，抑为外来之游牧乎？关于此等问题之解答，欧西学者多滋异说：法人奥帕尔（Oppert）及拉克伯里（Lacorperie）谓吾族来自巴比伦；卫格尔（Wieger）博士谓来自印度支那半岛；包尔（Ball）及彭伯莱（Pumpelly）谓来自中央亚西亚；赫胥黎（Huxley）等谓来自美洲；德人李希霍芬（Richthofen）谓来自于阗。大抵皆谓人种西来，惟所从来之地有异。考世界人类发生于东半球；东半球人类，始于亚洲；亚洲人类，或始于帕米尔高原。[1]自此分道四下：其西下者为埃及，为美索不达米亚；南下者为印度；东下者为中国。中国民族由帕米尔高原移至青海，自此分为二路，南路由扬子江顺流而下抵四川，东阻于三峡不得至湖北，北阻于秦岭，不得至陕西，乃蟠据扬子江上流，滋生繁盛，建国号曰"蜀"，至周慎靓王五年，公元前三一六年。为秦所灭，始与北方汉族合。北路沿黄河而下，滋生于陕西、山西、河南、河北、山东境内，是由人群之迁徙，常顺山川之形势以前进。中国之山带河流，皆为横列，故民族之来，既分道横列而东，其后占居部地，亦顺横列之势，惟现今人类形体，实由数千亿万年之远，渐次进化而成。人类学家谓人类之发生有七期：第一期变形虫状；第二期珊瑚虫状；第三期不确实；第四期鱼类状；第五期蛙及蜥蜴状；第六期兽类状；第七期现在人类。地球上确见人类遗迹在新生代第四纪之洪积统，即冰期，地质学家分地质年代为太古代、古生代、中生代、新生代，每代又析为纪，纪又或析为统。距今约五十万年。中国民族之有史据书契所载可考之时代几五千年，自黄帝纪元元年至民国纪元十五年共四千六百二十三年。以中国民族史与全人类史较，相去直不可以道里计。故论中国民族，在未有史以前当即依昆仑山脉迁入黄河流域；而一般之中国文化，则多系中国民族中之汉族，在迁地以后所自创。若必拟定某人于某时由某地迁入，则多见拘迂。即如章炳麟《检论·序种姓》篇谓：

"文教之民，战胜之国，大抵起自海滨，为其交通易也。独中夏王迹，基陇坻华山间，固已异势！加尔特亚者，盖古所谓葛天，地直小亚西亚南；其族尝至中国，自神农、黄帝以来非其胄也。"推定西来之际，在神农、黄帝以前。丁谦《浙江图书馆地理丛书·穆天子传·地理考证·中国人种从来考》谓："依西亚古史，中国人种，为丢那尼安族，其族分二派：一思米尔，一阿加逖，皆起于亚洲中境。思米尔人先入美索不达米亚南境，建立迦勒底国。阿加逖人后至沙峧山麓，建都城于苏萨，称霭南国；其王廓特奈亨台，兼并迦勒底诸部，既乃率其种人迁入中华谓即黄帝；以此王时代在公元前二千二百八十年间也。……西人言伏羲画八卦，即迦勒底人楔形书，并揭举离卦之辞以证其说，是伏羲时已传西方文化，则中国人种，虽自西来，其来也不特非黄帝，并非伏羲、神农可知。按西史谓徙中国者，为巴克民族，巴克为盘古转音。中国人谓盘古氏开辟天地，未免失实；而盘古氏为中国始迁祖，则固确有可考矣。"据是则迁徙又当盘古之际，吾人将何所适从乎？夫中国民族西来，固有史以前事，彼时既未有文字，自无所纪录。后人凿空考订谓为如何如何，姑备一说而已，不足为信史。必欲进求其实，则当掘地探险，以求古器，观风考文，以彰陈迹，是有待于人种学者。

三　荒古人民之生活

荒古人民身体心意皆不发达，然以能直立步行，知用手捕获采作，且有语言，以达情款，故其群虽薄弱，而较之物类势终开展。当时人类之群，散在诸方，无长幼之序，无夫妇之别，男女杂婚；以女子为一国男子所公有，民知有母而不知有父。《亢仓子》《风俗通》说皆同。因之血统相续，咸以女而不以男，而姓字从女从生，即古代帝王大抵从母得姓，如神农、黄帝皆为少典之后裔，而神农姓姜，黄帝姓姬，则以母姓不同之故。此由荒古人民伦理不明，其血族之关系，为传母之系统，是为母系制度。渐进乃皆用父系法，是由男子剽悍不甘属女群，往往夺婚而归，而逐水草移居之际，必携家口而行，始得妻子之协力，因是父权浸张，父系制度确立。文明诸国，有史以后，皆用父系制度。同族者渐相团结非复如母系制，因求妻而散处于外。渐有村落之观，而为家族之始。

西洋考古学家考订太古人民进化之度，谓必经过石器时代而后入铜器时代、铁器时代。石器时代又有新旧之分，以所用器物精粗繁简，瞻视文野程序，用意至勤。吾国古籍，不无此等思想。如《越绝外传·记宝剑》有云："时各有使然，轩辕、神农、赫胥之时以石为兵，断树木为宫室。""然至黄帝之时以玉为兵，以伐树木为宫室凿地。""禹穴之时以铜为兵，以凿伊阙，通龙门，决江导河东注于东海，天下通平，治为宫室。""当此之时，作铁兵威服三军，天下闻之莫敢不服，此亦铁兵之神。"特无人作为系统以研究古史耳。兹略师西洋史家之议，叙述各时代用器状况如后。

一、旧石器时代

《韩非子·五蠹》篇云："上古之世人民少而禽兽众，人民不胜禽兽虫蛇。"《吕氏春秋·荡兵》篇云："未有蚩尤之时，民固剥林木以战矣。"盖上世人民，手、爪、牙，均不若猛兽之利，欲保厥身，惟天然石块及树枝为最便之武器。《周易·系辞传》曰："上古穴居而野处。"《诗·大雅·绵》篇曰："民之初生，

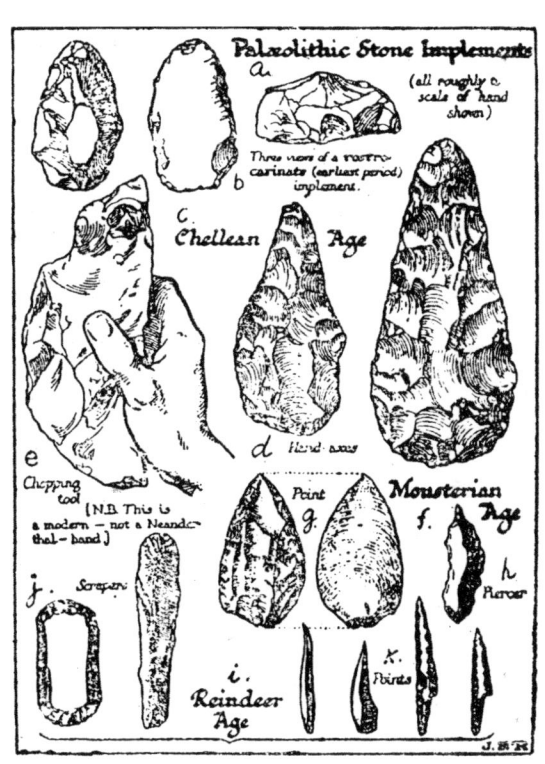

a.旧石器时代之石器（其大小可以所绘之手作比较）；b.人类最早石器之三面观；c.齐尔时代之物；d.手斧；e.斫刀；f.毛斯他时代之物；g.尖角；h.尖刺；i.驯鹿时代；j.刮刀；k.尖角。

陶复陶穴。"《礼记·礼运》曰："昔者先王未有宫室，冬则居营窟，夏则居橧巢；未有火化，食草木之实、鸟兽之肉，饮其血、茹其毛，未有麻丝，衣其羽皮。"《墨子·七患》曰："古之民，未知为宫室，时就陵阜而居穴而处下。"《白虎通义·号》篇："古之时，衣皮韦。"《五经异义》曰："太古之时，未有布帛，人食禽兽肉，而衣其皮。"盖初民被发卉服蔽前而不蔽后，以果食为饮食，巢穴为居处，渐进始知搴木茹皮，以御风霜，绚发冒首，以去灵雨，进而为鲜食。迨"后圣有作，然后修火之利。"《礼记·礼运》。故《韩非子·五蠹》篇又云："上古之世民食果蓏蚌蛤，腥臊恶臭而伤害肠胃，民多疾病；有圣人作钻燧取火以化腥臊。"《风俗通义》引《礼含文嘉》云："燧人始钻木取火，炮生为熟。"《艺文类聚》引《尸子》云："燧人上观辰星，察五木以为火。"[2]《庄子·外物》篇谓："木与木相摩，则然。"初民既发明取火之法，于是以炮以燔，以烹以炙；而人类生活遂大进步。

二、新石器时代

新石器时代所制器物，较旧石器时代为精。以此时代有石斧之发明，足供砺磨也。惟旧石器时代与新石器时代暨铜器时代、铁器时代不能截然划分，以次一时代往往沿用前一时代器物。故吾人只能就某一时期所见器物，以某类为多，而定为某时代，不能指出确定之界限。此期石器，皆刀、斧、锤及枪头类。日本鸟居龙藏氏于所著《南满州古人种考》中，谓旅顺、朝阳、铁岭等处，均出石斧；普兰店、熊岳城出石枪头；辽东及辽河下流出镞；又有石刀、石钻、石锤、网石、系于网，用以捕鱼。石锯、石环及玉镯等物；长春一带亦有之。氏又著《东蒙古古人种考》，谓东蒙古亦有以上诸物。俱见章鸿钊著《石雅》。而西洋人安特孙氏（John Anderson）及布朗（J. Coggin Brown）曾得石器于云南；白勃氏（E. Colborne Baber）曾得石器于四川；威廉氏（Williams）曾得石器于蔚县。最近安特孙氏复于河南渑池县仰韶村掘得大宗石器，始断定之时期在距今五千年以上云。

三、铜器时代

考各地人群对于金属利用，皆以赤铜为先，盖以矿石光泽，易惹人注意；且着火即镕，锻炼较易。故未有记录以前之

安特孙，今译安特生，瑞典地质学家、考古学家。1914年，应北洋政府农商部之邀来到中国，后陆续发现了北京周口店遗址、河南仰韶文化遗址、马家窑遗址、半山遗址等，均是中国史前史上极为重大的发现。他改变了中国近代考古的面貌，使得中国的传统史学家意识到考古是了解中国古史的必由之路，并被誉为"仰韶文化之父"。

埃及古墓已有铜具（据G. A. Reisner：*The Eeary Dynastie Groves of Maga-Ed-Der*. P.117），距今盖六千年；巴比伦人知有铜，远在六千五百年前（据H. R. Hall：*The oldest Civilization of Greece*. P.167.）。吾国铜之应用，载籍所传异说颇多。《古史考》谓在燧人时；《文献通考》谓在太昊时；《史记》《洞冥记》谓在黄帝时；《世本》《管子》《吕氏春秋》谓在蚩尤时，大抵以《史记》《世本》所传为近是。虞荔《鼎录》云："昔虞夏之盛远方皆至，使九牧贡九金，铸九鼎于荆山之下。"古所谓金，即铜。陶弘景《古今刀剑录》云："夏禹子帝启在位十年，以庚戌八年，铸一铜剑。"是可知虞夏之际铜已通行，成为普通金属。铜与锡合，则成青铜，殷周所遗钟鼎皆以青铜为之。

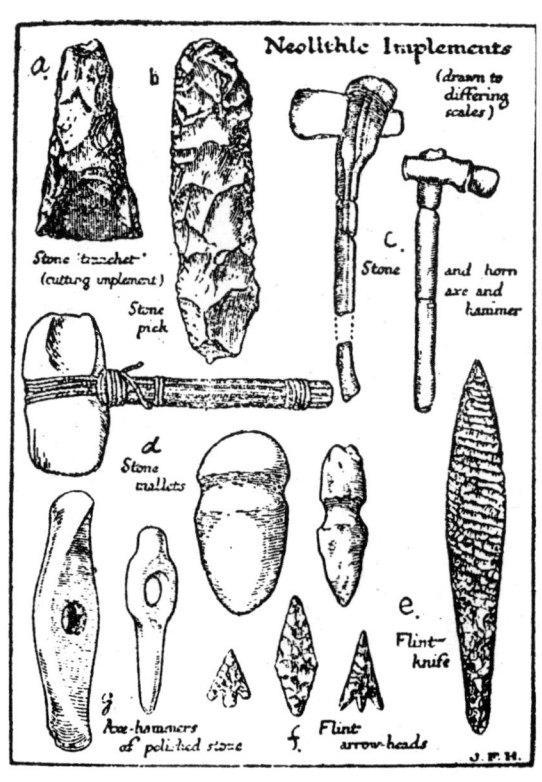

a.石凿；b.石叉；c.石斧及角锤；d.石锤；e.石刀；f.石镞；g.磨光之石斧石锤。

考《周礼·秋官》："职金，掌凡金、玉、锡、石、丹、青之戒令。"是周代早已有锡之明证。又《考工记》言："金有六齐：六分其金而锡居一，谓之钟鼎之齐；五分其金而锡居一，谓之斧斤之齐；四分其金而锡居一，谓之戈戟之齐；三分其金而锡居一，谓之大刃之齐；五分其金而锡居二，谓之削杀矢之齐；金锡半，谓之鉴燧之齐。"《越绝书》："薛烛曰：宝剑者金、锡、铜，和而不离。"据此，则周代铜器，不惟通行，即参和之法亦甚详。试观《古物图》《西清古鉴》《钟鼎款识》等书，均辑有周以前物，而种类亦至夥，足证铜器时代遗物之富。

四、铁器时代

世界各国用铁器，皆在有记录以后，埃及、希腊勿论矣。其在中国，则《史记》称蚩尤"铜头铁额"。《尚书·禹贡·梁州》云："厥贡璆铁银镂砮磬。"《刀剑录》云："孔甲在位三十一年，以九年，岁次甲辰，采牛首山铁铸一剑，铭曰夹，古文篆书，长四尺一寸。"是中国上古已知用铁。降而春秋、战国用铁益广，故《荀子·议兵》篇云："宛钜铁釶，惨如蜂虿。"《韩非子·内储说七术》云："矢来有乡，则积铁以备一乡；矢来无乡，则为铁室以尽备之。"更观江淹《铜钲赞序》有云："古者以铜为兵，春秋迄于战国，战国迄于秦时，攻征纷战，兵革互兴，铜既不克给，故以铁足之。"足证非谬。总之，有信史以来，中国即有铁之发明；自周中叶迄今，皆未脱铁器时代。

注释

[1] 民国九年,瑞典人安特孙(J. G. Anderson)在北平西南八十里周口店发现人牙,定为五十万年以前之人类。又民国十二年,法国神父李桑及特哈(Father Licent and Teilhard)在内蒙古鄂尔多斯发现旧石器时代之石器,定为五万年以前之人类遗物。故最近有主张世界人类出于蒙古或中国北部者。

[2]《周礼注》:春取榆柳之火,夏取枣杏之火,秋取柞楢之火,冬取槐檀之火。

第二章
远古之传说

一　开辟原始

大凡人类初生，由野蛮以成部落，养生之事次第而备，然后始能制出文字。其初族之古事，但凭口舌之传，其后乃绘以为画，再后则画变为字。文字既有，其第一种书，必为纪载其族之古事，必言天地如何开辟，古人如何创制。惟年代杳邈，神人杂糅，往往不可以理求。然既为其族至古之书，则其族之性情、风俗、法律、政治，莫不出乎其间。故此等书，常为其俗之所尊信，特所传说，皆在半人半神之间，成为神话。然神话者固国民思想之反映。研究一国有史以前之事迹，则其国之神话不可忽也。中国最古之史籍为《尚书》，次为汉儒司马迁之《史记》，次为西晋时发现之《竹书纪年》。《尚书》断自唐虞，《史记》及《竹书纪年》皆始于黄帝。黄帝以前之事迹，散见于《左传》《庄子》《尸子》《韩非子》诸书，皆支离破碎，不成片段。只能作为神话观，未可执以为真。

记载黄帝以前之史籍，始于纬书，七纬者：《易》则《乾凿度》《稽览图》《坤灵图》《通卦验》《是类谋》《辨终备》；《诗》则《含灵雾》《推灾度》《记历枢》；《尚书》则《璇玑钤》《考灵曜》《刑德考》《帝命验》《运期授》；《春秋》则《元命苞》《文耀钩》《演孔图》《运斗枢》《感精符》《合诚图》《考异邮》《保乾图》《汉含孳》《助佐期》《握诚图》《潜潭巴》《说题辞》；《礼》则《含文嘉》《稽命徵》《斗威仪》；《乐》则《动声仪》《稽耀嘉》《叶图徵》；《孝经》则《援神契》《钩命决》，此外名目纷纭，不能悉载。纬书者，阴阳五行家学说，虽托诸孔子，实起自汉哀、平之际，所载多荒诞不足信。次为三国时代，蜀汉谯周之《古史考》，此书已佚，惟散见于裴骃《史记注》之引用文中。次为晋儒皇甫谧之《帝王世纪》，次为唐儒司马贞之《三皇本纪》，次为宋儒罗泌之《路史》、金履祥之《通鉴前编》。皇甫氏、罗氏之书绅记载较详，大略以纬书为蓝本，而参以秦汉时诸子学说，荒渺无稽。其论开辟原始者，《易》云："易有太极，是生两仪，两仪生四象，四象生八卦，八卦定吉凶，吉凶生大业。"《列子》云："昔者圣人因阴阳以统天地，夫有形者生于无形，则天地安从生？故曰有太易、有太初、有太始、有太素。太易者，未见气也；太初者，气之始也；太始者，形之始也；太素者，质之始也。气、形、质具而未相离，故曰浑沦。浑沦者，言万物相浑沦而未相离也。视之不见，听之不闻，循之不得，故曰易也。易无形埒，易变而为一，一变而为七，七变而为九。九变者究也，乃复变而为也。清轻者上为天，浊重者下为地，故天地含精，万物化生。"《五运历年记》云:"元气蒙鸿,萌芽兹始,遂分天地,肇立乾坤;启阴感阳,分布元气;乃孕中和,是为人也。首生盘古,垂死化身,气成风云,声为雷霆,左眼为日,右眼为月,四肢五体为四极五岳,血液为江河,筋脉为地里,肌肉为田土,发髭为星辰,皮毛为草木,齿骨为金石,精髓为珠玉,汗流为雨泽;身之诸虫,因风所感,化为黎氓。"《三五历记》云:"天地混沌如鸡子,盘古生其中,万八千岁。天地开辟,阳清为天,阴浊为地,盘古在其中,一日九变。神于天,圣于地,天日高一丈,地日厚一丈,盘古日长一丈,如此万八千岁,天数极高,地数极深,盘古极长,后乃有三皇。数起于一,立于三,成于五,盛于七,处于九,故天去地九万里。"此等恍惚之论、荒唐之说,视为中国民族最早之宇宙论,殊足令人寻味。史家乃谓:"盘古氏,明天地之道,达阴阳之变,为三才首君。"近儒夏曾佑氏又谓盘古即槃瓠,其关于盘古之神话,亦为苗族之神话。故证以汉族古帝,都在北方,独盘古则祠在桂林,墓在南海。见任昉《述异记》。抑阳子居曰:"太古之事,灭矣!孰志之哉?"屈原曰:"遂古之初,谁传道之。"三复斯言,而知稽古之难信,考论者之无征也。

二　三皇五帝之传异

古史相传，继盘古出而治世者，为三皇五帝。《周礼·春官》有"外史职掌三皇五帝之书"之文，是三皇五帝之名，周初已见其书，古注以为即《三坟》《五典》，然《坟》《典》已亡，莫知师说。《淮南子·原道训》又有泰古二皇之说，二皇谓庖羲、神农。《史记·秦本纪》又有古有天皇、地皇，有泰皇，泰皇最贵之说。然皆异说，不常见。常见者以天皇、地皇、人皇为多，见胡宏《皇王大纪》，司马贞《补三皇本纪》。而其所指，各不同。纬候所传，言者非一。应劭《风俗通义》引《礼含文嘉》，以虙戏、燧人、神农为三皇；《春秋元命苞》《春秋运斗枢》以伏羲、女娲、神农为三皇；《玉函山房》辑佚书引《礼稽命徵》，伪孔安国《尚书序》以伏羲、神农、黄帝为三皇。异议纷纭，莫衷一是。五帝之说，亦甚不同。《易·系辞下传》以伏羲、神农、黄帝、尧、舜为五帝，《皇王大纪》说与之同。《史记》依《世本》《大戴礼记》以黄帝、颛顼、帝喾、尧、舜为五帝；《古史考》《风俗通义》《白虎通义》说皆同。《礼记·月令》用五帝以配五人神：太昊配句芒，炎帝配祝融，黄帝配后土，少昊配蓐收，颛顼配玄冥。《吕氏春秋·十二纪》说与之同。伪孔安国《书序》以少昊、颛顼、高辛、尧、舜为五帝。《春秋文耀钩》更以青帝灵威仰、赤帝赤熛怒、黄帝含枢纽、白帝白招拒、黑帝汁光纪为五感生帝。《曲礼正义》引郑注《中候敕省图》，以黄帝、金天氏、高阳氏、高辛氏、陶唐氏、有虞氏六人为五帝。大约异说，尚不止此。然则，三皇五帝究为何人乎？崔述《上古考信录》曰："且经传述上古，皆无三皇之号，《春秋传》仅溯至黄帝，《易传》亦仅至伏羲，则谓羲农以前别有三皇者，妄也。燧人不见于传，祝融乃颛顼氏臣，女娲虽见于记，而文亦不类天子，则以此三人配羲、农以足三皇之数者，亦妄也。《春秋传》云：'黄帝氏以云纪，炎帝氏以火纪，共工氏以水纪，太皞氏以龙纪；少昊挚之立也，凤鸟适至，故纪于鸟；自颛顼以来不能纪远，乃纪于近。'此但历叙古帝纪官之不同耳，初无五帝之名，亦无五德之说也。《吕氏》缘此遂删共工氏，而以五德分属之，失传之本意矣。《国语》云：'黄帝能成命百物，以明民共财；颛顼能修之；帝喾能序三辰以固民；尧能单物刑法以仪民；舜勤民事而野死。'但序此五人之功，为下郊禘张本耳，亦不称为五帝，而谓帝必限于五也。《大戴礼记》遂独改此为五帝，而他不与焉，亦非《国语》意也。至于《易传》五帝亦偶举之。……盖三皇五帝之名，本起于战国以后，《周官》后人所撰，是以从而述之。"据日本白鸟库吉所研究，三皇五帝者未必实有其人，不过汉民族国民思想之反映，臆造之架空的理想人物而已。汉民族阴阳五行家学说，至战国时始发生，至秦汉时而极盛。大抵谓帝王应运御世，皆本于五行之德。五行之中，木、火、土、金、水相生。故太皞、伏羲氏以木德王；炎帝、神农氏以火德王；黄帝、轩辕氏以土德王；少皞、金天氏以金德王；颛顼、高阳氏以水德王。皆以相生之故，而前后继续御宇。五行之中，水、火、金、木、土相克，故秦始皇之时，以为周得火德，色尚赤；秦代周从所不胜为水德，色尚黑。汉文帝时，黄龙见成纪，从鲁人公孙臣说，以为汉得土德，当尚黄。则皆以为相克之故，而前后继续御宇。观《礼记·月令》："孟春、仲春、季春之月，盛德在木。其日甲乙，其帝太皞，其神句芒。孟夏、仲夏、季夏之月，盛德在火，其日丙丁，其帝炎帝，其神祝融。中央土，其日戊己，其帝黄帝，其神后土。孟秋、仲秋、季秋之月，盛德在金，其日庚辛，其帝少皞，其神蓐收。孟冬、仲冬、季冬之月，盛德在水，其日壬癸，其帝颛顼，其神玄冥。"更观《淮南子·天文训》："东方木也，其帝太皞，其佐句芒，其日甲乙。南方火也，其帝炎帝，其佐朱明，其日丙丁。中央土也，其帝黄帝，其佐后土，其日戊己。西方金也，其帝少昊，其佐蓐收，其日庚辛。北方水也，其帝颛顼，其佐玄冥，其日壬癸。"皆以太皞、炎帝、黄帝、少昊、颛顼代表五行之德，而以四时或四方分配之。是可知所谓五帝者，系阴阳五行家学说思想之反映，不必实有其人。若三皇者，则又三才思想之反映，所谓天神、地祇、人鬼者是也。三才之说始见于《易·系辞下传》第十章，谓："《易》之为书也，广大悉备，有天道焉，有地道焉，有人道焉，兼三才而两之故六。"后世愈衍愈奇，以三才之自然现象，比附于古帝王之人格。于是，有天皇、地皇、人皇之说。所谓三皇者，即三才之人间化者也。然则三皇五帝，究宜如何解释？三皇盖取天开于子，地辟于丑，人生于寅之义；五帝则由追溯开化本原，联想而生。如教民构木为巢，以避爪牙角毒之害，故曰："有巢"；教民钻木取火，以备火化，故曰"燧人"；教民佃渔畜牧，以充庖厨，故曰"伏羲"，又曰"庖牺"；教民树艺五谷，以资民生，故曰"神农"；教民造车以任重致远，故曰"轩辕"。皆先民理想中造出之帝名，未必当时实有其号。浸假而"五行"说出，又从而周纳之；于是五帝之说遂颠扑不破。至数字必以三五计算者，则因汉民族思想，以奇为阳数，偶为阴数，故尊三重五。《易》曰："天一地二，天三地四，天五地六，天七地八，天九地十。"是由凡数字皆起于奇，由五溯三，渐至于一，即为太极。史家追述开化之初，首论盘古，次及三皇五帝，或由于此。

三 三皇五帝之事迹

大名崔述谓："古者本无皇称，而帝亦不以五限。"谅哉言乎。《史纪·秦本纪》谓："古者有天皇、有地皇、有泰皇。"《封禅书》称："古者封泰山禅梁父者七十二家。"荐绅先生已难言之。乃司马贞补《三皇本纪》引《春秋纬》《命历序》。称自开辟至于获麟，凡三百二十七万六千岁，分为十纪：一曰九头纪，二曰五龙纪，三曰摄提纪，四曰合雒纪，五曰连通纪，六曰序命纪，七曰修飞纪，亦作循飞。八曰因提纪，九曰禅通纪，十曰流讫纪。亦作疏仡。流讫当黄帝时，《河图》及《三五历》称天皇氏十六头，澹泊无所施为，而俗自化，木德王，岁起摄提，[1]兄弟十二人，人各一万八千岁。地皇十一头，火德王，亦各万八千岁。人皇九头，乘云车，驾六羽，兄弟九人，分掌九州，凡一百五十世，合四万五千六百年。"后世叙古史者，往往采之，谬莫甚焉。夫羲、农以前，未有书契，所谓三皇十纪帝王之名号，后人何由知之。《尚书》但始于唐虞，《左氏春秋传》不引黄、炎以前事，及司马迁作《史记》乃起于黄帝，谯周、皇甫谧又推之以至于伏羲氏，而徐整以后诸家，遂上溯于开辟之初。焚书以后之儒生，所知反详于古人，于理实有未谙。故今但取古帝之见于传者，次第列其事迹，不复以三五约其数。

包牺氏

伏羲
——从明万历三十七年（1609）原刊本《三才图会》

包牺一作伏羲，一作庖羲，一作宓羲，一作虙羲。风姓，生于成纪，<small>今甘肃秦安县</small>。作都于陈。<small>今河南陈县</small>。《易·系辞下传》称："古者包牺氏之王天下也，仰则观象于天，俯则观法于地，观鸟兽之文，与地之宜，近取诸身，远取诸物；于是始作八卦以通神明之德，以类万物之情。"又称"作结绳而为网罟，以佃以渔。"至《汉书·五行志》引刘歆语，以为伏羲继天而王，受河图而画八卦，乃本于纬书。《礼纬》《春秋纬》。至《补三皇本纪》称："伏羲氏造书契，以代结绳之政；始制嫁娶，以俪皮为礼。"概本诸伪书《孔安国序文》，与谯周《古史考》，并不足信。又《外纪》称："伏羲有以龙马负图之瑞，故以龙纪官。"不知以龙名官者，乃太皞，非伏羲。《外纪》又称："伏羲氏支干相配为十二辰，六甲而天道周。"若然，则又何待于"黄帝命大挠作甲子"哉？

又世传上古之天子，有燧人氏、女娲氏、大庭氏、柏皇氏、中央氏、卷须氏、栗陆氏、骊连氏、赫胥氏、尊卢氏、浑沌氏、昊英氏、有巢氏、朱襄氏、葛天氏、阴康氏、无怀氏。谯周《古史考》以燧人备三皇，谓在庖羲以前。《补三皇本纪》则本《春秋纬》，以女娲备三皇，而谓在庖羲之后。至于大庭以下十五氏，皇甫谧《帝王世纪》以为并在庖羲之后。《补三皇本纪》则据《三五历》而以为并在庖羲之前，其说纷纷不一。考大庭氏之库，犹存于《春秋》，见《春秋传》。《明棠位序》女娲氏于垂叔之后，彼十五氏者，纵使果有其人，未见其必为上古，更何能断其果在庖羲之前与其后乎？故兹并不著录。

神农氏

《补三皇本纪》云："神农本起烈山，烈山一名厉山，在湖北随县北。故左氏称'烈山氏之子曰柱'，亦曰厉山氏。《礼》曰'厉山氏之有天下'是也。"然杜氏《左传注》云："烈山氏，神农诸侯。"是神农氏非烈山氏。史又言帝"长于姜水，在陕西岐山县东。故以姜为姓，以火德代伏羲氏治天下，故

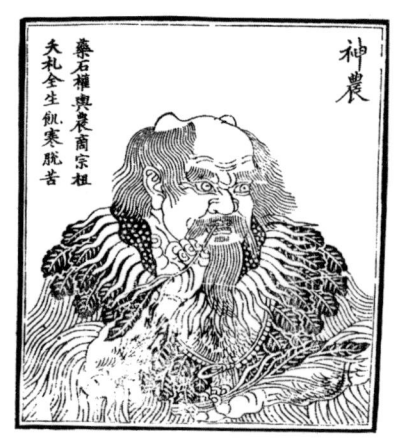

神农氏
——从明弘治十一年（1498）《历代古人像赞》

曰炎帝。"不知炎帝亦非神农。说见炎帝氏条下。神农都陈，后迁曲阜，初艺五谷，为日中之市，故《易·系辞下传》称："包牺氏没，神农氏作，斫木为耜，揉木为耒，耒耨之利，以教天下"。又称："日中为市，致天下之民聚天下之货，交易而退，各得其所。"草昧初开，能兴农商之利，以利万民，功绩已自不可没。《补本纪》乃称："神农氏重八卦为六十四，作蜡祭以赭鞭鞭草木。"又世传神农始为《本草》。《汉书·艺文志》有《神农黄帝食禁》七卷，《神农杂字》七卷；既不见经传，理实多有不通，难以征信。始尝百草，始有医药，或为然耳。《补本纪》又言："庖牺氏作二十五弦之瑟，神农氏作五弦之瑟。"是圣人于一世而尽创作，在茹毛饮血时代而鼓瑟吹笙也。《补本纪》云："神农立一百二十年，纳奔水氏之女曰听詙为妃，生帝哀，哀生帝克，克生帝榆罔；凡八代，五百三十年，而轩辕氏兴焉。"《纲目前编》云："神农在位百四十年，子临魁八十年，临魁子承六十年，承子明四十九年，明子宜四十九年，宜子来四十八年，来子襄四十二年，襄曾孙榆罔五十五年。"然则二家之说，已自不合，学者又何由知其孰是而信之乎？且《补本记》称包羲氏、女娲氏皆蛇身人首，神农氏人身牛首,圣人亦人也,必以异形求之,又呜乎可者!

黄帝氏

《史记·五帝本纪》云:"黄帝姓公孙,名曰轩辕。"又云:"黄帝为有熊氏。"《国语》谓黄帝姬姓,少典氏之子。《大戴礼记》云:"黄帝曰轩辕。"又曰:"黄帝居轩辕之邱。"《汉书·律历志》云:"黄帝始有轩冕之服,故号曰轩辕。"大名崔述《上古考信录》以为公孙非姓,轩辕为号,有熊之称,亦不见于经传。盖《国语》本不足据,不如《律历志》臆度之言近似。《易·系辞下传》称:"神农氏没,黄帝、尧、舜氏作。"是黄帝为继神农而起之圣。《五帝本纪》云:"神农氏世衰,诸侯相侵伐,暴虐百姓,而神农氏弗能征,于是轩辕氏乃习用干戈,以征不享,诸侯咸来宾从,而蚩尤最为暴,莫能伐。"又云:"炎帝欲侵陵诸侯,诸侯咸归轩辕,轩辕乃修德振兵。……以与炎帝战于阪泉**在直隶保安县东**。之野,三战然后得其志。"旧说谓炎帝为神农。夫神农氏既不能征诸侯矣,又安能侵陵诸侯。既云世衰矣,又何待三战然后得志乎?且前文言衰弱,凡

黄　帝
——从明万历三十七年(1609)原刊本《三才图会》

两称神农氏，皆不言炎帝；后文言征战，凡两称炎帝，皆不言神农氏！然则与黄帝战者自炎帝，与神农氏无涉也。《书·吕刑》云："蚩尤惟始作乱，延及于平民，罔不寇贼鸱义奸宄夺攘矫虔。"《战国策》云："黄帝伐涿鹿，山名，在河北涿鹿县南。而擒蚩尤。"《五帝本纪》云："蚩尤作乱不用帝命，于是征师诸侯，与蚩尤战于涿鹿之野，遂擒杀蚩尤；而诸侯咸尊轩辕为天子。"马镐《中华古今注》引《河图》文云："黄帝摄政前，有蚩尤兄弟八十一人，并兽身人语，铜头铁额，食砂石子，造立兵伏刀戟大弩，威震天下，天遣元女授黄帝兵法符制，以服蚩尤。"考《书·吕刑》郑注，蚩尤为九黎之君，其少时曾学于中国；《逸周书·尝麦解》谓其仕于炎帝，使宇少昊；《越绝书·计倪内经》谓其仕于黄帝为主金之官，又云黄帝深器之，使佐少昊。《管子·五行》谓其又为当时之官。司天之官。其时中国境内约分三族：最北以漠南北为界者为荤粥；獯鬻、猃狁、匈奴，皆一音之转。西起昆仑东渐大海，夹黄河两岸者为诸夏大江以外，及乎南溟，是为黎族。黎族自西方来，先于汉族不知几何年。近日有

《黄帝大战蚩尤》
——从清光绪三十一年（1905）内府刊本《钦定书经图说·吕刑》

人发见古文书，中言洪水方舟之事，故知黎族亦自西方来。其后汉族顺黄河流域而至，如此者又不知几何年。至黄帝之时，生齿日繁，民族竞争之祸，乃不能不起。考西籍谓太古民族初徙中国者为巴克，[2]中国人谓开辟始祖为盘古，[3]苗族谓其始祖为槃瓠。[4]巴克、盘古、槃瓠似皆一音之转，故可说盘古为汉苗共同之祖先，乃由帕米尔，越葱岭，沿塔里木河奔黄河源，逐渐迁入中国之第一支人也。黄帝乃其第二支，其来偏北，似由内蒙古、绥远移徙而至。[5]观《史记》称："黄帝迁徙往来无常处，以师兵为营卫。"是黄帝部众尚未脱北方游牧社会，而神农氏教民稼穑已早从事土著生活。故不能断定伏羲、神农、黄帝为一支民族。黄帝与蚩尤战争，为民族战争；与炎帝战争，亦民族战争也。乃《晋语》谓少典娶于有蟜氏生黄帝、炎帝，然证以《春秋传》，有"黄帝氏以云纪，故云师而云名；炎帝氏以火纪，故为火师而火名"之文，是二帝各自为国，各自为代，非为兄弟。尤足证黄帝与炎帝，实非一系。大抵炎帝领域，摄乎蚩尤、黄帝之间。蚩尤以久游中国，稔知诸夏九黎，终不能并存于世，又默观神农世衰，知事机不可失，乃潜铸金类，以为利器；见《山海经》及《管子·地数》篇。遂即率众北向，逐炎帝自立，而居于涿鹿。见《路史·后纪·炎帝纪下》。惟黄帝此时亦已转徙至阪泉、涿鹿之间，欲南向以争殖民地，首宜并同种之国，以厚集势力。观"三战而后得其志"一言，知黄帝之谋炎帝者深也。黄帝既并炎帝，因与蚩尤接触。蚩尤受金作兵伐黄帝，而吾族剥林木以为兵。铜木之间，利钝殊焉，乃蚩尤败，而黄帝胜者何也？以黄帝时吾族已发明弓矢之制故也。

考《御览》三百四十九，引《世本》，称挥作弓；又《书·顾命》称倕之竹矢在西房；《禹贡》谓其矢以砮石为之。挥与倕皆黄帝臣，是弓矢皆创于黄帝，而又无待乎金。至中国形势，江南多洲渚林薮，故利于短兵，而长于用水；河北多平原大陆，故利在骑射，而便于野战。蚩尤率泽国之民，徒步短兵，以与黄帝控弦之士，相角于大野，虽有铜头铁额之固，谓以铜铁为兜鍪。亦无所用之。由来土著民族与游牧民族战争，土著之文化必高于游牧，土著之武力必劣于游牧，故土著恒为游牧所制。黄帝与蚩尤之战，亦正此列。但此一战，使黄帝而败，则吾族当失其自包羲、神农以来之殖民地。五千年间泰东之史事，无一同者矣。

炎帝氏

《汉书·律历志》以炎帝为神农氏，太皞为包羲氏，大名崔述谓为不然。其言曰："《易传》曰：'庖羲氏没，神农氏作；神农氏没，黄帝、尧、舜氏作。'是庖羲、神农在黄帝之前也。《春秋传》曰：'黄帝氏以云纪，故为云师而云名；炎帝氏以火纪，故为火师而火名；共工氏以水纪，故为水师而水名；太皞氏以龙纪，故为龙师而龙名。'是炎帝、太皞在黄帝之后也。庖羲、神农在黄帝之前，炎帝、太皞在黄帝之后，然则庖羲氏之非太皞，神农氏之非炎帝也，明矣。……《封禅书》云：'古者封泰山禅梁父者七十二家。而夷吾所记者十有二焉。神农，封泰山禅云云；炎帝封泰山禅云云。'夫十有二家中，既有神农复有炎帝，其为二人明甚，乌得以炎帝为神农氏也哉！《战国策》曰：'神农伐补遂，黄帝伐涿鹿而擒蚩尤。'亦列神农于黄帝前,而不云炎帝。《晋语》曰:'黄帝以姬水成,炎帝以姜水成。'亦列炎帝于黄帝后,而不云神农。《春秋传》云:'炎帝为火师,姜姓其后也。'与《国语》炎帝姜姓之说合。皆云炎帝,不云神农。……盖自《史记》以前,未有言庖羲风姓为龙师、神农姜姓为火师者,亦未有言太皞画八卦作网罟、炎帝制耒耜为市廛者,然则庖羲氏之非太皞、神农氏之非炎帝也,明矣。"自谶纬之学盛,刘歆等比附五行之说,以太皞为庖羲氏,炎帝为神农氏,谓《春秋传》文为逆数,然证以古代文理,由今溯昔,且不用逆数!《传》云:"火出于夏,为三月;于商为四月;于周为五月。"又云:"自虞以上为陶唐氏,在夏为御龙氏,在商为豕韦氏,在周为唐杜氏,晋主夏盟为范氏。"是也。况于泛举古帝王之沿革乎?司马贞《史记索隐》释《封禅书》,欲曲全歆说,谓神农后子孙亦称炎帝。若然,则《史记》《诗》《传》不当称封禅十二家,皆易姓受命者矣。

共工氏

《汉书·律历志》列共工于神农之前,《春秋传》共工在黄帝、炎帝后。"以水纪,故为水师而水名。"《左传·昭公十七年》。《周语》云:"共工虞于湛乐,淫失其身,欲壅防百川,堕高湮庳,以害天下;皇天弗福,庶民弗助,祸乱并兴,共工用灭。"《鲁语》云:"共工氏之伯九州也,其子曰后土,能平九土。"夫共工氏之为帝为伯,不可考知。然就《春秋传》文义推求,实与黄帝、炎帝、太皞、少皞未有差别。《补本纪》云:"女娲末年,诸侯共工氏,任智刑以强,霸而不王。与祝融战，不胜而怒，乃头触不周山崩，天柱折，地维缺。女娲乃炼五色石以补天，断鳌足以立四极，聚芦灰以止滔水；于是地平天成，不改旧物。"是由《列子》《汤问》篇。《淮南子》《天文训》《本经训》。附会而出，不可为实。即《周语》所称"虞于湛乐"者，亦未必非其后裔所为。

太皞氏

太皞亦作太昊，"以龙纪，故为龙师而龙名"。"任、宿、须句、颛臾、风姓也，实司太皞与有济之祀。""陈太皞之虚也。"并见《左传》。《汉书·律历志》以《春秋传》之太皞氏为即《易传》之包羲氏，于文理未合。见前炎帝条下。

少皞氏

少皞，一作少昊，名挚，都于曲埠。《左传·昭公十七年》："少皞挚之立也，凤鸟适至，故纪于鸟，为鸟师而鸟名。"《大戴礼记·帝系》篇云："黄帝产玄嚣，玄嚣产蟜极，蟜极产高辛，黄帝产昌意，昌意产高阳。"又云："黄帝取于西陵氏之子，谓之嫘祖氏产青阳及昌意；青阳降居泜水，昌意降居若水。"自《史记》始以青阳为玄嚣，而《汉书·律历志》遂并以

少 皞
——从明万历三十七年（1609）原刊本《三才图会》

青阳为少皞，而其子孙名挚。由是皇甫谧以来，皆以少皞为黄帝子。然《大戴礼记》云："青阳降居泜水。"是明谓青阳不为天子。《史记》云："自玄嚣与蟜极，皆不得在位，至高辛即帝位。"是亦谓玄嚣不为天子。青阳、玄嚣皆不为天子，不得谓为少皞，若以挚为少皞子孙之名，则当凤鸟未至之前，将以何者名其官？《国语》又以青阳为方雷氏之甥，亦与《大戴礼记》文异。大抵《国语》《大戴》《史记》皆不足为据，而《汉志》说尤荒唐。

颛顼氏

颛顼初国高阳，今河南杞县高阳城是。故号高阳氏。都于帝丘。今直隶濮阳县。《大戴礼记》云："高阳是为帝颛顼。"考《春秋传》有高阳氏，有颛顼氏，而为一为二无明文。惟《离骚》自谓高阳之苗裔，而《郑语》以楚为祝融之后，《左传》以祝融为颛顼氏之子，则似高阳果颛顼。然《郑语》云："黎为高辛氏火正。"《楚语》云："颛顼命火正黎司地。"又似颛顼为高辛者。《春秋传》称："自颛顼以来不能纪远，乃纪于近，为民师而纪以民事。"又云：

颛顼
——从明万历三十七年（1609）原刊本《三才图会》

"陈颛顼之族也。""卫颛顼之虚也,故为帝邱。"

帝喾氏

帝喾名夋,以佐颛帝受封于辛,故号高辛氏,都于亳。今河南偃师县西有亳城。然《春秋传》有高辛而无喾,至《国语》始称喾,《大戴礼记》始以喾为高辛。《鲁语》云:"帝喾能序三辰以固民。"

帝尧

帝尧曰放勋。育于伊,今河南伊阳县。后耆尝,亦曰黎今山西黎城县。故曰伊耆

帝喾
——从明万历三十七年(1609)原刊本《三才图会》

氏。佐帝挚封植,受封于陶,又封于唐,故为陶唐氏。《大戴礼记·帝系》篇云:"帝喾上妃姜嫄氏产后稷,次妃简秋产氏契,次妃陈隆氏产帝尧,次妃陬訾氏产帝挚。"《史记》云:"帝喾崩,挚代立,帝挚立,不善崩,弟放勋立,是为帝尧。"《帝王世纪》云:"帝喾在位七十年,年百五岁;挚在位九年,政微弱,而唐侯德盛,诸侯归之,乃受帝禅,封挚于高辛。"据此,则后稷、契、帝尧、帝挚同为帝喾之子,皆异母兄弟也。大名崔述以为不然,其《唐虞考信录》有云:"《书》云:'帝曰弃,黎民阻饥,汝后稷播时百谷。'帝曰:'契,百姓不亲,五品不逊,汝作司徒,敬敷五教在

宽。'是稷、契皆至舜世，然后授官，暨禹播奏，庶艰食也。若稷果訾元妃之子，则訾之崩，稷少亦不下五十岁，又历挚之九年，尧之百载，百有六十岁矣；契于此时，亦当不下百数十岁，有是理乎？尧之兄弟，有如此两圣人，而终尧之身不知用，四岳亦不之荐，迨舜然后举之，可谓不自见其眉睫者矣。尚何明之明，而侧陋之扬哉！《传》云：'高辛氏有才子八人，高阳氏有才子八人，此十六族者，世济其

尧
——从明万历三十七年（1609）原刊本《三才图会》

美，不陨其名，以至于尧。'是高辛氏之子孙，当尧之时，已传数世，而分数族矣！尧安得为高辛之子哉！《传》云：'高辛氏有二子，伯曰阏伯，季曰实沈，日寻干戈，以相征讨，后帝不臧，迁阏伯于商丘，迁实沈于大夏。'若尧亲高辛之子，则阏伯、实沈当为尧之兄弟，《传》文何得乃云尔乎？唐虞以前，未有父子相继为天子者。黄帝之子不继，颛顼之子不继，挚非贤圣也，何以独继訾而帝。"据此，不但尧与稷、契非訾之子，即挚之继訾，亦未必然也。至尧之有天下，则由于人皆归之。**唐侯德盛，诸侯归之。**故《书》曰："克明俊德，以亲九族，九族既睦；平章百姓，百姓昭明；协和万邦，黎民于变

时雍。"帝尧二十即位,都于平阳,在位七十载,以授时禅舜二事,最为足纪!《虞书·尧典》有云:"乃命羲和,钦若昊天,历象日月星辰,敬授人时。"分命羲仲居嵎夷,理东作,以殷仲春;羲叔居南交,理南讹,以正夏至;和仲居西,理西成,以殷仲秋;和叔居朔方,理朔易,以正冬至。又云:"帝曰:咨汝羲暨和,期三百有六旬有六日,以闰月定四时成岁,允厘百工,庶绩咸熙。"夫历数自黄帝以来有之,故《传》云:"少皞氏鸟名官,凤鸟氏历正也。"然历之为法,必积久而后差数可见,创始者事不能周详尽善;乃行之数百年,至尧而后期之日数多寡可校,闰之疏密可推,定为划一之法,以垂后世!由是四时不爽,农桑可兴,政令可布,史册可考。帝尧功德隆盛,生民以来未有伦比也。诸侯有苗氏,处南蛮而不服,尧征而克之于丹水之浦,乃以尹寿、许由为师。当时天下犹未平,洪水横流,氾滥天下;草木畅茂,禽兽繁殖,五谷不登,禽兽逼人,兽蹄鸟迹之道,交于中国,尧独忧之,咨四岳,举鲧俾治水,九载弗成。是洪水不自尧始,亦不自尧除也。七十载求逊位,四岳群臣,咸举舜,于是帝以二女妻舜,命以位。舜举八恺、高阳氏有才子八人,曰:苍舒、隤敳、梼戭、大临、尨降、庭坚、仲容、叔达,天下谓之八恺。八元,高辛氏有才子八人,曰:伯奋、仲堪、叔献、季仲、伯虎、仲熊、叔豹、季狸。流四凶族;帝鸿氏有不才子曰浑沌;少昊氏有不才子曰穷奇;颛顼氏有不才子曰梼杌;缙云氏有不才子曰饕餮,天下谓之四凶。七十有二载,殛鲧于羽山,今江苏赣榆县东。放驩兜于崇山,今湖南大庸县东。命禹治水,使续父业,禹与益、稷同受命。七十有三载,正月朔,舜受终于文祖,以摄位告,流共工于幽州。七十有六载,窜三苗于三危。八十载禹治水成功。八十有一载分十有二州。颛顼帝始建九州,曰:兖、冀、青、徐、豫、荆、扬、雍、梁;至是分冀之东为并州,东北为幽州,青之东北为营州。百载,帝崩,天下不归帝之子,而之舜,舜乃即天子位。

帝舜

帝舜有虞氏,姚姓曰重华。其先国于虞,故曰有虞氏,都于蒲阪。在今山西永济县。《大戴礼记·帝系》篇云:"黄帝产昌意,昌意产高阳,是为帝颛顼。颛顼产穷蝉,穷蝉产敬康,敬康产勾芒,勾芒产蟜牛,蟜牛产瞽瞍,瞽瞍产重华,是为帝

舜
——从明万历三十七年(1609)原刊本《三才图会》

《四岳举舜图》
——从清光绪三十一年(1905)内府刊本《钦定书经图说·尧典》

舜。"《史记·五帝本纪》因之。然《大戴礼记》以尧为黄帝之玄孙,[6]则是尧与舜之高祖敬康,为同高祖兄弟,尧安得以其女妻舜,舜安得遂取之。而上下相距至四五世,舜之年,又安得与尧之女等乎?《春秋传》云:"陈颛顼之族也,自幕至于瞽瞍,无违命。"《国语》云:"幕能帅颛顼者也,有虞氏报焉。"是舜为虞国名,在今山西平陆。幕之后,其系非衍自黄帝。参考《崔东壁遗书》《唐虞考信录》卷一、刘献廷《广阳杂记》卷五。考儒家谓:"舜发于畎亩之中。"《孟子》。"瞽子父顽母嚚,象傲,克谐以孝;烝烝义,不格奸。"《书·尧典》。故尧以为贤,妻以二女,而禅之位。舜即位,询四岳以达四聪;咨十二牧以率服蛮夷;命九官以作内政;养国老于上庠,养庶老于下庠;作五弦之琴,箾韶之乐。而"苗顽弗即工",于是"分北三苗","三苗不叙","三十有二载,命禹摄位"。"舜生三十征庸,三十在位,五十载,陟方乃死。"并见《尚书》。然《史记·五帝本纪》则云:"舜年二十以孝闻,年三十尧举之,年五十摄行天子事,年五十八尧崩,年六十一代尧践帝位;践帝位三十九年,南巡狩崩于苍梧之野,葬于江南九疑,是为零陵。"二说显有差异。

四　大禹治水

中国今日所有之古书,最古者,莫如《尚书·尧典》。《尧典》称:"汤汤洪水方割,汤汤怀山襄陵,浩浩滔天,下民其咨！"则其水之大可知，然不详起于何时，一若起于尧时者。然《淮南子·览冥训》云："往古之时，四极废，九州裂；天不兼覆，地不周载，火爁炎而不灭，水浩洋而不息；猛兽食颛民，鸷鸟攫老弱。于是女娲炼五色石以补苍天，断鳌足以立四极，杀黑龙以济冀州，积芦灰以止淫水；苍天补，四极正；淫水涸，冀州平；狡虫死，颛民生。"《天文训》云："昔者共工与颛顼争为帝，怒而触不周之山，天柱折，地维绝。天倾西北，故日月星辰移焉；地不满东南，故水潦尘埃归焉。"《列子·汤问》篇说与此略同。又《本经训》云："共工振滔洪水，以薄空桑，江淮通流，四海溟涬；民皆上邱陵，赴树木。"似洪水之祸，实起于尧以前；特至尧时，人事进化，始治之耳。考天下各族，述其古事，莫不有洪水。迦勒底（Chaldea）古砖文，载世界原始云："当上覆无天，下载无地之时，冯翼洞灟，浩荡混滑，洪水浡溢，是为洪荒之世。"巴比伦史家皮罗锁氏（Berosos）之遗书云："洪水乃一神西苏诗罗斯（Xisuthros）所造；洪水前有十王，凡四十三万年。洪水后，乃今世。"希伯来《创

禹
——从明万历三十七年（1609）原刊本《三才图会》

世纪》言:"耶和华鉴世人罪恶贯盈,以洪水灭之!历百五十日,不死者惟挪亚一家。"印度古书(*Satapatha Brahmana*)言:"现在人类之祖先摩奴(Manu)一日洗手于河,有游鱼浮于水面,谓摩奴曰:'饲我,我将救君!'摩奴依言饲鱼,鱼告之曰:'今年必有大水;君宜造舟,举家族从余避难!'摩奴依言造舟,洪水果至,摩奴乃棹舟从鱼之后,遂达北方山巅,系舟于树;及洪水去,乃下山。是时万物皆灭,世界生存之人物,唯有摩奴一家。"波斯神话云:"全身由猛火而成之巨龙,从南方翔于天空;天地晦冥,日月无光,恒星不见,昼夜不分,慧星流星,布满天空,电光闪烁,眩人心目;遍大地之森木,化为一片猛火,枝叶根干皆着;大雨如倾盆,其热如沸汤,地上泛滥之浊水,高过人顶;经过九十昼夜,暴风吹来,洪水渐退,火龙始隐于地中。"维也纳地质学者苏埃兹氏(Suetzs)谓:"此龙即爆发火山喷火口吐出之火焰,其他可恐之现象,亦火山爆发之现象也。"日本鸟居龙藏引西书谓:"最近发见云南古书,亦言洪水。言古有宇宙干燥时代,其后即洪水时代。有兄弟四人,三男一女,各思避水;长男乘铁箱,次男乘铜箱,三男与季女同乘木箱;其后惟木箱不没,而人类遂存。"观此则知洪水为上古之实事,无论东西文野民族,莫不同遭此厄。至于洪水原起,东西载籍之涉于神造说者,语多无征。即吾昔贤之主张壅塞说者。《尸子》谓:"古者龙门未开,吕梁未发,河出孟门之上,大溢逆流;无有丘陵高阜,尽皆灭之,名曰鸿水。"见《吕氏春秋·爱类》篇。亦系偏方一隅之见!近今任丘王桐龄先生云:"据吾人所推测,前世界之末期,地球表面曾起一大变化;大陆多震裂,沉为洋海,一时有生物同归于殄灭。最终之人类,乃奔避于世界最高处,是为帕米尔高原,迟之几千万年,渐收敛为大洋,新大陆逐渐浮出,遂成为现世界。现世界人类之始祖,犹及见洪水泛滥之时,而智短力乏,不知以人力胜天,遂听其自由泛滥。一时孑遗之人类,相率蛰居于高处,与毒蛇战,与猛兽战,忍饥耐寒以待洪水之减退。盖世界人类之苦楚,未有甚于此时者也。"见王桐龄先生著《中国史》第一编第二期第一章第三节《洪水说》。说与维也纳地质学者苏埃兹氏(Suetzs)以爆发火山喷火口吐出之火焰,解释波斯神话中之火龙者,可以互相发明。迨即世界各民族,悉遭洪水之主因。据《尚书》所载,帝尧之时,洪水滔天,下民昏垫,帝尧询于四岳,举鲧治之。鲧堙洪水,大兴徒役,作九仞之城;九载,讫无成功。舜摄政,殛鲧于羽山,以其子禹为司空使代父业,以益、稷佐之,命诸侯百姓,兴人徒以傅土。禹伤父大功不成,乃劳身焦思菲衣恶食,居外十三年,《孟子》作八年,今从《禹贡》《史记》。水行乘舟,陆行乘车,泥行乘𣛬,山行乘檋,随山刊木,奠高山大川。以水之患,莫大于河,济次之,淮与江又次之;乃先治河,自北而南,以次及于诸水。故《书》曰:"冀州既载壶口,治梁及岐,既修太原,至于岳阳,覃、怀底绩,至于衡漳。……恒、卫既从,大陆既作,岛夷皮服,夹右碣石入于河。济河惟兖州,九河徒骇一,太史二,马颊三,覆釜四,胡苏五,简六,絜七,钩盘八,鬲津九。既道,雷夏既泽,灉、沮会同;……浮于济、漯,达于河。海、岱惟青州,嵎夷既略,潍、淄其道。……浮于汶，达于济。海、岱及淮惟徐州；淮、沂其乂，蒙、羽其艺；大野既猪，东原底平；……浮于淮、泗，达于河。淮、海惟扬州，彭蠡既猪，阳鸟攸居；三江《吴地记》云：松江东北行七十里，得三江口；东北入海为娄江，东南入海为东江，并松江为三江。既入，震泽底定；……沿于江海，达于淮、泗。荆及衡阳惟荆州，江、汉朝宗于海；九江《浔阳地记》云：一曰乌白江，二曰蚌江，三曰乌江，四曰嘉靡江，五曰畎江，六曰源江，七曰累江，八曰提江，九曰箘江。孔殷，沱、潜既道，云土梦作乂；……浮于江、沱、潜、汉，逾于洛，至于南河。荆、河惟豫州。伊、洛、瀍、涧，既入于河，荣、波既猪，导荷泽被孟猪；浮于洛，达于河。华阳黑水惟梁州，岷、嶓既艺，沱、潜既道；蔡、蒙旅平，和夷底绩；……西倾因桓是来；浮于潜，逾于沔；入于渭，乱于河。黑水、西河惟雍州，弱水既西，泾属渭汭；漆沮既从，沣水攸同，荆、岐既旅，终南、惇物至于鸟鼠；原隰底绩，至于猪野；三危既宅，三苗丕叙；……浮于积石，至于龙门西河，会于渭汭。织皮昆仑、析支、渠搜、西戎即叙，导岍岐至于荆山；逾于河，

《导弱水副图》
——从清光绪三十一年（1905）内府刊本《钦定书经图说·禹贡》

壶口、雷首至于太岳，底柱、析城至于王屋；太行、恒山至于碣石，入于海。西倾、朱圉、鸟鼠至于太华；熊耳、外方、桐柏至于陪尾。导嶓冢至于荆山，内方至于大别。岷山之阳，至于衡山；过九江，至于敷浅原。导弱水至于合黎，余波入于流沙。导黑水至于三危，入于南海。导河积石，至于龙门；南至于华阴，东至于底柱，又东至于孟津，东过洛汭，至于大伾；北过降水，至于大陆；又北播为九河，同为逆河，入于海。嶓冢导漾，东流为汉，又东为沧浪之水；过三澨，至于大别，南入于江，东汇泽为彭蠡；东为北江入于海。岷山导江，东别为沱，又东至于沣；过九江至于东陵，东迤北会于汇；东为中江，入于海。导沇水东流为济，入于河，溢为荥，东出于陶丘北，又东至于荷，又东北会于汶，又北东入于海。导渭自鸟鼠同穴，东会于沣，又东会于泾，又东过漆、沮入于河。导洛自熊耳，东北会于涧瀍，又东会于伊，又东北入河。九州攸同，四隩既宅，九州刊旅，九川涤源，九泽既陂，四海会同。"观此，则是禹"决九川，距四海；浚畎浍距川"。使北条之水皆入于河、济；南条之水，皆入于江、淮。于是四渎修，而水土平也。夫洪水在尧时为中国一大患事，治水之役，鲧九载绩用弗成，禹十三载而功成。盖鲧用障水之法，与水争地；禹用分水之法，以地让水也。又观禹之治水，有就一州之水治之者，有就一山一川治之者；由北而东，由东而南，复由南而西；及水道既疏，乃复就九州之中，次第施功，以期水患之尽平。美哉禹功，明德远矣。学者或谓《禹贡》出于战国，禹治水之说绝不可信，并疑古未必有夏禹其人。海宁王国维氏，乃举《秦公敦》："虩宅禹责。"《齐侯镈钟》："虩虩成唐，……处禹之堵。"辨之，以为《秦公敦》《齐侯镈钟》，皆春秋时器；知春秋之世东西二大国。齐、秦。无不信禹为古之帝王，且先汤而有天下也。

五　尧舜禅让之疑义

《尚书》《史记》称尧舜禅让，破世及之例，开传贤之局，为古今聚讼一大公案。《孟子·万章上》："万章曰：'尧以天下与舜，有诸？'孟子曰：'否！天子不能以天下与人。''然则舜有天下也孰与之。'曰：'天与之。''天与之者谆谆然命之乎？'曰：'否！天不言以行与事示之而已矣。'曰：'以行与事示之者如之何？'曰：'天子能荐人于天，不能使天与之天下；诸侯能荐人于天子，不能使天子与之诸侯；大夫能荐人于诸侯，不能使诸侯与之大夫。昔者尧荐舜于天而天受之，暴之于民而民受之。故曰天不言，以行与事示之而已矣。''敢曰问荐之于天而天受之，暴之于民而民受之如何？'曰：'使之主祭，而百神享之，是天受之；使之主事而事治，百姓安之，是民受之也。天与之，人与之；故曰天子不能以天下与人。舜相尧二十有八载，非人之所能为也，天也。尧崩三年之丧毕，舜避尧之子于南河之南，天下诸侯朝觐者不之尧之子，而之舜，讼狱者不之尧之子而之舜，讴歌者不讴歌尧之子而歌舜；故曰天也。夫然后之中国践天子位焉。而居尧之宫，逼尧之子，是篡也，非天与也。'"据此是孟子以为尧舜禅让皆天意。《庄子·逍遥游第一》："尧让天下于许由，曰：'日月出矣，而爝火不息，其于光也，不亦难乎。时雨降矣，而犹浸灌，其于泽也，不亦劳乎。夫子立而天下治，而我犹尸之，吾自视缺然，请致天下。'许由曰：'子治天下，天下既已治也，而我犹代子，吾将为名乎？名者实之宾也，吾将为宾乎？鹪鹩巢于深林，不过一枝；偃鼠饮河，不过满腹。归休乎君，予无所用天下为？'庖人虽不治庖，尸祝不越樽俎而代之矣。"准此，则是圣人鄙夷大宝而去之。《史通·疑古》篇云："《尧典序》又云：'将逊于位，让于虞舜。'孔氏注曰：'尧知子丹朱不肖，故有禅位之志。'按《汲冢琐语》云：'舜放尧于平阳。'而《书》云某地有城以囚尧为号。识者凭斯异说，颇以禅受为疑。然则观此二书，已足为证者矣；而犹有所未睹也！何者？据《山海经》谓放勋之子为帝丹朱。而列君于帝者，得非舜虽废尧仍立尧子，俄又夺其帝者乎？观近古有奸雄奋发，自号勤王，或废父而立其子，或黜兄而奉其弟；始则示相推戴，终亦成其篡夺。求诸历代，往往而有；必以古方今，千载一揆。斯则尧之授舜，其事难明；谓之让国，徒虚语耳。"又云："《虞书·舜典》云：'五十载陟方乃死。'注云：'死苍梧之野，因葬焉。'按苍梧者；于楚则川号汨罗，在汉则邑称零桂，地总百越，山连五岭，人风媻划，地气歊瘴；虽使百金之子，犹惮经履其途。况以万乘之君，而堪巡幸其国？且舜必以精华既竭，形神告劳，舍兹宝位，如释重负！何得以垂殁之年，更践不毛之地？兼复二妃不从，怨旷生离，万里无依，孤魂溘尽；让王高踏，岂其若是者乎？历观自古人君废逐，若夏桀放于南巢，赵嘉迁于房陵，周王流彘，楚帝徙郴；语其艰棘，未有如斯之甚者也。斯则陟方之死，其殆文命之志乎？"依此则与后世篡窃无异。钱塘夏曾佑《中国历史教科书》"尧、舜之政教"节，谓禅让"大约天子必选择于一族之中，而选举之权，则操之岳牧，是为贵族政体。近世欧洲诸国，曾多有行之者；而中国则不行已久，故疑之也"。但吾人稽考古籍，实难征信尧、舜同出一族。且舜自匹夫而登帝位，亦非贵族。对于夏氏之说，尚未敢尽信。近今任邱王桐龄先生于所著《中国史讲义》民国元年北京高等师范油印本。谓："以后人之眼光窥测，上古之时去部落酋长制度未远；天子称元后，诸侯称群后，其势位相去殆不甚远。元后率由群后选位，有四岳等操废置之柄，殆如近世日耳曼之选帝侯。尧以天潢贵胄，乘兄之失人望，而夺其位，朝廷之上，贤愚杂进，一时政界未能清明。舜以骁雄之姿，起山西贱民，一跃而为天子婿，用结婚政策，买君主欢心，乘尧之衰老，而攘其政柄，自总百揆，自摄国政，而以虚名归之尧；曹

《蛮夷率服图》
——从清光绪三十一年（1905）内府刊本《钦定书经图说·舜典》

操之尊汉献，徐知诰之奉让皇，前后如出一辙也。汲引党援，诛锄异己，鲧与共工、驩兜必当时大臣中之好立异同者，其不能善终，与曹操之杀孔融，司马懿之杀曹爽，事同一律也。尧崩舜嗣，丹朱不能相续；盖男系女系古人不甚歧视，颇近今日欧风，亦以舜握政柄已久，大势所趋，丹朱无如何也。禹以雄武之姿，假治水之名，厚集兵力，戡定天下，征服异族。东方之岛夷、嵎夷、莱夷、淮夷，西方之昆仑、析支、渠搜，西南之和夷，南方之三苗，莫不内属。《禹贡》一篇，大禹之武功记也。其所谓浮于何水，达于何水者，当时之交通路也。所谓某州贡某种土物者，征服者对于被征服者所得之利益也。武功既盛，人望所归，兵柄在握，遂攘政柄，曹操之尊汉献，刘裕之奉晋安，为一时便利计，非为永久计也。舜以衰老之年迫于大势，苍皇出走，货悖而入者，亦悖而出，自我得之，自我失之；唐明皇为安禄山所驱而幸蜀，魏孝武帝为高欢所逼而奔长安，非择而取之，不得已也。舜不东巡、西巡而必南巡者，意者苗人背叛，舜或亲征，摄政之禹，用有穷、后羿因民弗忍拒于河之手假，以兵塞其归路；舜行营兵马，恢复中原不足，戡定苗疆有余，乃经营边荒，欲自立一国。元顺帝之狩应昌，西辽耶律大石之奔起儿曼，末路英雄，聊以支持残局，亦可悲也。及舜中途殂落，大功不成，二妃感愤，自杀以殉；孝平皇后之效忠汉室，杨太妃之尽节赵家，千古伤心人如出一辙也。禹以武功起家，凭借战胜攻取之威，攘取大位，中央集权之势已成，家天下之局将定，益与禹同功一体，为启之前辈，握权最久，其势不能相容；宋文帝疾动而收檀道济，宋明帝疾笃而杀王景文，非恶其人，畏其逼也。以上所述，似故意与古人为难。顾史书所载，误谬百出，本来授人以指摘之柄，研究历史者不敢随声附和也。据吾人所推测，尧、舜、禹三帝未必实有其人。即使实有其人，其事迹亦多传闻失实之处。《尧典》《舜典》《禹贡》名为三帝本纪，实则代表汉民族对于天时、地理、人事之思想。《尧典》以正天时为主，《舜典》以授人事为主，《禹贡》以治地理为主，盖仍由三才思想臆造而成。惟三帝事迹传说之缘起，远在春秋战国以前，且以讹传讹，人人信为真实；故孔子大圣人犹祖述尧舜，推崇大禹，顺一时人心之趋向而因势利导之，大政治家、大教育家、大宗教家立教说法，当然如此，非自欺以欺人也。至于禅让之说，则据乱之世，强凌弱，众暴寡，争地以战，杀人盈野，争城以战，杀人盈城；君主自私其国为己有，权利思想勃发，达于极点，人民之生命财产，等于弁髦。古圣贤恻然忧之，乃创为大同之说，谓神器为天下共有物，不可以武力争，惟有德者可以居之。故尧有天下不传子，而传舜；舜有天下不传子，而传禹。所谓五帝官天下者，乃对于乱暴时君，故作此对病下药之论。据吾人所观察，禅让一节，非盛德事。后世庸主偶一为之，遂为历代权奸所借口。始作俑者为燕王哙与燕相子之，次则王莽、曹丕、刘裕、杨坚辈，亦尝效之。子之受禅等于诈欺取财，王莽等之受禅等于强迫取财。自由禅让，儒教中仅有此思想，历史上未必有此事实也。至于尧、舜、禹之事迹，经史诸子，往往传闻异辞，愈以征其事之乌有子虚。甲可以信以为真者，乙亦可以斥以为妄；甲可以信为有者，乙亦可以斥以为无。任诸家聚讼不休，暂时只好付之阙疑之列也。"王先生此说，对于尧、舜、禹事迹，根本怀疑，以为古籍所传尧、舜、禹之盛德大业，皆后世儒家所依托，足为千载定论。

注释

[1] 十干曰：阏逢（即甲）、旃蒙（即乙）、柔兆（即丙）、强圉（即丁）、著雍（即戊）、屠维（即己）、上章（即庚）、重光（即辛）、玄黓（即壬）、昭阳（即癸）。十二支曰：困敦（即子）、赤奋若（即丑）、摄提格（即寅）、单阏（即卯）、执徐（即辰）、大荒落（即巳）、敦牂（即午）、协洽（即未）、涒滩（即申）、作噩（即酉）、阉茂（即戌）、大渊献（即亥）。

[2] 据Terrian Lecouperie: *Western Origin of the Early Chinese Civilization*.

[3] 据《五运历年记》。

[4] 据《后汉书·南蛮传》。

[5] 据王桐龄先生《中国民族史》上编第一章第一节《中国民族之成分》。

[6] 《大戴礼记》：黄帝产玄嚣，玄嚣产蟜极。蟜极产高辛，是为帝喾。帝喾产放勋，是为帝尧。

第三章
三皇五帝时代开化之程度

一　制　度

官制

古史相传，唐虞以上，世有五官之建。黄帝氏以云纪，故为云师而云名：春官为青云氏，夏官为缙云氏，秋官为白云氏，冬官为黑云氏，中官为黄云氏。[1]炎帝氏以火纪，故为火师而火名：春官为大火，夏官为鹑火，秋官为西火，冬官为北火，中官为中火。共工氏以水纪，故为水师而水名：春官为冬水，夏官为南水，秋官为西水，冬官为北水，中官为中水。太皞氏以龙纪，故为龙师而龙名：春官为青龙氏，夏官为赤龙氏，秋官为白龙氏，冬官为黑龙氏，中官为黄龙氏。少皞挚之立也，凤鸟适至；故纪于鸟，为鸟师而鸟名：祝鸠氏司徒也，鴡鸠氏司马也，鸤鸠氏司空也，爽鸠氏司寇也，鹘鸠氏司事也。自颛顼以来，为民师而命以民事：木正曰句芒，火正曰祝融，金正曰蓐收，水正曰玄冥，土正曰后土。五官以外，旧说相传,黄帝之世,设左右大监,监于万国,又有史。太皞之世,尚有所谓飞龙氏之官、潜龙氏之官、居龙氏之官、降龙氏之官、土龙氏之官、水龙氏之官,各有职司。少皞之世,有凤鸟氏之官、历正。玄鸟氏之官、司分。伯赵氏之官、司至。青鸟氏之官、司启。丹鸟氏之官;司闭。并有五雉之官、[2]九扈之官。[3]颛顼之世,有南正之官、北正之官。[4]帝喾之世,又有典乐之官。[5]

《禹宅百揆图》
——从清光绪三十一年(1905)内府刊本《钦定书经图说·舜典》

官制渐趋于完备。唐虞继治,内设众官,外设州牧。内官有百揆总理庶政,四岳统治诸侯。又命九官:司空典司水土,后稷典司农事,司徒典司教化,士典司兵刑,共工典司百工,虞典司山泽,秩宗典司祭祀,典乐典司乐教,纳言出纳帝命。外官有十二州牧分治诸侯。[6]大抵四岳之官,其权最重,凡立君命官之事,必先询之。[7]九官之中,以秩宗、士、司徒、司空、后稷为五官。见金鹗《礼说》。又于五官之中,用三人为三公;即司马公、司徒公、司空公也。见《韩诗外传》《伏生大传》。而三公之中,复以一人为首辅,在唐曰大麓,虞曰百揆。见《尚书》。故四岳、百揆实为当时辅弼之官;而司空、后稷、司徒、士、共工、虞、典乐则为司民之官;若纳言,盖所以通下情而宣上意，则喉舌之官也。又有司天之官，则仍古代羲、和之职。[8]夷考唐虞时代，去黄帝之时不过二百岁，而设官分职，区处井然，政治之发达，可谓至速。

地方制

《帝王世纪》云："自神农以上，有大九州、柱州、迎州、神州等；黄帝以来，德不及远，惟于神州之内，分为九州。黄帝受命，风后受图割地，布九州，置十二国。"按所载州名，与《淮南》错出。《淮南子·坠形训》言："何谓九州？东南神州，曰农土；正南次州，曰沃土；西南戎州，曰滔土；正西弇州，曰并土；正中冀州，曰中土；西北台州，曰肥土；正北泲州，曰成土；东北薄州，曰隐土；正东阳州，曰申土。"无柱、迎二州名，当系传述之异。《庄子》言"华胥氏之国，在弇州之西，台州之北"。弇、台二州，与《淮南》吻合，则《淮南》九州，必为古代相传之通说，可无疑议。又按《史记》驺衍以为儒者。所谓中国者，乃八十一分居其一分耳。中国名曰赤县神州，赤县神州内自有九州，禹之序九州岛是也，不得为州数。中国外如赤县神州者九，乃所谓九州也；于是有裨海环之，人民禽兽莫能相通者，如一区中者，乃为一州。如此者九，乃有大瀛海环其外，天地之际焉，其范围愈益扩大矣。然此皆古初时代之世界观，其说虽不无所据，究非可语于地方制也。即《汉书·地理志》称："昔在黄帝，作舟车以济不通，旁行天下，方制万里，画野分州，得百里之国万区。"似黄帝时已有州制者，但亦未足据。马端临《文献通考·舆地考》云：颛帝之所建，帝喾受之，创制九州，雍、荆、豫、梁、冀、青、徐、兖、扬。是颛顼始创行九州，虞、舜摄位，肇十有二州，除雍、荆、豫、梁、徐、兖、扬仍旧外，分冀之东为并州，东北为幽州，青之东北为营州。禹平水土，复为九州。冀、兖、青、徐、豫、荆、扬、雍、梁。若准此以考远古疆域，则尧都平阳，舜都蒲坂，禹都安邑，皆在河北，《禹贡》谓为冀州。济、河惟兖州，济北河南。海、岱惟青州，海以西，泰山以东。海、岱及淮惟徐州；海以西，泰山以南，淮以北。淮、海惟扬州；淮以南，东至海。荆及衡阳惟荆州；荆山以南，至衡山之阳。荆、河惟豫州；荆山以北，河以南。华阳、黑水惟梁州；华山之阳，西南至黑水上游，黑水今曰哈剌乌苏，即澜沧江之上游也。黑水、西河惟雍州。黑水之东冀州，龙门之河之西。《尔雅·释地》谓两河间曰冀州，河南曰豫州，河西曰雍州，汉南曰荆州，江南曰扬州，济、河间曰兖州，济东曰徐州，燕曰幽州，齐曰营州。《吕氏春秋》谓："河、汉之间为豫州，周也；两河之间为冀州，晋也；河、济之间为兖州，卫也；东方为青州，齐也；泗上为徐州，鲁也；东南为扬州，越也；南方为荆州，楚也；西方为雍州，秦也；北方为幽州，燕也。"据此《尔雅》较《禹贡》少一梁州，而多一幽州；《吕氏春秋》与《尔雅》说合。《禹贡》冀州当今直隶、山西二省；兖州跨今直隶、山东二省；青州当今山东省东北部，奉天省南部；徐州当今山东省南部与江苏、安徽二省北部；扬州当今江苏、安徽南部与江西、浙江北部；荆州约当今湖北、湖南两省；豫州约当今河南；梁州当今四川、川边与云南、贵州北部；雍州当今陕西、甘肃二省与青海东部。故《禹贡》九州较今内地十八省为大。

刑制

自古论刑制者，皆以唐虞为断。或谓唐虞以上无肉刑，仅有象刑。象刑云者，画其象以治其罪，于本人无伤。《白虎通义》曰："画象者，其衣服象五刑也：犯墨者蒙巾，犯劓者赭著其衣，犯膑者以墨蒙其膑，犯宫者扉……大辟者布衣无领。"然此不过一种思想，殆非确论。故在昔荀卿著书，已斥为世俗之说。见《荀子·正论》篇。又《尚书·尧典》虽有"象以典刑"之文，乃法用常刑之谓，唐以前说经家异说纷纭，皆不足据。准此以观，则五刑之目，唐虞之世，固已有之；墨、劓、剕、宫、大辟，又皆肉刑也。[9]又考《尚书·吕刑》言："苗民弗用灵，制以刑。惟作五虐之刑，曰法；杀戮无辜，爰始淫为劓、刵、椓、黥。"是肉刑为苗民所创，后世沿袭以行。唐虞之时，法制较完，其犯五刑者，或当宥则宥而流之。[10]五刑而外，又有鞭刑，以为治官事之刑；扑刑，以为不勤道业者之刑，若误而入刑，允出金以赎。[11]过而有害，当缓赦之，怙奸自终，当刑杀之。故《尚书·尧典》曰："流宥五刑，鞭作官刑，扑作教刑，金作赎刑，眚灾肆赦，怙终贼刑。"

赋税制

自黄帝创行经土设井之法，地著数详，人居渐有一定，赋税之征收，当即由之而起。稽诸古史，虽无明文可征；然黄帝固尝习用干戈，以征不享。是人民赋法与诸侯贡法，皆古所有也。尧遭洪水，天下分绝；禹平水土，制为贡赋。冀州：厥土惟白壤，厥赋惟上上错，厥田惟中中。兖州：厥土黑坟，厥田惟中下，厥赋贞，厥贡漆丝，厥篚织文。青州：厥土白坟，海滨广斥；厥田惟上下，厥赋中上；厥贡盐絺，海物惟错；岱畎丝、枲、铅、松、怪石，厥篚檿丝。徐州：厥土赤埴坟，厥田惟上中，厥赋中中；厥贡惟土五色，羽畎夏翟，峄阳孤桐，泗滨浮磬，淮夷蠙珠暨鱼；厥篚玄纤、缟。扬州：厥土惟涂泥，厥田惟下下，厥赋下上上错；厥贡惟金三品，瑶、琨、筱簜、齿、革、羽、毛、惟木；厥篚织贝；厥包橘柚、锡贡。荆州：厥土惟涂泥，厥田惟下中，厥赋上下；厥贡羽、毛、齿、革、惟金三品，杶、干、栝、柏、砺、砥、砮、丹，惟菌簵、楛，三邦底贡厥名，包匦菁茅，厥篚玄纁玑组，九江纳锡大龟。豫州：厥土惟壤，下土坟垆；厥田惟中上，厥赋错上中；厥贡漆、枲、絺、纻；厥篚纤、纩，锡贡磬错。梁州：厥土青黎、厥田惟下上，厥赋下中三错，厥贡璆、铁、银、镂、砮、磬、熊、罴、狐、狸、织皮。雍州：厥土惟黄壤，厥田惟上上，厥赋中下；厥贡惟球、琳、琅玕。见《禹贡》。古代贡赋可考者如是而已。

《明启刑书图》
——从清光绪三十一年（1905）内府刊本《钦定书经图说·吕刑》

兵制

包羲画卦，以坤上坎下为师；师之为用，由来已久。史称黄帝所至，以兵师分内外以为营，其制立外卫二十八以包中卫，立中卫二十八以包外营，立外营十二以包内营，立内营四以应外卫；攻守居行一循是法，此黄帝时兵制之可征者也。虞舜之世，苗民逆命，益赞于禹，班师振旅；师旅名称，遂见于古史。至于兵器，则黄帝以来，日见复杂；剑、铠、矛、戟、弓、矢，黄帝与蚩尤战，即已用之。

封建制

远古部落时代，酋长林立，无所谓封建。黄帝画野分州，得百里之国万区，亦不过因其旧有而建置。尧时封禹于有夏，今河南禹县。封契于商，今陕西商县。封弃于邰。今陕西武功。舜封弟象于有痺。在今湖南道县。实为后世封建勋戚之滥觞。

井田制

《通典·食货志》云："昔黄帝始经土设井，以塞争端，立步制亩，以防不足，使八家为井，井开四道，而分八宅，凿井于中。一则不泄地气，二则无费一家，三则同风俗，四则齐巧拙，五则通财货，六则存亡更守，七则出入相司，八则嫁娶相媒，九则无有相贷，十则疾病相救。是以情性可得而亲，生产可得而均，均则欺凌之路塞，亲则斗讼之心弭。既牧之于邑，故井一为邻，邻三为朋，朋三为里，里五为邑，邑十为都，都十为师，师十为州。夫始分之于井，则地著；计之于州，则数详。迄乎夏殷，不易其制。"后世城乡市镇所由昉也。

选举制

邃古人才之任用，大抵皆出于推举。尧时四岳之举鲧、举舜；舜之举八凯、八元，皆其著列。

学校制

古史所称五帝之学曰成均，顾其所谓五帝，史各一词，亦无确论。惟有虞氏养国老于上庠，养庶老于下庠，纪事较明，自堪征信。而上下庠之设立，既以养老，并以教孝；俾人人亲其亲，长其长焉。故舜命契曰："百姓不亲，五品不逊。汝作司徒，敬敷五教，《尚书正义》曰："《左传·文公十八年》云：布五教于四方，父义、母慈、兄友、弟恭、子孝，是布五常之教也。"在宽。"见《尧典》。是可征当时教养主旨所在矣。

币制

《通考·钱币考》云："太皞以来有钱，太皞、高阳谓之金，有熊、高辛谓之货，陶唐氏谓之泉。"然在邃古之时，以物易物，固无所用钱币，即旧说以珠玉为上币，黄金为中币，刀布为下币者，亦距实物交换时代未远。又古史称"黄帝始制货币"；《初学记》云："黄帝采首山铜，始制为刀。"然考《易·系辞》谓："神农日中为市，致天下之民，聚天下之货。"《说文》："货财也；从贝，化声。"《广韵》："货者化也，变化交易之物。"盖古贸易以贝代泉，及后用以代泉者不止一贝，因有几多之变化，故定名曰货；此《汉书·食货志》所以言"货谓布帛可衣，及金刀龟贝"也。若是则神农所聚之货，未必无金刀。则泉货之制，更何待于黄帝？李世熊《钱神志·圜法第二》云："谓之泉者言其形，金者言其质，刀者言其器，货布者言其用。"《汉书·食货志》云："货宝于金，利于刀故曰金刀。"是又泉货、金刀等名之正义也。

二　礼　俗

朝觐巡守

《尚书·尧典》今本《舜典》。云："肆觐东后，……修五礼、五玉、三帛、二生、一死贽。"孔颖达疏谓："五礼，吉、凶、宾、军、嘉之礼；五玉，公、侯、伯、子、男所执之圭璧；三帛，诸侯、世子、公之孤附庸之君，所执玄纁黄之帛；二生，卿所执羔，大夫所执雁；一死，士所执雉。"《尧典》又云："群后肆朝。"疏谓："巡守之年，诸侯群后四方各朝天子于方岳之下。是尧时朝觐规制，已臻详密。又考黄帝曾'合符釜山'，是诸侯朝于天子，不自唐虞始也。"《尧典》又云："岁二月，东巡守，至于岱宗柴；……五月，南巡守，至于南岳，如岱礼；八月西巡守，至于西岳，如初；十有一月，朔巡守，至于北岳，如西礼。归格于艺祖用特，五载一巡守。""巡守者巡所守也。"《孟子》。天子适诸侯，诸侯朝天子；天子与诸侯间往来交际关系，如是而已。

祭祀

《史记·封禅书》云："古者封泰山禅梁父者七十二家，而夷吾所记者十有二焉，神农封泰山禅云云。"《五帝本纪》谓黄帝"置左右大监，监于万国；万国以和，而鬼神山川封禅，与为多焉"。山川、鬼神祭祀之事，所从来远矣。《尚书·尧典》云："肆类于上帝，禋于六宗，[12]望于山川，遍于群神。"《尧典》又云："归格于艺祖用特。"更为祭祀上帝、六宗、山川、群神、祖祢之明证。

五礼

《通典·礼》篇云："伏羲以俪皮[13]为礼，作琴瑟以为乐，可为嘉礼。神农播种，始诸饮食，致敬鬼神，禘为田祭，可为吉礼。黄帝与蚩尤战于涿鹿，可为军礼。九牧倡教，可为宾礼。《易》称古者葬于中野，可为凶礼。又修贽类帝，则吉礼也。厘降嫔虞，则嘉礼也。群后四朝，则宾礼也。征于有苗，则军礼也。遏密八音，则凶礼也。故自伏羲以来，五礼始彰；尧舜之时，五礼咸备；而直云典朕三礼者，据事天、事地与人为三耳。其实天地唯吉礼也，其余四礼并人事兼之。"然此不过征引古事类似者言之，谓为五礼之滥觞则可，究难谓远古五礼不异于后世所云也。

婚姻

初民之始未尝无男女，然夫妇无固定关系。浸假而以谋生活便利故，夫妇有终矣，又有掠婚买婚之陋俗；吾人正未可

《巡守岱宗图》
——从清光绪三十一年（1905）内府刊本《钦定书经图说·舜典》

侈谈远古人民婚姻自由。又古史称"包牺始制嫁娶，以俪皮为礼"，又言"女娲始立媒"，是由人群进步，深悉腕力不足恃，且感觉买婚之弊，故包羲遂得酌中定制，以为男女牉合正轨。固不必拘"始制嫁娶"之文，而谓包羲以前无嫁娶；又不可谓包羲以后嫁娶皆有俪皮为礼也。于此又当知者二事，即一夫多妻之制确立与男女之别渐严是也。盖上世既为不定婚姻，则男子腕力所及，可以自由取求，故能多妻；是以一夫娶数妇，姊妹共嫁一夫，在当时皆不足异。[14]而包羲、黄帝治天下，皆为男女立别；尧、舜因之，定为教化，故后世防闲益厉！

丧葬

《孟子·滕文公上》有云："盖上世尝有不葬其亲者，其亲死则举而委之于壑。他日过之，狐狸食之，蝇蚋姑嘬之，……盖归反虆梩而掩之。"是可为埋葬之权舆。《易·系辞下传》曰："古之葬者，厚衣之以薪，葬之中野。不封不树，丧期无数，后世圣人，易之以棺椁。"《汉书·刘向传》谓："棺椁之制，自黄帝始。"是黄帝时虽有棺椁，营葬事，然并无坟墓之制。又远古并无合葬之说，故《礼记·檀弓》有云："合葬非古也。"又云："舜葬于苍梧之野，盖三妃娥皇、女英、癸比。未之从也。"

民俗

远古人民无别，群物不殊。伏羲以来，俗尚简朴，人心淳厚，故能治以浑约。史称赫胥之民"人居不知所为，行不知所之"；葛天之民"不言而信，不化而行"；无怀之民"形有动作，心无好恶，鸡犬之音相闻，民至老死不相往来"；神农之民"不忿争而财足，无制令而民从"；黄帝之民"人民相让以财，无忿争之心"；唐尧之民"牛马之牧不相及，人民之俗不相知，不出百里而来足"；故"不赏而民劝，不罚而民治"。虞舜之民"农不以力获罪，女不以巧获罪，民不以政获罪"，故"民无愠恶不服，而天下化之"。是由当时民风朴厚，用能各得其所。观《击壤》之歌、[15]《康衢》之谣，[16]足征熙熙皞皞，并非过语。

三　宗　教

古者民智未开，不解物理，见日月星辰、山川河海、风雨雷霆、日食地震等类，辄惊造物之不测，以为必有神主之。而于人之死也则又谓灵魂之必存；圣人因而利用之，以神道设教，使民不敢为恶，不敢背本。此宗教发生原因一也。又古者元后与群后阶级不甚悬殊，非托之神灵，不足以示尊而驭众。故伏羲之生，其母以履迹，意有所动，虹且绕之，因而有娠。神农之生，其母有神龙之感。黄帝之生，其母感电光绕斗之祥而有孕。少昊之生，其母感大星如虹，下临华渚之祥而有娠。颛顼之生，其母感瑶光贯月之祥。他若帝喾元妃姜嫄则因履巨人迹而生弃，次妃简狄则因吞燕卵而生契，三妃庆都则感赤龙而生尧。舜之生也，其母握登亦有大虹之感。此宗教发生之原因二也。苗黎先处中原，其俗淫祀而尚鬼；汉族既战胜而代有其地，必有以变其俗，庶足以服其心，故提倡神权之政策。历代不已。此宗教发生之原因三也。吾国古代宗教思想既准是发生，故当时崇奉之对象为天神、地祇、人鬼；约举之曰百神，总称之曰万灵，此中国多神教所由昉也。若神仙之说，则又迷信之深，推而至焉者。又古人以"气"为万物原质，从"无"而"有"，本于"阴阳二力"。故《汉书·律历志》谓："太极元气，含三为一。"老子谓："一生二，二生三，三生万物。"阴阳者，初象天地以立名，庖羲取之以拟乾坤，画卦所由肇端也。宇宙万有，本源同一，一者天也。故《礼记·郊特牲》有云："物本乎天，人本乎祖。"而天神则称为上帝，帝者蒂也，古作柢，与根字互训。是又古人以天地为万物根源之一证，亦即古人敬信天地之惟一理由也。《易·系辞》曰："天地之大德曰生。"《庄子·天下》篇曰："物得以生谓之德。"道在是矣。又日月星辰皆称天神，山川河海皆为地祇。太昊爰兴神鼎，制郊禅；炎帝崇郊祀；黄帝作合宫，祀上帝，来百神；颛顼作乐，调阴阳，享上帝；帝喾设邱北于南郊，以祀上帝。皆所以祀天神也，后世郊祀，垂为定制。黄帝作门行户灶中溜五祀，亦地祇之类；颛顼祀共工氏子句龙一说炎帝八世孙戏之子。为社，祀烈山氏一说即炎帝。子柱为稷，是有功烈之人，没而有灵，则被尊为地祇，后世祠庙多由此起。《说文》"人所归为鬼"，故古人谓死人为归人；其有因人死而致祸者，则皆以为厉；若鬼有所归，乃不为厉。鬼者良名，厉乃其恶者。厉之与鬼同类而异名也。由是而有魅焉，即古之厉鬼；《礼纬》所谓："颛顼有三子，生而亡去其一为魅鬼"者是也。由是而有所谓魃焉，为古之旱鬼。《山海经》所谓"蚩尤从风雨，黄帝下天女曰魃而雨止"是也。人鬼之说虽不经，然亦为古代宗教思想之所寄；即古人之祭祀祖祢，固为教人不忘本，亦所以使鬼有归也。孔子曰"为之宗庙以鬼享之，春秋祭祀以时思之"殆为此义。至于宗庙之制，古史无征。然史称黄帝之崩，"群臣有左彻者，感思帝德，取衣冠几杖而庙飨之"，可为宗庙之滥觞。宗者尊也，庙者貌也，象先祖之尊貌，故有是称。若神仙之说，在古初诸教中为最明，其论虽或出于后世方士所假托；然方士假托之始，必有影响之寻求，故黄帝上天之说，虽以张华之博识，犹采述之？**古史谓黄帝常游名山，与神会，得壬禽之术于玄女，以占吉凶，且战且学仙；后采首山（河南襄城县）之铜，铸鼎。鼎成，乘龙上升，仙去。**盖神仙之滥觞，与阴阳、五行、杂占之论同古。阴阳家言托始黄帝，推本庖羲；五行之教，盛于夏代，依附神农；杂占非一，而以占梦为大。此远古宗教思想之可考者也。

四　社　会

饮食

《淮南子》云："古者民茹草木饮水，采树木之实，食蠃蚌之肉，时多疹病毒伤之害，于是神农乃始教民播种五谷。"是初民由果食时代，进而为鲜食时代，再进而为艰食，则神农氏时也。《周书》曰："黄帝使立食始蒸谷为饭。""黄帝始煮谷为粥。""宿沙善煮盐。"并见《北堂书钞》。立食、宿沙并黄帝臣,是神农之后,人民日常生活最低限度,亦知啜粥食饭用盐也。《礼记·礼运》:"后圣有作,修火之利,以炮以燔,以为醴酪。"所谓后圣,殆指燧人。是当时人民食肉,要以烧烤为常;且有酪浆以为饮料。《淮南子·精神训》云:"珍怪奇味,人之所美也。而尧粝粢之饭,藜藿之羹。"考自神农迄黄帝,艰食已久。社会通行饮食,不过蔬食菜羹而已。然橘柚见《禹贡》,仪狄造旨酒,是此时橘柚酒醴亦登食品。

衣服

史称太古之民,披发卉服,蔽前而不蔽后。其后辰放氏时,始知搴木茹皮以御风寒,绚发冒首以去灵雨,号曰"衣皮之民"。至神农时,纺织麻枲,则皮服之俗,已变而为布服。考《世本》谓:"黄帝作冕旒","黄帝作旃冕","伯余作衣裳","胡曹作冕","于则作扉履"。《物原》谓:"荀始为冠。"伯余、胡曹、荀始并黄帝臣。故《易·系辞》曰:"黄帝垂衣裳而天下治。"此可见衣裳冠冕之制,至黄帝时大备。又《韩非子·五蠹》篇云:"尧之王天下也,夏曰葛衣,冬曰麑裘。"《史记·五帝本纪》云:"尧乃赐舜绨衣与琴。"是衣服质料,逐渐趋精,殆亦自然之势欤?

居处

《礼记·礼运》云:"昔者先王未有宫室,冬则居营窟,夏则居橧巢。"《新语》云:"天下人民,野居穴处,未有室屋,则与鸟兽同域;于是黄帝乃伐木构材,筑作宫室,上栋下宇,以避风雨。"故《白虎通义》谓:"黄帝作宫室,以避寒暑,此宫室之始也。"又《黄帝内传》云:"帝既斩蚩尤,因立台榭,无屋曰台,有屋曰榭。"《管子》云:"黄帝有合宫以听政。"《外纪》云:"帝作合宫,祀上帝,布政教。"《世本》云:"黄帝见百物,始穿井。"远古人民居处,并无室卢;降至黄帝,不惟宫室有制,即台榭亦有足观者;及至尧时,水土犹未平,故"蛇龙居之,民无所定;下者为巢,上者为营窟;《孟子·滕文公下》。下民因而昏

《九歌劝民图》
——从清光绪三十一年(1905)内府刊本《钦定书经图说·大禹谟》

垫。迨禹平水土,尧使禹作宫室,又尧为舜筑仓廪,《史记·五帝本纪》。是屋宇通行,民复得安处。

器具

《易·系辞》称庖羲氏之王天下,"结绳而为网罟,以佃以渔"。《世本·作》篇:铫、耨、耒耜,皆神农臣垂作。《古史考》称:"黄帝作车,引重致远。"《世本·作》篇谓:"共鼓、货狄作舟。"二人皆黄帝臣。《史记·夏本纪》谓禹治水"陆行乘车,水行乘船,泥行乘橇,山行乘樏"。《事物原始》云:"尹寿作镜。"尹寿黄帝臣。《博物志》谓:"尧作围棋以教丹朱。"由是观之,远古之时,渔猎用具有网罟;

第三章 三皇五帝时代开化之程度 / 061

农具有铫、耨、耒耜；交通器有车、船、橇、欙；家具有镜；玩具有围棋。若饮食之器，则由污尊抔饮，土簋土铏，易之以陶匏。兵器，则由剥林木以战，易而为弓、矢、戈、矛、刀、戟、大弩。《礼记》《史记》皆有明文可征。

五　学　艺

文字

考上古刻木、结绳以纪事，故《易》称："上古结绳而治，后世圣人易之以书契。"所谓后世圣人，殆指庖羲、黄帝而言。故《易》又称："古者庖牺氏之王天下也，仰则观象于天，俯则观法于地，观鸟兽之文，与地之宜。近取诸身，远取诸物；于是始作八卦，以通神明之德，以类万物之情。"伏羲所画八卦为：☰乾、☷坤、☳震、☴巽、☵坎、☲离、☶艮、☱兑。卦者挂也，挂万物于上也。然实为天、地、雷、风、水、火、山、泽八字之代名，故为文字之滥觞。黄帝时仓颉为左史，

仓　颉
——从清道光十年（1830）刊本《古圣贤像传略》

沮诵为右史。仓颉仰观奎星圆曲之势，俯察龟文、鸟羽、山川、掌指、禽兽、蹄迒之迹，体类象形而制字，使天下义理必归文字。天下文字，必归六书。文者，奇偶杂比以相承，如天地之文。是以《易》曰："物相杂，故曰文。"《说文》曰："文错画也。"字者，始于一，而生于无穷。如母之字子，故谓之字。许慎所谓孳乳浸多是也。六书者：一曰象形，二曰指事，三曰会意，四曰谐声，五曰转注，六曰假借。大抵造字之始，所凭依者宇宙间形与事而已。象其形之大体曰象形，日月是也；指其事之实曰指事，上下是也。文字既立，则意寄于字，而字有可通之意；声寄于字，而字有可谓之声。因而博衍之，取乎意会，曰会意，武信是也；意不会而谐合其声，曰谐声，江河是也；四者书之体，止此矣。由是之于用，数字共一用者，如初哉首基之皆为始，邛吾台予之皆为我，其义多转相为注，因为别之曰转注；一字具数用者，如令长之类，往往依于义而引申，依于声而旁寄，其字多假此而依于彼，因而别之曰假借。六书次第出于自然，立法归于简易；就其发明之顺序而言，会意、谐声、转注、假借四端，又在象形、指事之后。观《说文》所列古文，多为仓颉所造之字，而其例要不越于象形、指事，可为是说明证。

天文

天文之学不专包历象而言，然邃古之人为明历象而天文学始发达。考庖羲画卦，兑上离下，成泽中有火之象，取义为革；后人作传，以为天地革而四时成。《晋书·律历志》称："炎帝分八节以始农功。"《周髀算经》曰："二至者寒暑之极;二分者,阴阳之和;四立者,生长收藏之始;是为八节。"四时八节,由来尚矣。然历法之传,究当谓托始于黄帝。《外纪》谓:"帝既受河图,得其五要,乃设灵台,立五官以叙五事;命鬼臾蒐占星,斗苞授规正日月星辰之象,于是乎有星官之书,命羲和占日,尚仪占月,车区占风。"又谓:"帝命大挠探五行之情,占斗刚所建,始作甲子:甲、乙、丙、丁、戊、己、庚、辛、壬、癸,谓之干;子、丑、寅、卯、辰、巳、午、未、申、酉、戌、亥,谓之枝。枝干相配以名日,而定之以纳音。"[17]又谓:"帝命容成作盖天,《事物纪原》云:盖天,即浑天仪也。以象周天之形,总六术谓羲和占日,尚仪占月,臾蒐占星气,伶伦造律吕,隶首作算数,大挠作甲子也。以定气运。……乃因五量,[18]治五气,[19]起消息,察发敛,以作调历;岁纪甲寅,日纪甲子,而时节定。是岁己酉朔旦,日南至;……乃迎日推策,造十二神历,积邪分以置闰,配甲子而设蔀,[20]于是时惠而辰从矣。"历象之道,可谓进步;又《后汉书·郡国志》注谓:黄帝推分星次,以定律度,自斗十一度,至婺女七度,名曰星纪之次,今吴越分野;自婺女八度,至危十六度,曰玄枵之次,今齐分野;自危十七度,至奎四度,曰豕韦之次,今卫分野;自奎五度至胃六度,曰降娄之次,今鲁分野;自胃七度,至毕十一度,曰大梁之次,今赵分野;自毕十二度,至东井十五度,曰实沈之次,今晋卫分野;自井十六度至柳八度,曰鹑首之次,今秦分野;自柳九度,至张十七度,曰鹑火之次,今周分野;自张十八度,至轸十一度,曰鹑尾之次,今楚分野;自轸十二度,至氐四度,曰寿星之次，今韩分野；自氐五度，至尾九度，曰大火之次，今宋分野；自尾十度，至斗十度，百三十五分而终，曰析木之次，今燕分野。凡天有十二次，日月之所躔也；地有十二分，王侯之所国也。故四方方七宿，四七二十八宿，合一百八十二星。东方苍龙，三十二星，七十五度；北方玄武，三十五星，九十八度四分度之一；西方白虎，五十一星，八十度；南方朱雀，六十四星，百一十二度，周天三百六十五度四分度之一。是又黄帝创制星学之大略也。少昊之世历正以次，司分、司至、司启、司闭，各有专官。及其衰也，九黎乱德，俶扰天常，祸灾荐臻，莫尽其气。颛帝受之，乃命南正重司天以属神，北正黎司地以属民，使复旧常，无相侵渎，民用安生。改作历象，以建寅月为历元。其后三苗复九黎之乱，二官俱废，闰余乖次，星序无纪。尧时复立重黎之后，使绍旧业。故《尚书·尧典》曰："乃命羲和，钦若昊天，历象日月星辰，敬授民时，岁三百有六旬有六日，以闰月定四时成岁。"后以授舜曰："天之历数，在尔躬。"舜亦以命禹。盖邃古以降，人君无有不重历法以为治者；而尧之制历，又以日之所在，不能以目视以器窥，因

《命官授时图》
——从清光绪三十一年（1905）内府刊本《钦定书经图说·尧典》

为之中星以纪之。《尚书·尧典》所谓日中星鸟，以殷仲春；日永星火，以正仲夏；宵中星虚，以殷仲秋；日短星昂，以正仲冬者；其征也。又以日之出入发敛，不可以一方所见为定，因为之立东西南北四宅以分候之。《尚书·尧典》所谓"羲仲宅嵎夷，羲叔宅南交，和仲宅西，和叔宅朔方，又其征也"。唐虞之世，正天文之器有玑衡，俱以美玉为饰。故《尚书·尧典》曰："在璇玑玉衡以齐七政。"疏谓玑衡者："玑为转运，衡为横箫，运玑使动，于下以衡望之。"汉世以来，谓之浑天仪者是也。夷考古人为政，首重民事；而上古民事，以农业为重，农业贵乎得时，故授时一事，为古政之大者。是以测天之学，为古代帝王之所特重。

算数

考结绳之世，创行记数之法；降至庖羲，遂因数以画卦。《汉书·律历志》曰："数者一十百千万也，所以算数事物，顺性命之理也。"古之王者统业，先立算数，以命百事。故《逸书》曰："先其算命。"夫数萌于一，而起于三，三三积之，可以至于无尽。故黄帝命隶首定数，以率其羡，要其会，而律度衡量由是而成焉。数即九章算法：一曰方田，以御田畴界域；二曰粟米，以御交质变易；三曰差分，以御贵贱廪税；四曰少广，以御积幂方圆；五曰商功，以御功程积实；六曰均输，以御远近劳费；七曰方程，以御错糅正负；八曰赢不足，以御隐杂互见；九曰勾股，以御高深广远。《周官义疏》。律即律吕也。详见下文乐律条。度者分寸、尺、丈引也，所以度长短也。本起于黄钟之管，长以子谷秬黍中者，一黍为一分，十分为一寸，十寸为一尺，十尺为一丈，十丈为一引，而五度审矣。量者龠、合、升、斗、斛也，所以量多少也，本起于黄钟之龠，以子谷秬黍中者，千有二百实为一龠，十龠为一合，十合为一升，十升为一斗，十斗为一斛，而五量嘉矣。衡即权衡也，权重衡平也；权者铢两斤钧石也。十黍为累，十累为铢，二十四铢为两，十六两为斤，三十斤为钧，四钧为石。权与物钧同而生衡，所以知物之轻重也。《尚书·尧典》云："同律度量衡。"四端之排列，律独冠夫三者，以度量衡之法胥由律法而生也。度起于黄钟之律之管，量衡起于黄钟之律之龠。抑尤有知者，算数与历象相表里，自古未有不明算法而能考察天文者，故黄帝之世数作而历亦成。《说文》："算长六寸，计算数者也。"算者，计数所用之筹也。古者算历二字，往往连用；《晋书·郭璞传》云：璞好经术，博学有高才，好古文奇字，妙于阴阳算历。则是历象之学，必赖数而后明，古代之数学，尤重于历学，从而可知矣。

乐律

古籍相传，"太古之世，篑桴而土鼓"。《礼》。"葛天氏之世，八人操牛尾投足扣角而歌八终。"一曰载民，二曰玄鸟，三曰遂物，四曰奋谷，五曰敬天常，六曰达帝功，七曰依帝德，八曰临万物之极。（《路史》）。"阴康氏教人引舞，以舒湮郁之气。"《吕氏春秋》。"朱襄氏命士达作五弦之瑟，以来阴气。"《吕览》。"伏羲氏作琴以御邪辟防心淫。"《琴操》。"女娲氏命臣随作制笙簧，以通殊风。"《世本》。虽未必尽为事实，要皆必有所受。迨后黄帝令伶伦作为律，伶伦自大夏之西，乃之阮隃之阴，取竹于嶰溪之谷，昆仑之北谷。以生空窍厚钧者，断两节间，其长三寸九分，而吹之，以为黄钟之宫。又制十二筒以之阮隃之下，听凤凰之鸣，以别十二律。其雄鸣为六，雌鸣亦六，以比黄钟之宫适合。黄钟之宫，皆可以生之，故曰黄钟之宫律吕之本。《吕氏春秋》。六律为阳声：黄钟、太簇、姑洗、蕤宾、夷则、无射是也。六吕为阴声：大吕、应钟、南吕、林钟、仲吕，夹钟是也。《汉书·律历志》。又文之以五声，播之以八音。五声者：宫、商、角、徵、羽也。商之为言章也，物成孰可章度也；角触也，物触地而出戴芒角也；宫中也，居中央畅四方唱始施生为四声纲也；徵止也，物盛大而繁祉也；羽宇也，物聚臧宇覆之也。八音者：金、石、丝、竹、匏、土、革、木也。土曰埙，匏曰笙，革曰鼓，竹曰管，丝曰弦，石曰磬，金曰钟，木曰柷。五声和，八音谐，而乐成；于是声音之道大备。故《乐记》曰，"声成文谓之音，知音而乐之谓之乐"也。又乐之在耳者曰声，在目者曰容，声应乎耳可以听知，容藏于心难以貌观；故古人假干戚羽旄以表其容，发扬蹈厉以见其意；乐舞所由兴也。一代之兴，必作乐以告成功。黄帝之乐曰咸池，颛顼之乐曰承云，《前汉书·礼乐志》谓颛顼之乐曰六茎。帝喾之乐曰六英，《礼乐志》谓帝喾之乐五英。尧之乐曰大章，舜之乐曰招。招读曰韶。并见《吕氏春秋·古乐》篇。皆所以表彰其治绩。

哲理

考中国哲学虽成立于周代，而哲理实萌蘖于邃古；盖邃古人民对于有无时间、空间等问题，未尝不思解决。其确然有所发见者，则伏羲是也。伏羲推宇宙之大法，以为人事之标准。故《易·系辞》称伏羲始作八卦以通神明之德，以类万物之情。郑玄《易论》谓伏羲作十言之教，乾、坤、震、巽、坎、离、艮、兑消息是也。乾为天，坤为地，震为雷，巽为风，坎为水，离为火，艮为山，兑为泽。天、地、雷、风、水、火、山、泽，皆世间至大至常之现象，其实不过阴阳二气之所凝成；故伏羲仅以奇偶象阴阳立卦，观阴阳之消息，则道理可见。初立之卦，有画无文，因而重之，得六十四卦，其义至异，其象至简，然可以贯天地人之道。以其为古圣人探究宇宙及人生现象之结论故也。而此结论统名之为易。易于宇宙之生成，则以太极为宇宙之本原，由太极所生之两仪为阴阳；由阴阳所生之四象为春、夏、秋、冬；由四象所生之八卦为乾、兑、离、震、巽、坎、艮、坤，以之配宇宙自然现象则为天、泽、火、雷、风、水、山、地。一卦各生八卦，成六十四卦，直至于生万物。故《系辞传》曰："易有太极，是生两仪；两仪生四象；四象生八卦。"此可见邃古人民，认为存于天地间一定不易之理法为阴阳二元，阴阳二元乃出于太极；又此理法应用可以无限，天地一切现象，悉可由阴阳二元说明之。天地，日月，明暗，春夏秋冬，上下前后，高低，刚柔，强弱，动静，吉凶，福祸，贵贱，尊卑等，悉为阴阳之流动；甚至君臣，父子，夫妇，男女等，亦无不示阴阳之关系。是《易》对于天地自然之关系与人伦之关系，用同一之理法说明，移天地之道以为人之道。此《序卦传》所以谓："有天地然后有万物，有万物然后有男女，有男女然后有父子，有父子然后有君臣，有君臣然后有上下，有上下然后礼义有所措"也。

医药

《路史》依据《孔丛子·帝王世纪》谓伏羲"察六气，审阴阳，以赘之身，而四时水火升降得以有象，百病之理得以有类；于是尝草治砭，以治民疾，而人滋信"。又世谓神农氏味草木之滋，察其寒温平热之性，辨其君臣佐使之义。上药一百二十种为君，主养命；中药一百二十种为臣，主养性；下药一百二十五种为佐使，主治病。尝一日而遇七十毒，神而化之，遂作方书，以疗民疾；复察水泉甘苦，令人知所避就；由是斯民无夭札之患。必准此以辨尝百草者之为伏羲、神农，则失之于凿；要无反证能谓吾国医药之术，不起于此时代。降至黄帝时，医药之学，大为进步。于是黄帝乃上穷下际，察五气，湿、凉、寒、燥、温也。立五运，甲己土、乙庚金、丙辛水、丁壬木、戊癸火也。洞性命，纪阴阳，咨于岐伯，而作《内经》，可为后世医书之起原。《本草》系后人伪作。复命俞跗、岐伯、雷公，察明堂，究息脉；巫彭、桐君处方饵，而人始得以尽其年。

注释

[1]《史记·五帝本纪》云："黄帝举风后、力牧、常先、大鸿以治民。"《资治通鉴纲目前编外纪》云："黄帝立六相，举风后、力牧、太山、稽、常先、大鸿以治民。"《通鉴外纪》曰："黄帝得六相而天地治神明至。风后明乎天道，故为当时。太常察乎地利，故为廪者。奢龙辨乎东方，故为士师。祝融辨乎南方，故为司徒。大封辨乎

西方,故为司马。后土辨乎北方,故为李。"大名崔述《上古考信录》谓:"卿相之名,未有见于传者";又谓:"古未有姓名连称者。"故诸家言黄帝立六相,说皆未可尽据。

[2]《左传·昭公十七年》:"五雉为五工正。"疏云:"贾逵云:'西方曰鷷雉,攻木之工也。东方曰鶅雉,抟埴之地。南方曰翟雉,攻金之工也。北方曰鵗雉,攻皮之工也。伊洛而南曰翚雉,设五色之工也。'"

[3]《左传·昭公十七年》:"九扈为九农正。"疏云:"贾逵云:'春扈分循相五土之宜,趣民耕种者也。夏扈窃玄,趣民耘苗者也。秋扈窃蓝,趣民收敛者也。冬扈窃黄,趣民盖藏者也。棘扈窃丹,为果驱鸟者也。行扈唶唶,昼为民驱鸟者也。宵扈啧啧,夜为农驱兽者也。桑扈窃脂,为蚕驱雀者也。老扈鷃鷃,趣民收麦,令不得晏起者也。'"

[4]《资治通鉴纲目前编外纪》云:"古者民神异业,是以祸灾不至,而求适不匮。少昊氏衰,九黎乱德,民神杂揉,不可方物。家为巫史,无有要质,民匮于祀,嘉生不祥,无物以享,祸灾荐臻,莫尽其气。颛帝受之,乃命南正重司天以属神,北正黎司地以属民,使复旧常,无相侵渎,民用安全。"

[5]《资治通鉴纲目前编外纪》云:"帝命咸黑典乐为声歌,命曰九招。"

[6]《尚书·尧典》:"禹作司空,宅百揆,弃为后稷,契为司徒,皋陶作士,垂作共工,益作虞,伯益作秩宗,夔典乐,龙作纳言。"

[7]《尚书·尧典》:"鲧之治水,舜之登庸,舜命九官;皆先咨于四岳。"

[8]《尚书·尧典》:"尧命羲仲宅嵎夷,命羲叔宅南郊,命和仲宅西,命和叔宅朔方;以观象授时。"

[9]《汉书·刑法志》:"五刑:大刑用甲兵(以六师诛暴乱),

其次用斧钺（斩刑也），中刑用刀锯（刀割刑锯刖刑也），其次用钻凿（钻髌刑也，凿黥刑也），薄刑用鞭扑（扑杖也），大者陈诸原野（征讨所杀也），小者致之市朝（大夫以上尸诸朝，士以下尸诸市）。"又《尚书·尧典》："五刑有服，五服三就。大罪于原野，大夫于朝，士于市。"

[10]《尚书·尧典》："五流有宅，五宅三居。（大罪四裔，次九州岛之外，次千里之外。）"

[11] 赎刑，出金赎罪。即周代罚锾之制，西人所谓财产之刑也。

[12] 六宗：《孔传》谓："四时也，寒暑也，日也，月也，星也，水旱也。"《正义》云："汉世以来，说六宗者多矣。欧阳及大小夏侯说《尚书》皆云：所祭者六，上不谓天，下不谓地，旁不谓四方，在六者之间，助阴阳变化，实一而名六宗矣。孔光、刘歆以六宗谓乾坤六子，水、火、雷、风、山、泽也。贾逵以为六宗者：天宗三，日、月、星也；地宗三，河、海、岱也。马融云：万物非天不覆，非地不载，非春不生，非夏不长，非秋不收，非冬不藏，此其谓六也。郑玄以六宗言禋，与祭天同名，则六者皆是天之神祇，谓星、辰、司中、司命、风师、雨师，星谓五纬星；辰谓日月所会十二次也；司中、司命，文昌第五第四星也，风师箕也，雨师毕也。晋初幽州秀才张髦上表云：臣谓禋于六宗，祀祖考所尊者六，三昭三穆是也。司马彪又上表历难诸家，及自言己意，天宗者日、月、星、辰、寒、暑之属也；地宗社稷五祀之属也。四方之宗，四时五帝之属。惟王肃据《家语》，六宗与孔同。各言其志，夫知孰是！"

[13] 谯周《古史考》："伏羲制嫁娶，以俪皮为礼。"俪皮谓两皮也。用俪皮者，取鹿有文章，且游牧之世，未有布帛也。

[14] 据《帝王世纪》，黄帝有四妃：元妃西陵氏女曰嫘祖；次妃方雷氏女曰女节；次妃彤鱼氏女；次妃嫫母。又据《尚书·尧典》："厘降二女于妫汭。"尸子："妻之以媓，滕之以娥。"《史记》："尧乃以二女妻舜，以观内。"

[15]《高士传》:"帝尧之世,天下太和,百姓无事,壤父年八十余,而击壤于道中。观者曰:大哉帝之德也。壤父曰:吾日出而作,日入而息,凿井而饮,耕田而食,帝何德于我哉?"

[16]《列子》:"尧治天下五十年,不知天下治欤,不治欤……乃微服游于康衢,闻儿童谣曰:立我蒸民,莫匪尔极;不识不知,顺帝之则。"

[17] 纳音以六十甲子分配五音也。一律纳五音,十二律纳六十音。如甲子为黄钟之商,乙丑为大吕之商,商音属金,故曰甲子、乙丑海中金,余类推。见《梦溪笔谈》。

[18] 五量:龠、合、升、斗、斛也。见《礼记·明堂位》《礼记·正义》。

[19] 五气:雨、旸、燠、寒、风也。见《书·洪范》注。又《素问》云:寒、热、风、燥、湿,五气之聚也。

[20] 古者治历,于十九年置七闰月,谓之章;四章谓之蔀,二十蔀谓之元。冬至逢月朔,则为章首;冬至在朔日之首,则为蔀首。蔀法者,指一蔀之七十六年,九百四十月,二万七千七百五十九日而言也。

第四章
夏

一 禹之异古

近人谓中国进化始于禹，禹以前皆宗教所托言，未可尽信；即《大戴礼记·帝系》篇所列禹之世系，亦未足凭。参见《崔东壁遗书》《夏考信录》。然禹之与古帝异者其端甚多：一曰三苗至禹而结局；二曰洪水至禹而平；三曰五行至禹而传；四曰传子之局至禹而定。若禹以前，君或称皇或称帝，自禹始称王。唐虞曰载，夏曰岁，商曰祀，周曰年；犹其小焉者。故禹之于黄帝、尧、舜，一如秦之于三代，实古今一大界划。

二 夏传疑之事

《史记·夏本纪》谓："帝舜崩，三年之丧毕，禹辞避舜之子商均于阳城，天下诸侯皆去商均而朝禹，禹于是遂即天子位，南面朝天下，国号曰夏后，姓姒氏，都于安邑。禹立而举皋陶，荐之且授政焉。而皋陶卒，后举益任之政。十年，帝禹东巡狩，至于会稽而崩。以天下授益，三年之丧毕，益让帝禹之子启，而避居箕山之阳。禹子启贤，天下属意焉。及禹崩虽授益，益之佐禹日浅，天下未洽，故诸侯皆去益而朝启，曰：'吾君之子也。'于是启遂即天子之位，是为夏后帝启，有扈氏不服，启伐之，大战于甘。"王责以威侮五行，怠弃三正，[1]见《尚书·甘誓》。遂灭有扈氏。然此

《大战于甘图》
——从清光绪三十一年（1905）内府刊本《钦定书经图说·甘誓》

天命归启之说，不过根据《尚书》《孟子》立论，乃儒家传统之理想。若考《古本竹书纪年》，见《广仓学窘丛书·古本竹书纪年辑校》。则云："益干启位，启杀之。"更观《楚辞·天问》则有"启代益作后，卒然离蠥。惟启何忧，而能拘是达"之文。是益与启之事，大可存疑。又启崩后，自太康尸位，至少康中兴，其间至少亦六七十年；然《尚书》不载羿浞之事，孔子不答南宫适之问，《史记·夏本纪》亦削去其事，《左传》《楚辞》却又言之极详。是羿与浞之事，绝非无据，而古人著书，或则削之。

三　夏之衰亡

《史记·夏本纪》谓少康而后，六传至孔甲；孔甲而后，五传至履癸，是为桀。自孔甲以来，诸侯多叛，夏桀不务德而武伤百姓，百姓弗堪，乃召汤而囚之夏台；已而释之，汤修德，诸侯皆归汤。汤遂率兵以伐夏桀，桀走鸣条，遂放而死。夏亡，凡十七世，四百三十九年。

注释

[1]《尚书正义》曰："五行，水、火、金、木、土也。分行四时，各有其德。《月令》：'孟春三日，太史谒于天子，曰：某日立春，盛德在木；夏云盛德在火；秋云盛德在金；冬云盛德在水。此五行之德，王者虽易姓相承，其所取法同也。'言王者共所取法，而有扈氏独侮慢之，所以为大罪也。且五行在人为仁、义、礼、智、信，威侮五行，亦为侮慢此五常而不行也。有扈与夏同姓，恃亲而不恭，天子废君臣之义，失相亲之恩，五常之道尽矣，是威侮五行也。无所畏忌，作威虐而侮慢之，故云威虐侮慢。"《易·说卦》云：立天之道曰阴与阳，立地之道曰柔与刚，立人之道曰仁与义。物之为大，无大于此者。《周易》谓三才。人生天地之间，莫不法天地而行事；以此知怠惰弃废天地人之正道；废弃此道，言乱常也。

第五章
夏代之文明

一 制　度

封建制

夏仍古制，沿用封建。禹承唐虞之盛，涂山之会，诸侯执玉帛者万国。"窃意古之诸侯者，虽曰受封于天子；然亦由其德化足以孚信于一方，人心翕然归之，故其子孙因之遂君其地；或有灾否，则转徙他之，而人心归之不能释去，故随其所居，皆成都邑。"《文献通考·封建考》。大抵封建诸侯，皆系将就旧日势力，故柳子厚曰："封建非圣人意也，势也。"

夏代封建之制，爵分三等：公侯为一等，伯为一等，子男为一等。据《春秋繁露》及郑玄说。封地：公侯方百里，伯七十里，子男五十里。每州之中，方百里之国二百，七十里之国四百，五十里之国八百，计一千二百国，余二百国为名山大川。合八州计之，共九千六百国；而畿内四百国，皆为子男，故夏称万国。《春秋传》禹会诸侯于涂山，执玉帛者万国。若诸侯受禄之制，则夏代以前不可考。以上据《礼记·王制》及郑玄注。

官制

远古官制，以五官为最明；后人广证经言，以为自周以前，皆为五官，六官之制，当自周始。据顾炎武《求古录·礼说五官考》。然《尚书·甘誓》有"乃召六卿"之文；《史记·夏本纪》亦有"乃召六卿"之句；《通考·职官考》复谓："虞为六官，以主天地四时；夏制六卿，其官名次，犹承虞制。"且箕子陈《洪范》有云司空、司徒、司寇皆为夏制；古人解此，有谓司空即共工，司寇即士者。是夏之六卿，殆即后稷、司徒、秩宗、司马、士、共工之职，非谓六军之将。又《集解》引孔安国曰："天子六军，其将皆命卿。若六军之将，皆为命卿，是夏未必仅有六卿。六卿特举其较重者言之。故《礼记·明堂位》谓："夏后官百。"说者犹谓其举成数以言。更考《礼记·王制》则有"天子三公九卿，二十七大夫，八十一元士"之文；注云："此夏制也。"是夏官以达百二十之数。惟所职均未详。据伊尹云："三公调阴阳，九卿通寒暑，大夫知人事，列士去其私。"夏商相去未远，所述当属夏制之遗，列士则浑举全数之元士而言。其诸侯设官之制，大国三卿，皆命于天子，下大夫五人，上士二十七人。大国之卿，不过三命，下卿再命，小国之卿与下大夫一命。《礼记·王制》，孔《疏》定为夏制。又天子之官，咸有禄田。三公之田视公侯，卿视伯，大夫视子男，元士视附庸。诸侯之官，大国之下士禄食九人，中士食十八人，上士食三十六人，下大夫食七十二人，卿食二百八十人。次国之卿，食二百一十七人。小国之卿，食百四十四人。《礼记·王制》，郑注定为夏制。

地方制

夏有天下，还为九州：济河惟兖州，今直隶东南、山东西北。海、岱惟青州，今山东东部以东。海、岱及淮惟徐州，今山东南境及江苏北境及安徽东北一隅。淮海惟扬州，今江苏南境、浙江西北部、安徽全部。荆及衡阳惟荆州，今湖北南境、湖南北境。荆、河惟豫州，今湖北境、河南南境。华阳、黑水惟梁州，今甘肃东南、陕西南境及四川。黑水、西河惟雍州；今陕西、甘肃北境及嘉峪关外。《禹贡》所称，最为明确。

田制

中国自神农而后，即以耕稼立国。顾上古之时，农术未精，地力易竭，故有畼耕制度。[1]盖地力既竭，嘉谷不生，乃弃旧畴辟新土，而旧畴之地，休田作牧。田以播谷，莱以牧牲，为游牧耕稼并行之制。[2]至新畴力竭，复辟旧畴，而休田之制，易为趋田；《说文》即爰土易居之义。《汉书注》。故夏代之田，区不易、上田。一易、中田。再易下田。为三等。[3]大抵耕稼社会，皆有畼耕趋田制度。甄

《大陆即作图》
——从清光绪三十一年（1905）内府刊本《钦定书经图说·禹贡》

克思于所著《社会通诠》，曾畅言之。又大禹咸则三壤，《禹贡》。浚畎浍，《益稷》。而治沟洫，《论语》。使百井为成。《左传》。[4]是沟洫丘甸之制，[5]皆禹所创始。又夏代授田制，沿用井田之法；其详不可得而征。所可知者，一夫授田五十亩而已。据《孟子》。当时天下之田，悉属于官，不得私有土地；故民皆授田于官，食其力而输其赋，无甚贫甚富之差。但此制恐第行于王畿，及近畿侯国，未必通行九州。

赋税制

古者赋里以入，量其有无之谓赋，籍田以力，砥其远近之谓税。赋与税本相区别，至于后代始并为一谈。有虞之世，仅有赋制，可得而言，其详见于《禹贡》，夏赋法因之。[6]若夫税法则根据夫井田制而来，井田创于黄帝，洪水以后，禹修而复之，孔子所谓尽力夫沟洫者即此。当时一夫受田五十亩，较赋税之中，不论丰歉，计五亩所入者，以为贡。《孟子》所谓"夏后氏五十而贡"，《朱子集注》所谓"夏时一夫受田五十亩，而每夫计其五亩之入以为贡"者是也。《礼记·王制》《疏》说同。

兵制

夏代兵制不甚可考，惟兵出于农，计田赋以出兵车，似夏代已有其制。故少康有田一成，即有众一旅。《左传》。盖井十为通，通十为成，成方十里，出革车一乘，徒二十人。又《尚书·甘誓》载夏启有扈之征，有"大战于甘，乃召六卿"之文，复有"嗟六事之人"一语。孔安国释六卿为六军之将；《集传》云：六卿六乡之卿也。说虽未相吻合，而夏之君主设六军，可以无疑。又六军大抵为车卒，每车有左右御三人。故《甘誓》又曰："左不攻于左，汝不恭命；右不攻于右，汝不恭命；御非其马之正，汝不恭命。"左，车左；左方主射，绝之也。右，车右；勇力之士，执戈矛以退敌。御以正马为政。则当日用兵，必为车战可知；至军队之组织，则五人为伍，百人为率，五百人为旅，二千五百人为师，万二千五百人为军。出征之事，或命诸侯统军；[7]领军之将，悉以乡官为之。[8]战阵之际，军法极严。故《甘誓》又曰："用命赏于祖，弗用命戮于社，予则孥戮汝。"此夏代军制之可考者。

刑制

夏承虞制，沿用五刑，复有流刑，若公布于民之法律，则有《禹刑》。《左传》晋叔向谓夏有乱政而作《禹刑》是也。《纪年》谓帝芬即帝槐。作圜土，为夏有牢狱之征。《甘誓》谓："用命赏于祖，弗用命戮于社，予则孥戮汝。"为夏有孥戮之征。《书序》言："吕命穆王训夏赎刑，作《吕刑》。"为夏有赎刑之征。

选举制

选举之法，于夏尚无所闻。然学校备于虞朝，夏代因袭其成，则其举贤选能之典，当即行于学校之中。

学校制

远古以来，学校之名，数有更革，至夏不曰庠，而曰序。大学曰东序，在明堂之中；蔡邕说。小学曰西序，设于郊外。《王制》及郑玄说。更立学于乡，名之曰校；《孟子》。均为教民养老习射之所，论其教育宗旨则以明人伦为主。据《孟子》。

币制

《管子》称:"禹以历山之金铸币,以救人之困。"《通考·钱币考》谓:"虞、夏、商之币,金为三品,或黄或白,或赤、或钱、或布、或刀、或龟贝。"夏代已用铸钱救济饥困,足为钱币流通已广明证。

二 礼 俗

朝觐

《史记·夏本纪》谓禹会诸侯于涂山,执玉帛者万国;启灭有扈氏天下咸朝夏后。是可征夏代新君即位,必有朝觐之事。

巡狩

《史记·夏本纪》谓禹东巡狩,至于会稽而崩。《越绝书》谓禹巡狩大越。《吴越春秋》谓禹乃东巡狩登衡山,求之。巡狩之制,夏代尚沿袭。

祭祀

考夏代祭法,渊源远古,天神、地祇、人鬼皆所祭。参见《礼记·明堂位》。盖古代帝王,以先祖所自出不明,托为感天生子之说,而天祖并尊,用行禘礼。[9]祭昊天于圜丘,曰禘;祭上帝于南郊,曰郊;祭五帝、五神于明堂,曰祖祭、宗祭。《礼记·祭法》郑注。夏后氏禘黄帝而郊鲧,祖颛顼而宗禹,[10]是为大禘之典。或以冬至行礼于方明,以祀上下四方之神。《汉书》。此祀天神之典也。又考王者建国，必封土立社，树以土地所宜之木。故夏后氏树之以松，殷人树之以柏。[11]其社神，则祀后土，即共工之子句龙。《说文》。此祀地祇之典也。若人鬼则为一族所祀之神，有宗庙以祭享之。夏代天子五庙，二昭二穆，并祖庙而五。夏太祖无功而不立，自禹与二昭二穆也。[12]祭必有尸，夏立尸而卒于祭，此祀人鬼之典也。

婚丧

夏代婚礼承五帝之后，无大变更；但天子一娶十二女《礼》郑玄引《春秋》说。一夫多妻之风益盛。婚礼虽不可考，然通常以二月为嫁娶之期，[13]并有亲迎之礼。[14]丧则夏后氏以堲周，《礼记·檀弓》。[15]葬于野有墓。《左传·僖公三十二年》。大敛用昏时，殡于东阶之上，绸练设旐，殉葬之物用明器。俱见《檀弓》。又古者丧期无数，夏后氏三年之丧，既殡而致事。《曾子问》。凡此皆夏代婚丧礼之可考者。

民风

考夏后氏贵爵而尚齿，故养国老于东序，养庶老于西序，《王制》。凡所以化万民于慈顺，导万民于孝悌也。又考夏之政忠，故其民奉上而尊命。及其弊也，蠢而过，乔而野，朴而不文。《礼记·表记》。然夏太康失德，民即弗忍；桀为不道，民欲与之偕亡。《孟子》。反之，少康图谋恢复，亦能号召忠义，以一成一旅而建中兴；其民权思想，爱国观念，数千载下犹想见之。

三　宗　教

　　远古宗教思想本有神仙、阴阳、五行等事。神仙、阴阳之论托名黄帝，夏代简册虽未言其术，其传必无由而绝。五行之教，惟夏为盛，洪范九畴，五行为其始。五行者何？行者言为天行气之义，播五行于四时，迭相休旺，是为天行气。五行有位置，有性质，有支配。《洪范》一曰水，二曰火，三曰木，四曰金，五曰土，此位置之说也。水曰润下，火曰炎上，木曰曲直，金曰从革，土爰稼穑，此性质之说也。润下作咸，炎上作苦，曲直作酸，从革作辛，稼穑作甘，此支配之说也。至于后世，凡世间事物之以五成者，往往以五行之说附会之，而支配之论益杂。说者或谓夏启与有扈之争，即发生于宗教；五行为禹之国教，有扈不从，故启征而灭之。又杂占与卜筮同传，故古人占吉凶，从龟与从蓍并言；至形法之学，托始伯益《山海经》，以志休祥变怪不经之事，亦迷信思想之肇端于夏代者。

四　社　会

饮食

《尚书·益稷》谓禹"暨益奏庶鲜食";又谓:"暨稷播,奏庶艰食鲜食;懋迁有无化居,蒸民乃粒。"是夏代食品,以谷食为主,以肉食为辅可知。禹"菲饮食,而致孝乎鬼神"。《论语》。夏初化之,一切从俭。中康时"羲和湎淫,废时乱日"。《史记·夏本纪》。桀有昏德,为酒池,一鼓而牛饮者三千人。《帝王世纪》。"欲长乐以苦百姓,珍怪远味,必南海之荤,北海之盐,西海之菁,东海之鲸。"《太平御览》八十二引《尸子》。下民化之,湎淫于酒,寝以奢靡为尚,亦可想见。

《益奏鲜食图》
——从清光绪三十一年(1905)内府刊本《钦定书经图说·益稷》

衣服

《尚书·禹贡》有织文、织贝、纤缟、绤纻、元纁、玑组、纤犷等贡物,足证当时纺织已精。又考《庄子·天地》

篇有云:"使后世之墨者,多以裘褐为衣,以屦屩为服,日夜不休,以自为极曰'不能如此,非禹道也'。"《诗·豳风》有云:"无衣无褐,何以足岁。"是禹以后,俗尚简约,成为夏代风气。故丝织物虽兴,而一般社会,不过被褐衣皮服卉,履屐蹑屩;羽毛齿革球琳琅玕,或间用于服饰而已。《管子》有云:"桀女乐三万人,晨噪闻于衢,服文绣衣裳。"《帝王世纪》云:"妹喜好闻裂缯之声,为发缯裂之,以顺适其意。"是夏代晚年,宫庭之内,竞尚文绣;民间化之,衣服都丽可知。

居处

宫室自禹以后始盛行,故《二酉丛书》辑《世本·作》篇谓尧使禹作宫室;《论语》谓禹卑宫室,而尽力乎沟洫。惟时宫室皆以土筑成,迨后桀作瓦屋,《世本》。乌曹作砖,《古史考》。砖瓦之屋,始流传于后世。《纪年》谓桀作琼室,立玉门。《尸子》谓桀作琼室、瑶台、象廊、玉床,是夏代之末,建筑术甚精,而各种工料又皆完备。

器具

《礼记·明堂位》曰:"山罍夏后氏之樽也。"又曰:"夏后氏以盏。"又曰:"灌樽,夏后氏以鸡彝。"又曰:"夏后氏之四琏,皆什器也。"又有笾豆,笾以竹为之,以荐果核,可容四升;豆以木为之,以荐俎醢,亦容四升。又有瓦者,谓之登。皆始于夏后氏。《事物纪原》。若箸则前已有之,故《礼记》有饭黍无以箸之文。《白氏六帖》云:"禹收九州之金铸九鼎";《世本·作》篇谓"少康作箕帚";"乌曹作博"。夏代中叶以后，关于器具之制作当不止此，可考者如是而已。

五 学 艺

文字

黄帝以降，大抵适用仓颉之书，惟文字发明之始，常或不能画一即同一时代之中，亦时相殊异。以文字苟趋简易，时为自然蜕变故也。夏代文字之可考见者，有夏禹《岣嵝碑》，岣嵝山名，在今湖南衡阳县北五十里，衡山之主峰也。相传禹得金简玉书于此。《夏禹碑》，今已久佚，但传摹本。其字非篆非蝌，结构奇古，以较古文字，当有异矣。世或疑《岣嵝碑》为伪，然《路史》云："《述异记》空同山有尧碑禹碣。"《淳化阁帖》云："有禹篆二十字。"今阁帖止"出令聂子星记齐其尚"九字。《舆地志》："江西紫霄峰下石室中有禹刻篆文七十余字，止洪荒漾余乃撵六字可辨。"则神禹纪功刻石之事，当颇有之；不应于《岣嵝碑》深致骇异。《岣嵝碑》凡七十七字，唐宋以来，已传有之；[16]今所传拓本，显于明

夏禹岣嵝碑

时；释文则诸家互异。要以杨慎本为正，[17]而沈鉴、杨廷相、郎瑛三家，亦各有所长。参见《金石萃编》卷二《岣嵝碑》。夫以四千余年后之人，欲辨四千年以上摧残剥落之字，附会穿凿，涂改窜点，致失本真，自所不免。要不可以耳目所限为断，概谓为传闻之误也。

文学

吾国古文学，滥觞唐虞二代；然"尧有《大唐》之歌，舜有《南风》之诗，观其二文，辞达而已。"《文心雕龙》。[18]即古书所传尧舜歌诗，若《虞书》皋陶赓歌，[19]《尸子》帝舜《南风》之歌，[20]《尚书大传》舜作《卿云歌》，[21]《列子》《康衢》之谣，[22]《淮南子·尧戒》[23]、《高士传·击壤歌》[24]，在当时亦必平易之作。《夏书·禹贡》本系夏史追书；伯益《山经》，或多后人增益。及观禹之《岣嵝碑》[25]、启之《甘誓》[26]暨《夏箴》《周书》引。[27]《夏谚》《孟子》引。[28]《夏小正》《大戴礼记》篇名。[29]诸作，元气浑浑，令人深许《法言》《论书》[30]为得体矣。

历史

《尚书》所载虞夏之书，率为记言记动之作，其实皆史。《尧典》为起居注，《皋陶谟》《益稷》为朝廷琐记，《禹贡》为地志，《甘誓》则谕旨或宣言书也。又不惟《书》为然，即夏之《易》《连山》。亦为卜筮之史；而夏之《礼》《夏小正》。亦岁时之记。后儒谓六经皆史，章实斋、龚定盦皆坚持之。正为此。

天文

夏代天文无显著之发明，惟兹学愈阐精，则可断言。观禹之九畴，五纪居其一。五纪之别：一曰岁，所以纪四时者；二曰月，所以纪一月者；三曰日，所以纪一日者；四曰星辰，所以分叙气节纪日月之会者；五曰历数，所以为气节之度而授时者。又《史记·夏本纪》："孔子正夏时，学者多传《夏小正》云。"《小正》为言岁时书之最古者，凡此皆为夏代天文精而历法正之明验。

数学

夏禹治水，随山刊木，必以勾股之算法测量山川，而定其高下；数学进步于此可征。然此所谓勾股，不过为算术上之一术，当时并无其书。又度量衡制度，亦各依据算术而生；古人视此极为注重，惟历代不同。若据汉制以相比较，夏以十寸为尺，商以十二寸为尺，周以八寸为尺，是度有相殊。又《路史》谓禹"审铨衡，平斗斛，立典则以贻子孙"，是衡量亦与有虞异制。

哲理

古代哲理之可知者，惟《易》。夏之《易》曰《连山》，以艮为首。象山之出云，连连不绝也。惟书已失传，有文无文，尚待论证。若论夏代哲理，则莫大于《洪范》之垂训。洪大也，范法也。《洪范》九畴：初一曰五行，次二曰敬用五事，次三曰农用八政，次四曰协用五纪，次五曰建用皇极，次六曰乂用三德，次七曰明用稽疑，次八曰念用庶征，次九曰向用五福，威用六极。一，五行："一曰水，二曰火，三曰木，四曰金，五曰土。水曰润下，火曰炎上，木曰曲直，金曰从革，土爰稼穑。润下作咸，炎上作苦，曲直作酸，从革作辛，稼穑作甘。"古人详究宇宙发生之现象，不外此五种原质，因以为事物标准焉。参见《白虎通义·五行》篇。二，五事："一曰貌，二曰言，三曰视，四曰听，五曰思。貌曰恭，言曰从，视曰明，听曰聪，思曰睿。恭作肃，从作乂，明作哲，聪作谋，睿作圣。"是五事总括身心之作用，由外之视听，以征内之心理焉。三，八政："一曰食，二曰货，三曰祀，四曰司空，五曰司徒，六曰司寇，七曰宾，八曰师。"古人寓伦理思想于政治之中，故八政以食货为先，殆如后世所云实利主义者。"伏生《大传》曰：'八政何以先食？'《传》曰：'食者万物之始，人事之所本也；故八政先食是也。货所以通有无利民用，故次之。'《王制》云：'食节事时，民咸安其居，乐事劝功，尊君亲上，然后兴学，故司空在司徒之先；先教而后诛，故司寇在司徒之后；德立刑行，远方宾服，故次之以宾；其有暴虐无道，不率化者，则出六师以征之，故又次以师。'是其职先后之次也。"四，五纪："一曰岁，二曰月，三曰日，四曰星辰，五曰历数。"古人欲行其政治理想，非治历明时，无以置其基础，故在《尧典》首著授时，《洪范》分为五纪，凡所以著其政令以为考核准则。五，皇极："皇者大也，极者中也；皇极为大中至正之义。谓凡一事一物之接，一言一动之发，无不极其义理之当然，以为行为之标准，乃尧、舜、禹相传之心法，——"允执厥中"之义，为伦理上至善之正鹄。六，三德："一曰正直，二曰刚克，三曰柔克。平康正直，强弗友刚克，燮友柔克；沉潜刚克，高明柔克。"是因天道以刚胜，地道以柔胜，惟人道中平正直，不刚不柔；其人之性情有偏于刚柔者，是其禀天地之气有所偏，当有以治之使得其中。故日本三浦藤作于所著《东洋伦理学史》谓："正无邪，直无曲。其平康不需矫正者，导以正直之德，即可得中；然不得平康而需矫正者，则有刚克柔克之必要。克，治也。即强硬不顺者，以刚德治之，使得其中，是以刚治刚也。和柔委顺者，以柔治之，使得其中，是以柔治柔也。沉深潜退不及中者，以刚治之，使得其中，是以刚治柔也。高亢明爽过于中者，以柔治之，使得其中，是以柔治刚也。"三德治人，因时制宜使得其中而已。七，稽疑：为禹时占《易》之法。所以通形而上学与伦理学之邮，示天人相与之关系。然古人蓍龟，先谋及卿士，亦所以尽人事。又"圣人独见先睹，必问蓍龟何？示不自专也"。参见《白虎通义·蓍龟》篇。是古人卜筮，从蓍从龟，大有精义。八，庶征：郑康成曰："庶众也，征验也。谓举行得失之验。"后世言人事可以感动天变者，所由昉也。夫灾异祥瑞，非必天地有意示谴告褒劝于人。然观其常变，以自念其政事之得失，而致修省之极功；使得时有警厉之机，不无裨补于国计，正未可以今人之浅见，笑古人大愚。九，五福六极："五福：一曰寿，二曰富，三曰康宁，四曰攸好德，五曰考终命。六极：一曰凶短折，二曰疾，三曰忧，四曰贫，五曰恶，六曰弱。"是由伦理上善恶之标准，以立苦乐之分类。向乐人用五福，畏惧人用六极，一是皆以劝善惩恶为目的。观此可知禹之《洪范》九畴，系纳伦理思想、政治思想于哲学思想之中，而以天文、历算、卜筮等书附丽之，可谓集中国古代学术之大成。

绘画

绘画之事，在黄帝以前，靡得而考；然古代象形文字，实为简单之图画；是图画之传，当在未有文字以先。若史称黄帝臣史皇作画，黄帝画蚩尤形象以威天下，当是绘事渐精之征。《尚书·益稷》篇帝舜曰："予欲观古人之象，日月星辰山龙华虫作会，宗彝、藻火粉米、黼黻绨绣以五采，彰施于五色作服，汝明。"郑玄曰："会读若绘，谓画也。"画事之盛兴，虞舜之时已然矣。夏禹铸鼎象物，使民知神奸；其穷形尽状，非绘画工精，不易为力，于以知夏代画事，当较古为进步。

建筑

古者穴居野处，包牺之世，尚不闻有宫室制度。神农时始有明堂之作，其制有盖而无四方，风雨不能袭，燥湿不能伤；黄帝谓之曰合宫，唐尧谓之五府，虞舜谓之总章，皆明堂也。夫明堂者，明政教之堂也。古祀上帝，祭先祖，朝诸侯，养老尊贤，凡关于大典礼者，皆于此行之。汉武帝时济南人公玉带上黄帝时明堂图，明堂中有一殿，四面无壁，以茅盖，通水，水圜宫垣，为复道，上有楼，从西南入名曰昆仑。或曰，明堂无楼，带言误也。或曰带言昆仑，实为灵台。远古明堂虽为一切建筑之肇祖，但其制究不可得而详。夏后氏谓明堂为世室，堂修二七，广四修一，五室，三四步，四三尺，九阶，四旁两夹窗，白盛；门堂三之二，室三之一。具见《冬官考工记》，其制略有可考矣。至于言建筑必始于明堂者，以其关于建筑上一切应有之制，如门、如壁、如室、如窗，皆可概括以传故也。

雕铸

古史谓伏羲制琴瑟，神农为耒耜，黄帝作舟车，其时不能无雕刻之技甚明。降至尧时有五瑞之辑，是玉亦早能雕琢成器。又史称黄帝铸钟、铸鼎、范金为货。禹铸九鼎，则为铸术渐精之证。又《左传》言成王分鲁公以夏后氏之璜，璜为半璧，乃古人之至宝，历商而周犹宝存，则夏代玉工之精，更可想见。

音乐

《吕氏春秋·古乐》篇谓：禹命皋陶作为夏籥九成，以昭其功。然至孔甲复作破斧之歌，又为东音所自始。然古以声音之道，与政相通，审乐以知政。乐之正哇，有关于时之理乱，不仅以美术视之。

医术

医术之由来甚古，然自唐虞迄于有夏，事无可考。

注释

[1]《说文》：畼下云，不生也；从田，易声。场下云，祭神道也。一曰山田，不耕者，一曰治谷田也。盖场畼古通；谷田，不耕，则废为场。故字三义。

[2] 中国自神农时，已入耕稼社会；然游牧之俗，未能尽革。观《诗》言犉牝三千，而《礼记》问庶人之富，数畜以对，则知耕稼与游牧并行。盖两时代相嬗，断不能犂然为二，往往延及千年，而过去时代之遗俗，犹有存者。

[3]《前汉书·食货志》：岁耕种者为不易，上田；休一岁者为一易，中田；休二岁者为再易，下田。

[4]《左传·哀公元年》：少康有田一成。则百井为成，始于夏禹，非周代所创之法。

[5] 丘甸之制，即计井田出兵车之法。

[6]《禹贡》：冀州厥赋上上错，（赋谓土地所生，以供天子。上上，第一，错，杂也，杂出第二之赋。）兖州厥赋贞，（贞，正也。州第九，赋正与第九相当。）青州厥赋中上，徐州厥赋中中，扬州厥赋下上错，荆州厥赋上下，豫州厥赋错上中，梁州厥赋下中三错，雍州厥赋中下。

[7]《尚书·胤征》：仲康欲伐羲和，使胤侯掌六师。

[8]《周礼·乡大夫》：每乡卿一人，六乡六卿，平居无事，则各掌其乡之政教，有事则各率其乡之一万二千五百人，而属于大司马，所谓军将皆命卿者是也。周制本于二代，意夏代之制，当亦如是。

[9] 禘，大祭也。或曰禘有三：一是四时之祭。《礼王制》春礿夏禘秋尝冬烝是，夏商之礼也。一是殷祭，五岁一禘，三岁一祫，皆合群庙之主，祭于大祖庙。一是大禘，《礼·大传》禘其祖之所自出，以其祖配之，是也。一说祫禘实一事，而禘即时祭中之一。

[10]《礼记·祭法》第二十三："祭法，有虞氏禘黄帝，而郊喾；祖颛顼，而宗尧。夏后氏亦禘黄帝，而郊鲧；祖颛顼，而宗禹。殷人禘喾，而郊冥；祖契，而宗汤。周人禘喾，而郊稷；祖文王，而宗武王。"

[11]《论语》："夏后氏以松，殷人以柏，周人以栗。"

[12]《通考·宗庙考》一：天子宗庙，"唐虞立五庙，夏氏因之"。

[13] 据《夏小正》云："二月，俊多士女。"

[14] 据何休引《书传》云："夏后氏逆于庭，殷人逆于堂。"

[15] 墍周，或谓之土周。墍者土之余烬；盖冶土为砖，而四周于棺之坎也。

[16] 唐刘禹锡《寄吕衡州》诗云："传闻祝融峰,上有神禹铭。古石琅玕姿,秘文龙虎形。"崔融云："于铄大禹,显允天德;龙画傍分,螺书區刻。"韩退之诗："岣嵝山尖神禹碑,字青石赤形模奇。"又云："千搜万索何处有?森森绿树猿猱悲。"宋朱晦翁、张南轩游南岳,寻访神禹碑不获。王象之《舆地纪胜》云："禹碑在岣嵝峰又传在衡山县云密峰;皆樵人曾见之,自后无有见者。"宋嘉定中,蜀士因樵夫引至其所,以纸打其碑七十二字,刻于夔门观中,后俱亡。张季文、金宪自长沙得之,云是宋嘉定中,何致子一模刻于岳麓书院者,凡七十七字,《舆地纪胜》云七十二字者误也。

[17] 杨慎《岣嵝碑释文》："承帝曰咨,翼辅佐卿,洲渚与登,鸟兽之门,参身洪流,而明登尔兴,久旅忘家,宿岳麓庭,智营形折,心周弗辰,往求平定,华岳泰衡,宗疏事衰,劳余伸禋,郁塞昏徙,南渎衍亨,衣制食备,万国其宁,窜舞永奔。"

[18] 《路史·后纪陶唐氏》:帝尧"制七弦,征大唐之歌,而民事得"。《路史·后纪有虞式》:帝舜"作大唐之歌,以声帝美,声成而絑凤至。故其乐曰:'舟张辟雍,鸧鸧相从,八风回回,凤皇喈喈,'言其和也。"

[19] 《虞书》:帝庸作歌曰:"敕天之命,惟时惟几。"又曰:"股肱喜哉,元首起哉,百工熙哉。"皋陶赓歌曰:"元首明哉,股肱良哉,百工康哉。"又曰:"元首丛脞哉,股肱惰哉,万事堕哉。"

[20] 《尸子》:帝舜弹五弦之琴,以歌南风。其诗曰:"南风之熏兮,可以解吾民之愠兮;南风之时兮,可以阜吾民之财兮。"

[21] 《尚书大传》;舜作《卿云歌》曰:"乡云烂兮,纠缦缦兮,日月光华,旦复旦兮。"

[22] 《康衢》之谣见前第三章《三皇五帝时代开化之程度》注释[16]。

[23] 《淮南子·尧戒》曰:"战战栗栗,日慎一日;人莫踬于山,而踬于垤。"

[24]《击壤歌》见前第三章《三皇五帝时代开化之程度》见注释[15]。

[25]《岣嵝碑》见注释[17]。

[26]《甘誓》见《尚书》。

[27]《周书》引《夏箴》曰:"中不容利,民乃外次。"又:"小人无兼年之食,遇天饥妻子非其有也。大夫无兼年之食,遇天饥臣妾舆马非其有也。戒之哉,弗思弗行,至无日矣。"

[28]《孟子·梁惠王下》:夏谚曰:"吾王不游,吾何以休?吾王不豫,吾何以助?一游一豫为诸侯度。"

[29]《夏小正》:"正月启蛰,雁北乡,雉震呴,鱼陟负冰,农纬厥耒,初岁祭耒,始用畼,囿有见韭,时有俊风,寒日涤冻涂,田鼠出,农率均田,獭祭鱼,鹰则为鸠,农及雪泽,初服于公田,采芸,鞠则见,初昏参中,斗柄县在下,柳稊,梅杏杝,桃则华,缇缟,鸡桴粥。"《大戴礼记·补注夏小正》篇

[30]《杨子法言·问神》篇云:"虞夏之书,浑浑尔。商书,灏灏尔。周书,噩噩尔。下周者其书谁乎。"司马光注曰:"浑浑,朴略难知之貌。灏灏,富大之貌。噩噩,明直之貌。其书谁乎?言不足以为书也。"

第六章 殷

一 殷之先世

殷之先祖为契。《史记·殷本纪》云:"殷契母曰简狄,行浴见元鸟堕其卵,取吞之,因孕生契。"是殆缘《诗·商颂》"天命元鸟,降而生商,宅殷土芒芒"之文附会而出。然《毛诗传》云:"春分元鸟降,简狄祈于郊禖而生契,故本其为天所命,以元鸟至而生焉。"非必为吞燕卵也。苏明允于所著《誉妃论》辨之甚明。《殷本纪》又云:"契长而佐禹,治水有功,……封于商,今河南睢县。赐姓子氏。……契卒,子昭明立;昭明卒,子相土立;相土卒,子昌若立;昌若卒,子曹圉立;曹圉卒,子冥立;冥卒,子振立;振卒,子微立;微卒,子报丁立;报丁卒,子报乙立;报乙卒,子报丙立;报丙卒,子主壬立;主壬卒,子主癸立;主癸卒,子天乙立;天乙立,是为成汤。"成汤之先,以相土为最有名,故《诗·商颂》有云:"相土烈烈,海外有截。"崔述《商考信录》曰:

"按商先世,诗书多缺,不可详考。窃以时世推之,相土为契之孙,当在夏太康世。盖因太康失国,羿浞淫暴,诸侯无所归,而相土能修其德政,故东方诸侯咸归之。商丘在东,而西北阻于羿浞,是以号令东讫于海,而云'海外有截'也。"商丘为相土所居,据《左传·襄公公九年》传文。而成汤居亳,今河南偃师县。相距绝远,其中必有播迁。《殷本纪》云:"自契至汤八迁。"梁玉绳于所著《史记志疑·卷二》,俱将八迁考全,未必即是。然近考殷虚甲骨文字,得证《史记》所载殷先公、先王,皆确有其人。参见王国维《殷卜辞中所见先公先王考》。于此可知古代传说存于周秦之间,非绝无根据。

二 汤之治绩

成汤名履,子姓,崔述《商考信录》以为成汤号也,汤则后此之省文。其子孙追崇之为武王,因有武汤之称。汤时夏桀无道,伊尹负鼎俎,以滋味之道说汤,汤得伊尹祓之于庙。见《吕览·本味》。伊尹五就汤五就桀,卒归于汤。见《孟子》。汤乃伐夏,整兵鸣条,今陕西安邑县。困夏南巢,今安徽庐江。放之历山,今安徽和县东。见《淮南子·修务训》。汤既绌夏,于是诸侯服汤践天子位,见《殷本纪》。国号商。汤以征诛得王天下,故武力特别发扬。《诗·商颂》有云:"昔有成汤,自彼氐羌,莫敢不来享,莫敢不来王,曰商是常。"即其证也。世传汤即位后大旱七年,汤使人持三足鼎祷于山川,以六事自责,并祷于桑林之社,见《御览·八十三》引《帝王世纪》。遂为后世祭天祷雨之始;然据《韩诗传》文,则是以六事自责为古雩祭常礼,非必为汤事。[1]即所传汤剪发断爪身为牺牲之说,后儒亦多辩其谬。参见崔述《商考信录》。

三　殷代传疑之事

《史记·殷本纪》云:"汤崩,太子太丁未立而卒,于是乃立太丁之弟外丙,是为帝外丙;帝外丙即位二年崩,立外丙之弟中壬,是为帝中壬。帝中壬即位四年崩,伊尹乃立太丁之子太甲。……帝太甲既立,三年不明,暴虐不遵汤法,乱德,于是伊尹放之于桐宫。今河南偃师县西南五里。三年伊尹摄行政,当国以朝诸侯。帝太甲居桐宫三年,悔过自责反善,于是伊尹乃迎帝太甲而授之政。太甲修德,诸侯咸归,殷百姓以宁。"然《古本竹书纪年》则谓:"伊尹放太甲于桐,乃自立;七年,王潜出自桐,杀伊尹;天大雾三日,乃立其子伊陟、伊奋,命复其父之田宅而中分之。"又《孟子》称:"太甲颠覆汤之典刑,伊尹放之于桐;三年,太甲悔过,自怨自艾,于桐处仁迁义;三年,以听伊尹之训已也,复归于亳。"《左传·襄公二十一年》:"伊尹放太甲而相之,卒无怨色。"杜氏注云:"然则太甲虽见放还杀伊尹而犹以其子为相也。"总兹数说,太甲、伊尹之事,正未可深知。大名崔述论曰:"盖自战国以后,风俗日颓,见利忘义,世俗之人,习见而以为固然，遂妄意古圣人之亦如是；是以有舜囚尧，启杀益，太甲杀伊尹之说；其意以为不如是，尧、益、伊尹必据天下于己而不肯与人，而岂知古圣人之心，广大若无地，光明若日月，其视富贵犹敝屣然。故孔子曰：'巍巍乎舜禹之有天下也，而不与焉。'《孟子》曰：'伊尹耕于有莘之野，而乐尧舜之道焉，非其义也，非其道也，禄之以天下弗顾也。'盖惟圣贤，然后能知圣贤之心，彼世俗之'干糇以愆'者，乌足以知之哉！"见《商考信录》。虽然，此特就儒家理想立论，竟无二重证据，证明伊尹未为太甲所杀，尚未足以执反对者之口。

《史记·殷本纪》称："帝太甲修德，诸侯咸归殷，百姓以宁，……太甲称太宗。"中国君主之有庙号，此其始也。《殷本纪》又云："帝太戊立伊陟为相，……伊陟赞言于巫咸，巫咸治王家有成，……殷复兴，诸侯归之，故称中宗。"今检《戬寿堂所藏殷虚文字》第三页，有"中宗祖乙牛告"之辞，称祖乙为中宗，全与古来尚书家之说违异。惟《太平御览·八十三》引《竹书纪年》曰："祖乙滕即位，是为中宗；是又与殷虚卜辞文字相合。"《史记·殷本纪》以太甲为太宗，太戊为中宗，武丁为高宗，本系《尚书》今文家说；征之卜辞则中宗是祖乙非太戊之证据，不只一端。可知《纪年》是，而古今尚书家说非。参见王国维《殷卜辞中所见先公先王考》。

《史记·殷本纪·三代世表》及《汉书·古今人表》所记殷君数同，而世数则互相违异。据《本纪》则商三十一帝，除太丁为三十帝。共十七世；《三代世表》以小甲、雍己、太戊为太庚弟，《殷本纪》太庚子。则为十六世；《古今人表》以中丁、外壬、河亶甲为太戊弟，《殷本纪·太戊子》。祖乙为河亶甲弟，《殷本纪》河亶甲子。小辛为盘庚子，《殷本纪》盘庚弟。则增一世减二世亦为十六世。若以殷卜辞证之，则以《殷本纪》所记为近。兹录《殷世数异同表》见王国维《殷卜辞中所见先公先王续考》。如下，以供参证。

殷世数异同表

帝名	殷本纪	三代世表	古今人表	卜辞
汤	主癸子	主癸子	主癸子	主癸子一世
太丁	汤子	汤子	汤子	汤子二世
外丙	太丁弟	太丁弟	太丁弟	
中壬	外丙弟	外丙弟	外丙弟	
太甲	太丁子	太丁子	太丁子	太丁子三世
沃丁	太甲子	太甲子	太甲子	
太庚	沃丁弟	沃丁弟	沃丁弟	太甲子四世
小甲	太庚子	太庚弟	太庚子	
雍己	小甲弟	小甲弟	小甲弟	
太戊	雍己弟	雍己弟	雍己弟	太庚子五世
中丁	太戊子	太戊子	太戊弟	太戊子六世
外壬	中丁弟	中丁弟	中丁弟	
河亶甲	外壬弟	外壬弟	外壬弟	
祖乙	河亶甲子	河亶甲子	河亶甲弟	中丁子七世
祖辛	祖乙子	祖乙子	祖乙子	祖乙子八世
沃甲	祖辛弟	祖辛弟	祖辛弟	
祖丁	祖辛子	祖辛子	祖辛子	祖辛子九世

（续表）

帝名	殷本纪	三代世表	古今人表	卜辞
南庚	沃甲子	沃甲子	沃甲子	
阳甲	祖丁子	祖丁子	祖丁子	祖丁子十世
盘庚	阳甲弟	阳甲弟	阳甲弟	阳甲弟十世
小辛	盘庚弟	盘庚弟	盘庚弟	盘庚弟十世
小乙	小辛弟	小辛弟	小辛弟	小辛弟十世
武丁	小乙子	小乙子	小乙子	小乙子十一世
祖庚	武丁子	武丁子	武丁子	武丁子十二世
祖甲	祖庚弟	祖庚弟	祖庚弟	祖庚弟十二世
廪辛	祖甲子	祖甲子	祖甲子	
庚丁	廪辛弟	廪辛弟	廪辛弟	祖甲子十三世
武乙	庚丁子	庚丁子	庚丁子	庚丁子十四世
太丁	武乙子	武乙子	武乙子	
帝乙	太丁子	太丁子	太丁子	
帝辛	帝乙子	帝乙子	帝乙子	

四　殷代都城之屡迁

　　《史记·殷本纪》云："自契至汤八迁，汤始居亳，从先王居。"按《史记·殷本纪》止言汤之一迁，余皆不载，惟梁玉绳《史记志疑》俱将八迁考全，但系强合，未必足据。[2]亳地，皇甫谧曰："梁国谷熟为南亳，汤所都也。"《史记集解》。郑玄云："亳今河南偃师县,有汤亭。"《汉书音义》臣瓒曰:"汤居亳,今济阴亳县是也。"杜预云:"梁国蒙县北有亳城。"并见《书经正义》所引《帝喾釐沃序疏》。又《尚书·立政》有"三亳阪尹"之文。疏云:"郑玄以'三亳阪尹'者,共为一事,云汤旧都之民,服文王者,分为三邑,其长居险故言阪尹。盖东成皋、南轘辕、西降谷也。皇甫谧以为三亳,三处之地,皆名为亳。蒙为北亳,谷熟为南亳,偃师为西亳。"清王鸣盛《尚书后案》卷六《盘庚》上,以为非是,断定亳在偃师,而谓后汉分山阳郡薄县,置蒙、谷熟二县,与薄并改属梁国;晋又改薄为亳,且改属济阴;故臣瓒、杜预、皇甫谧诸家所云本为一说,然魏源《书古微》考订汤始都之亳应为商,商在今陕西商县。以其所从居之先王为契非喾故。是郑玄所指河南偃师县之亳,与孟子所称"汤居亳与葛为邻"之亳,仍是再迁以后都邑。今考殷虚《卜辞》中所见殷之都邑曰商、曰亳,又考汤之用兵次第,系逐渐向东南发展,据《孟子·滕文公》:"汤始征,自葛载。"《诗·商颂》:"韦顾既伐,昆吾夏桀。"暨《逸周书·殷祝》篇桀从中野、不齐、鲁次第东南徙,去居南巢之文。则其都城必次第东迁,似应居商,次都偃师之亳,再都邻葛之亳。

《史记·殷本纪》云:"仲丁迁于隞,河亶甲居相,祖乙迁于邢。"考隞在今河南荥泽县,《书序》隞作嚣,并音敖。《史记正义》:"《括地志》云:荥阳故城,在郑州荥泽县西南十七里,殷时敖地也。"相在今河南内黄县,《史记正义》:"《括地志》云:故殷城,在相州内黄县东南十三里,即河亶甲所筑，都之故名殷城也。"邢在今山西河津县，《史记索隐》："邢近代本亦作耿，今河东皮氏县有耿乡。"《史记正义》："《括地志》云：绛州龙门县东南十二里耿城，故耿国也。"迁隞居相，古史残缺，莫详理由。然《书序》谓："祖乙圮于耿。"《尚书正义》："郑玄云：祖乙又去相居耿，而国为水所毁；于是修德以御之，不复迁也。"似可为前此迁都，亦由"国为水所毁"之反证。又《殷本纪》云："帝盘庚之时，殷已都河北，盘庚渡河南，复居成汤之故居；……乃遂涉河南，治亳。"《史记集解》："郑玄曰：治于亳之殷地，商家自此徙而改国号曰殷。亳，皇甫谧曰：今偃师是也。"至此次迁殷原因，据《尚书正义》："郑玄云：祖乙居耿后，奢侈逾礼，土地迫近山川，尝圮焉；至阳甲立，盘庚为之臣，乃谋徙居汤旧都。又《序注》云：民居耿久奢淫成俗，故不乐从。……按检《孔传》无奢侈之语，惟下篇云：今我民用荡析离居，罔有定极；传云水泉沉溺，故荡析离居无安定之极，徙以为之极。孔意盖以地势洿下，又久居水泉洿卤，不可行化，故欲迁都，不必为奢侈也。"又殷地，《史记》以为在河南，据王国维所考定则在河北；其说曰："殷字始见于周初之盂鼎，成王二十三祀作。而不见于《卜辞》；然《卜辞》所出之地，为今彰德西五里之小屯，正在洹水之南，《史记·项羽本纪》所谓洹水南故殷墟者也。《集解》及《索隐》均引《汲冢》古文曰：盘庚自奄迁于北冢，即蒙字，北蒙对河南之蒙亳言。曰殷墟，南去邺三十里，虚字，因正文而误加，《书疏》所引无虚字；南去邺三十里六字，盖纪年旧注。是殷固在河北亦非朝歌。而《史记·殷本纪》则云：帝盘庚之时，殷已居河北，盘庚渡河南复居成汤之故居。又云：帝武乙立，殷复去亳徙河北，是以殷为亳地在河南。求其纠纷之由，则由于《尚书序》误字。《书序》盘庚五迁，将治亳殷，束晳谓孔子壁中《尚书》作将始宅殷。《孔疏》谓亳字摩灭，容或为宅，壁内之书，安国先得，治皆作乱，其字与始不类，无缘误作始字。段氏《古文尚书撰异》谓治之作乱，乃伪

《盘庚迁殷图》
——从清光绪三十一年（1905）内府刊本《钦定书经图说·盘庚》

古文；束广微当晋初未经永嘉之乱，或孔壁原文尚存秘府，所说殆不虚。按《隋书·经籍志》晋世秘府所存有《古文尚书》经文，束晳所见，自当不诬。且亳殷二字，未见古籍。特《商颂》言宅殷土芒芒，《周书·召诰》言宅新邑，宅殷连言，于义为长。且殷之于亳，截然二地。《楚语》白公子张曰：昔殷武丁能耸其德；至于神明，以入于河，自河徂亳，盖用《逸书·说命》之文。今伪古文《说命》袭其语。《书·无逸》称高宗旧劳于外，当指此事。然则小乙之时，必都河北之殷，故武丁徂亳，必先入河，此其证也。《史记》既以盘庚所迁为亳殷，在河南，而帝辛之亡，又都河北，乃不得不以去亳徙河北

归之武乙，《今本纪年》袭之。然《史记正义》引《古本竹书纪年》云：自盘庚徙殷，至纣之灭，七百七十三年，《集解》引《纪年》汤灭夏，以至于受二十九王，用岁四百九十六年，则盘庚至纣，不能有七百七十三年，此有误字。更不迁都；此虽不似《纪年》原文，必㯉括本书为之；乃《今本纪年》于武乙三年，书自殷迁于河北，又于十五年书自河北迁于沫，则又剿《史记》及《帝王世纪》之说，必非汲冢古文也。今龟甲兽骨所出之地，正在邺西，与古《纪年》合。而《卜辞》中若父甲一牡，父庚一牡，父辛一牡，后编上第二十五叶。一骨，乃武丁时所卜；又《卜辞》中所祀帝王讫于武乙、文丁，则知盘庚以后，帝乙以前，皆宅殷虚，知《纪年》所载，独得其实，故《卜辞》中虽不见殷字；而殷之在河北，不在河南则可断也。"王国维《古史新证商之都邑及诸侯》。

五　纣之不善

钱塘夏曾佑云："中国言暴君，必数桀、纣，犹之言圣君，必数尧、舜、汤、武也。今案各书中，所引桀、纣之事多同，可知其间必多附会。盖既亡之后，其兴者必极言前王之恶，而后己之伐暴为有名，天下之戴己为甚当，不如此不得也。今比而观之，桀宠妹嬉，《晋语》。纣宠妲己，《晋语》。一也。桀为酒池，可以运舟，一鼓而牛饮者三千人；刘向《新序》。纣以酒为池，悬肉为林，使男女裸，相逐其间，为长夜之饮,《史记·殷本纪》。二也。桀为琼台瑶室,以临云雨;刘向《烈女传》。纣造倾宫瑶台,七年乃成,其大三里,其高千仞,《太平御览·八十四》引《帝王世纪》。三也。桀杀关龙逢,《太平御览·八十二》引《尚书·帝命验》。纣杀比干,《史记·殷本纪》。四也。桀囚汤于夏台《史记·夏本纪》。汤行赂,桀释之;《太公金匮》。纣囚文王于羑里,西伯之徒,献美女、奇物、善马,纣乃赦西伯,《史记·殷本纪》。五也。

《沉酗败德图》
——从清光绪三十一年(1905)内府刊本《钦定书经图说·微子》

桀曰:'时日曷丧。'《孟子》。纣曰:'我生不有命在天。'《尚书》祖伊奔告。六也。故一为内宠,二为沉湎,三为土木,四为拒谏,五为贿赂,六为信命。而桀、纣之符合若此。夫天下有为善而相师者矣,未有为恶而相师者也,故知必有附会也。"《中国历史教科书》第一章第二十五节。

大名崔迈《讷庵笔谈》曰:"桀、纣暴虐,止行于畿内耳。四方诸侯之国,彼不能暴虐也。故《汤誓》数桀之罪曰:'夏王率遏众力,率割夏邑,有众率怠弗协。'而汤之民亦曰:'夏罪其如台。'《牧誓》数纣之罪曰:'乃惟四方之多罪逋逃，是崇是长，是信是使，是以为大夫卿士俾暴虐于百姓，以奸宄于商邑。'而伪《汤诰》则曰：'夏王灭德作威，以敷虐于尔万方百姓，尔万方百姓，罹其凶害。'伪《泰誓》则曰：'毒痛四海。'此皆作者疏妄，而不顾其理之所安也。"大名崔述《商考信录》曰："纣之不善，《尚书·微子、牧誓》等篇言之详矣。约其大概有五：一曰听妇言，《牧誓》所谓牝鸡之司晨者。二曰荒酒，《酒诰》所谓酗身，《微子》所谓酗酒者也。三曰怠祀，《牧誓》所谓昏弃肆祀，《微子》所谓攘窃牺牷牲者也。四曰斥逐贵戚老成，《牧誓》所谓昏王父母弟，《微子》所谓耄逊于荒，咈其耇长者也。五曰牧用憸邪小人，《牧誓》所谓多罪逋逃，是信是使，《立政》所谓羞刑暴德，同于厥邦，《微子》所谓草窃奸宄罪合于一者也。《论语》之称三仁，《晋语》之述妲己，皆与此合。即《大雅·荡》之篇为后人之托言，而其讥切纣失，亦不外此五端。盖惟迷于酒色，是以不复畏天念祖，以致忠直逆耳，谗人倖进，故《牧誓》必推本于妇言，《酒诰》悉归咎于荒腆，惟仁贤不用，而掊克在位，是以民罹其殃，故《召诰》有徂亡出执，必推本于智藏瘝在也。经传之文互相印证，纣之不善，了然可见，初无世俗所传云云也。"《论语》："子贡曰：纣之不善，不如是之甚也。是以君子恶居下流，天下之恶皆归焉。"谅哉其言之。

注释

[1]《公羊传·桓公五年传》云:"大雩:大雩者何?旱祭也。"《注》云:"君亲之南郊,以六事谢过自责曰:'政不一与,民失职与,宫室崇与,妇谒盛与,苞苴行与,谗失倡与。'《疏》云:'君亲至责曰:解云:皆《韩诗》传文。'故知以六事自责,为古雩祭常礼。"

[2] 梁玉绳《史记志疑·卷二》云:"八迁者,《本纪》止言汤之一迁,余皆不载。考《书疏》曰'《世本》:昭明居砥石。'《荀子·成相》曰'昭明居砥石,迁于商。'《左传》'相土居商丘。'是三迁也。(商与商丘不同,见《左传·襄公九年》疏。)《竹书》'帝芒三十三年,商侯迁于殷。'(冥之子,振也。)'帝孔甲九年,殷侯复归商丘。'(不知何世。)是五迁也。《路史·国名记》云:'上甲居邺。'是六迁也。而《水经注·十九》又引《世本》云:'契居蕃。'是七迁也。并汤为八。《经典释文》谓八迁惟见四。孔仲达数砥石、商丘及亳为三,而连契之居商为四迁,非也。"

第七章
殷代之文明

一 制 度

封建

殷代爵分公、侯、伯三等，合子、男从伯。《公羊传》及《白虎通义》。而子、男又为畿内诸侯及蛮夷之称。《礼记·王制》郑注。若小国，则称附庸。殷代之初，虽三千国，然互相兼并，仅余一千七百七十三国而已。《王制》。公方百里，侯七十里，伯五十里。八州之中，每州方千里，建百里之国三十，七十里之国六十，五十里之国百有二十；凡二百一十国。所余之地，计方百里者十，方十里者六十，以为附庸间田；合八州计之，共得一千六百八十国。而畿内亦方千里，建百里之国九，七十里之国二十一，五十里之国六十三；凡九十三国。所余之地，计方百里者六十四，方十里者九十六，以为元士禄田；合以八州所封之国，共得封国一千七百七十三。以上据《王制》及《郑注》《孔疏》。以视夏代封域，较为狭小。其受禄之制，大国公国。之君，食二千八百八十人。次国侯国。之制，食二千一百六十人。小国伯国。之君，食一千四百四十人。《王制》。五国为属，属有长；十国为连，连有帅；三十国为卒，卒有正；二百一十国为州，州有伯。八州置八伯，复分天下为左右，置方伯二人，号曰二伯。《王制》。又以天子大夫三人为三监，监于方伯之国。其防范诸侯之策，视前代为稍密。

官制

《礼记·曲礼下》："天子建天官，先六大：曰大宰、大宗、大史、大祝、大士、大卜，典司六典。天子之五官：曰司徒、司马、司空、司士、司寇，典司五众。天子之六府：曰司土、司木、司水、司草、司器、司货，典司六职。天子之六工：曰土工、金工、石工、木工、兽工、草工，典制六材。"郑玄注指为殷时制，以此记所言，上非夏法，下异周典故也；惟所职未详。若以《周官》考之，多相合，故或疑此为周时制云。然孔子言殷因于夏礼，周因于殷礼；又言吾学殷礼，有宋存焉。是周官制必因于殷，而殷官制不必皆异于周也。又《春秋传》称仲虺为汤左相，伊尹为汤右相，是初制并设二相矣。而司徒、司马、司空，宋皆沿用。《殷墟书契》所载卿士、太史、小臣诸官，并见《周官》，皆可征信。然夏代职官之数，百有二十，殷代倍之，其数二百四十。《礼记·明堂位》注。若诸侯之官，则略同夏制。据《孔疏》。[1]又颁禄之等差，天子之官，与诸侯之官，皆同夏制。[2]惟殷代之制，天子大夫不世爵，诸侯之大夫不爵禄，与后世周代世禄之制不同。

地方制

《尔雅·释地》："两河间曰冀州，河南曰豫州，河西曰雍州，汉南曰荆州，江南曰扬州，济河间曰兖州，济东曰徐州，燕曰幽州，齐曰营州。"晋郭璞《注》曰："此盖殷制。"宋邢昺《疏》："云此盖殷制者，以此文上与《禹贡》不同，下与《周礼》又异。禹别九州，有青、徐、梁，而无幽、并、营，是夏制也；《周礼》周公所作，有青、幽、并，而无徐、梁、营，是周制也；此有徐、幽、营而无青、梁、并，疑是殷制也。以无正文，故云盖也。"晋孙炎谓此系分冀为幽，易青为营，合梁于雍；其兖、徐、扬、荆、豫五州则仍旧。故殷之地方区域，亦为九州。

属国

四海之外，"肃慎、东。北发、南。渠搜、北。氐羌西。来服"。此《大戴礼·少问》篇文也。则与虞夏声教所及略同。而《逸周书》引伊尹四方献令曰："正东：符娄、疑即朝鲜。仇州、未详。伊虑、疑即挹娄，今吉林敦化县。沤深、疑即靺鞨号室部，今乌苏里江左右。九夷、宋刘敞谓九夷在徐州、莒鲁之间，盖东方之夷也。十蛮、蛮者统类之词，此之十蛮，大抵在东南。越沤，沤同欧，越沤今浙江东南地。鬋发文身，言其俗。请令以鱼支之鞞、乌鲗之酱、鲛䱜利剑为献。正南：瓯、未详。邓、今河南邓县。桂国、今广西桂林县。损子、未详。产里、今云南。百濮、今云南曲靖县地。九菌，即九真之异文，今法兰西所属安南国地。请令以珠玑、玳瑁、象齿、文犀、翠羽、菌鹤、短狗为献。正西：昆仑、今青海以西。狗国、未详。鬼亲、枳已、以上未详。阗耳、贯胸、雕题、离邱、未详。漆齿，请令以丹、青、白旄、纰、罽、江历、未详。龙角、神龟为献。正北：空同、大夏、莎车、今县，即叶尔羌。姑、此下疑脱师字，今吐鲁蕃以北，巴里坤以南。他旦、鞑靼异文。略貌胡、未详。戎翟、大抵西北游牧之种，无定所。匈奴、商时盖尚是小部落。楼烦、汉时在今山西朔平等处。月氏、秦汉之间，在今甘肃西境。孅梨、共龙，以上两种未详。东胡，今俄属西悉毕尔有水东北流入昂吉刺河者，曰通古斯河（下流即叶尼塞河），即东胡初地也。其在秦汉之间，南至今直隶边外，及奉天等地；后为匈奴摈，仍北退归故地，居鲜卑山。请令以橐驼、白玉、野马、騊駼、駃騠、良弓为献。"据此则商初属国，东与南尽海，西逾葱岭，北过沙漠也。

田赋制

《孟子·滕文公上》云："殷人七十而助。"是因殷依古者井田之法，画田九区，一夫受七十亩，而其中之七十亩为公田；公田须八家共耕，所获入之公家，[3]故朱子《集注》曰："商人始为井田之制，以六百三十亩之地画为九区，区七十亩，中为公田；其外八家，各授一区，但借其力，以助耕公田，而不复税其私田。"然考"夏时一夫受田五十亩，而每夫计其五亩之入以为贡"。朱子《集注》。是夏殷受田亩数有不同也。但此特亩制有广狭大小之分耳，田未尝易也。[4]又夏殷之制，百里之国，三十里之遂，二十里之郊；郊者，近于都邑之田也；遂者远于都邑之田也。七十里之国，二十里之遂，九里之郊；五十里之国，九里之遂，三里之郊。伏生《大传》。而殷代之制以郊野之地为田，郊外为牧，野外为林。《尔雅·释地》。牧即游牧之地，林即未垦之地。故殷代方千里之地，仅有田六百万亩。《礼记·王制》。又殷代有圭田，则零星不成井之田，用为贵族之分地者。"夫圭田无征。"《王制》。郑注云："夫犹治也，征税也。孟子曰：'卿以下必有圭田，治圭田者不税，所以厚贤也。'"孔疏云："必云圭者。圭洁白也，言卿大夫德行洁白，乃与之田，此殷礼也。殷政宽缓，厚重贤人，故不税之。"凡此皆殷代田赋制之可考者。

兵制

《汉书·刑法志》称殷、周以兵定天下，而犹立司马之官，设六军之众，是殷兴，六军之制，沿袭夏代，而兵事之政专于司马也。然在汤时，兵车亦复无多。《吕氏春秋·简选》篇谓"殷汤良车七十乘，必死六千人"而已。

刑制

殷代五刑，仍沿古制。《礼记·王制》。若公布于民之法律，则有《汤刑》。《春秋传·昭公五年》晋叔向有言"商有乱政，而作汤刑"是也。而或者以汤之官刑当之，故《墨子》谓殷汤亦作《官刑》。又《白虎通义》以殷之牖里，与夏之夏台，周之囹圄，同为圜土；是殷亦有牢狱之征。《汤誓》谓："尔不从誓言，予则孥戮女，罔有攸赦。"是殷亦有孥戮之征。《纪年》祖甲，二十四年重作《汤刑》，为殷刑复定之征。《吕览·孝行》篇引《商书》曰："刑三百，莫重于不孝。"是殷代刑律成数有三百条，而以不孝为大罪之征。《礼记·王制》云："司寇正刑明辟，以听狱讼，必三刺。一曰讯群臣，二曰讯群吏，三曰讯万民。有旨无简不听，附从轻，赦从重。凡制五刑必即天论，邮罚丽于事。凡听五刑之讼，必原父子之亲，立君臣之义以权之。意论轻重之序，慎测浅深之量以别之。悉其聪明，致其忠爱以尽之。疑狱氾与众共之，众疑赦之，必察小大之比以成之。成狱辞，史以狱成告于正，正听之。正以狱成告于大司寇，大司寇听之棘木之下。大司寇以狱之成告于王，王命三公参听之。三公以狱之成告于王，王三又，又当作宥。然后制刑。"是殷代决狱，尤存慎刑之意。

学校

《礼记·王制》云："殷人养国老于右学，养庶老于左学。"右学系大学在郊；左学为小学，在国中；皆国学也。殷人重鬼，祭祀则尚乐，因亦名右学为瞽宗焉。《礼记·明堂位》。又有乡学曰序，立于州遂；《礼记·王制》。《孟子·滕文公上》所谓"殷曰序"者是也。诸侯之学，夏代以前不可考。殷代诸侯立学，小学在公宫南之左，大学在郊，名曰泮宫。至学校所行之事，则为教民、望氛、养老、习射、举贤等事。

《礼记·王制》云："司徒修六礼冠一，昏二，丧三，祭四，乡五，相见六。以节民性；明七教父子一，兄弟二，夫妇三，君臣四，长幼五，朋友六，宾客七。以兴民德；齐八政一曰饮食，二曰衣服，三曰事为，四曰异别，五曰度，六曰量，七曰数，八曰制。以防淫。……乐正崇四术立四教，顺先王诗书礼乐以造士，春秋教以礼乐，冬夏教以诗书。王太子、王子、群后之太子、卿大夫元士之适子，国之俊选，皆造焉。凡入学以齿。"《尚书·周传》云：王子、公卿、大夫、元士之适子，十三入小学，二十入大学。又《书传略说》余子十五入小学，十八入大学。

若其教之之法，据《礼记·学记》云："比年入学，中年考校。一年视离经辨志，三年视敬业乐群，五年视博习亲师，七年视论学取友，谓之小成；九年知类通达，强立而不反，谓之大成。"凡此皆教民之事与施教之次第。

古人以天学教民，设灵台于学校，以供观察天文之用。故灵台者，所以观天文、《五经异义》。占云物、望氛祥《春秋释异》。者也。上古灵台，在明堂中，与大学同地。《五经异义》。夏殷灵台《御览》引《礼统》：夏曰清台。在郊，与学校合一。是观象、望氛亦属学校之事。

古代养老之礼，[5]皆行于学校。故《礼记·王制》云："有虞氏养国老于上庠，养庶老于下庠。夏后氏养国老于东序，养庶老于西序。殷人养国老于右学，养庶老于左学。"又云："五十养于乡，六十养于国，七十养于学。"按乡即乡学，国即国中之小学，学即在郊之大学。郑玄《注》云："此殷制明矣。"是殷代养老于学校之规制，更为明析。

古者习射于明堂，惠氏《明堂大道录》。夏代大学以序名，殷代乡学亦以序名。"序者射也"，《孟子·滕文公》。则学校为习射之地明矣。又《礼记·王制》云："命乡简不率教者以告，耆老皆朝于庠，元日，习射上功。"孔《疏》谓为殷制，更为殷代习射于学校之证。

殷沿夏制，举贤选能之典，仍寓于学校之中。故《礼记·王制》云："命乡论秀士，升之司徒，曰选士。司徒论选士之秀者而升之学，曰俊士。升于司徒者不征于乡，升于学者不征于司徒，曰造士。……大乐正论造士之秀者以告于王，而升诸司马，曰进士。司马辨论官材，论进士之贤者以告于王，而定其论。论定然后官之，任官然后爵之。"孔《疏》谓为殷制。此殷代贤才出于学校之证。

币制

《管子》称"汤以庄山之金铸币，而赎人之无馆卖子者"。是汤亦尝铸币。若币制，则据贾逵云："夏商钱币，分为三等，黄金上币，白金次之，赤金为下。"又《通志》云："商代钱币，亦谓之布。"皆殷代币制之可考者。

二 礼 俗

朝觐

《史记·殷本纪》云："伊尹摄政当国，以朝诸侯。"是殷代亦有朝觐礼制。又《殷本纪》载殷代五衰五兴，皆以诸侯朝不朝为断，参见王桐龄著《中国史》第一编第二期第三章第二节《中叶之兴衰》。是又殷代认朝觐为大典之证。

巡守

殷代巡守之制，据《郑志》谓天子六年一巡守，分诸侯之五部，每岁一部一朝。

祭祀

古者礼以祭为重，祭以天为尊，殷承夏制郊祀天地山川，祭享人鬼，不异于前代。故《礼记·曲礼下》曰："天子祭天地、祭四方、祭山川、祭五祀，岁遍；诸侯方祀，祭山川、祭五祀，岁遍；大夫祭五祀，岁遍；士祭其先。"郑玄《注》曰："此盖殷时制也。"祀天神之典，据《礼记·祭法》谓："殷人禘喾而郊冥，祖契而宗汤。"为祭昊天上帝之礼。祀地祇之典，则沿用古制，封土立社，树以所宜之木。故《论语》曰："殷人以柏。"为一境所祀之神之礼。祀人鬼之典，据《礼纬·元命苞》云"殷六庙"，稍与夏殊。然《商书》云："七世之庙，可以观德。"《礼记·王制》云："天子七庙。"是殷代庙制为七庙也。大抵殷人重鬼，祭祀祖先之礼，特为隆重。观《殷虚书契卜辞》所载祭先卜日卜牲，暨王往相牛等文，可为左证。而祭必有尸，《通典》云："殷坐尸。"

婚姻

殷代婚姻不详，然《礼记·曲礼下》云："天子有后、有夫人、有世妇、有嫔、有妻、有妾。"《疏》言："周礼则嫔在世妇上，又无妾之文也；今此所陈与周礼杂而不次者，记者之言，不可一依周礼，或可杂夏、殷而言之。"又郑注《檀弓》云"舜不告而娶，不立正配，但三夫人"；夏则因而广之，增九女，则十二人，所增九女则九嫔也。故郑云："《春秋说》云天子娶十二人夏制。"郑又云："殷增三九二十七人，总三十九人，所增二十七世妇也。周又三九二十七人，因为八十一人，则女御也。"又《公羊》何注：谓殷制夫人不禄，或立娣以为继室。总兹以观，殷代贵者，袭行一夫多妻之制可知。至亲迎之礼则殷人逆于堂，何休引《公羊传》。与夏后氏逆于庭者异。

丧葬

《礼记·檀弓上》云："殷人棺椁。"又云："殷人尚白，大事敛用日中。"又云："殷人殡于两楹之间。"《史记·殷本纪》裴骃《集解》引《皇览》曰："汤冢在济阴、亳县北东郭，冢四方，方各十步，高七尺。"是殷人死后行敛，用棺椁，有冢之征。又殉葬之物，殷用祭器。《檀弓》。丧期无数，既葬而致事。《礼记·曾子问》。昪而葬亲，既封而吊，殷练而祔。《檀弓》。皆殷代丧礼之可考者。世或以比干《铜盘铭》[6]为殷代已有墓铭之征，然识者多讥其伪云。

民风

《汉书·董仲舒传》谓："殷尚敬。"《杜钦传》谓："殷因于夏，尚质。"然质亦有流于愚之弊，故《礼记·表记》论之曰："殷人尊神，率民以事神，先鬼而后礼，先罚而后赏，尊而不亲；其民之弊，荡而不静，胜而无耻。"征诸事实，则《史记·殷本纪》谓武乙为暴雷震死，咎在射天；《墨子·天志》论纣荒亡国，以为不肯事上帝。今考《殷虚书契卜辞》中所卜之事，至为繁赜，其敬鬼信神观念之强，可以想见。而为殷民后之宋人，每以愚称，见《孟子》《韩非子》。亦无足异。

三　宗　教

殷代承袭远古宗教思想，未或变更，惟崇信鬼神观念益笃，故人民倾向神权之见最坚。汤之伐桀，其告天之词曰："予小子履，敢用元牡，敢昭告于皇皇后帝，有罪不敢赦，帝臣不蔽，简在帝心。朕躬有罪，无以万方；万方有罪，罪在朕躬。"《论语·尧曰》篇。书之称美中宗则云："昔在殷王中宗，严恭寅畏，天命自度，治民祇惧，不敢荒宁。"《书·无逸》。君主伐国临民，莫不称天治事，凡所以迎合百姓尊重神祇观念也。其君主或有不敬神祇之事，则民心不附。《尚书·微子》至以"今殷民乃攘窃神祇之牺牷牲用，以容将食无灾"为殷政荒乱，国将沦丧之征。与夏道尊命事鬼敬神而远之者，大有别矣。

四　社　会

饮食

据《殷虚书契考释·文字第五》，有牛、羊、犬、龙、豕、豚、鱼、鸡、𪃹、雉等字，又有黍麦、米糠等字。《周书·王会解》有"鳀鲉之酱"《北堂书钞·一百四十六引》。一语；而古籍又多言殷纣沉湎之事。是殷代饮食，不惟原料加多，即烹调之法，亦当远胜前代。惟伊尹以割烹要汤之说，在昔孟子已斥其非；而世传《说汤》篇，见严可均辑《全上古三代文》。所载烹调之法，则甚详，似后人伪托，未足凭信。

衣服

殷代衣制不详，惟检《殷虚书契考释·文字第五》，有衣、裘、丝、帛等字，是为殷人以丝帛暨兽皮等原料制为衣与裘之证。又《汲冢》《周书·世俘解》云："商王纣取天智玉琰五，环身厚以自焚。"故《史记·殷本纪》谓："纣衣其宝玉衣，赴火而死"。是殷代贵者衣服有宝玉之证。

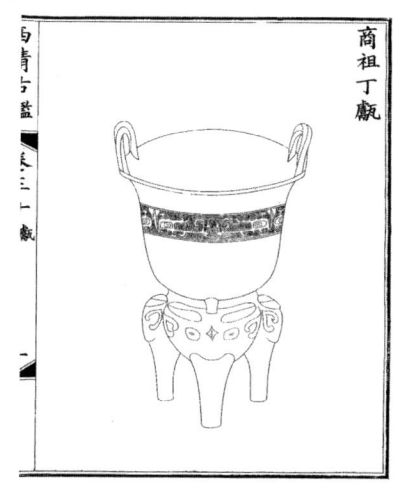

商甗
——从清乾隆年内府刊本《西清古鉴》

居处

《史记·殷本纪》谓纣实钱鹿台，盈粟巨桥，益广苑台。又《御览·八十三》引《帝王世纪》称纣作倾宫、琼室、瑶台，饰以美玉，七年乃成；而贫民则仍居茅屋，不改旧观。今考《殷虚书契考释·文字第五》，有宫、有室、有宅，是庐舍之制，已大进步。

器物

详考《历代钟鼎彝器款识》，可见殷器之留遗于后世者不少。而《殷虚书契考释·文字第五》所载器名：有彝、尊、壶、爵、斝、卣、敳、鼎、甗、觚、觯、盘、盂、匚、乐、鼓等，可证殷代用具之繁。

农业

中国自神农以来，即以农业立国，夏殷之时农术已渐进化，故其田咸区不易、上田。一易、中田。再易下田。之地为三

商已举彝
——从明万历二十四年（1596）遂州郑朴校刊本《博古图录》

等。郑玄说。而殷代田制岁耕稼者谓之畲间，岁一耕者谓之新田，三岁更耕者谓之菑。《尔雅·释地》。[7]农圃所出，谷类甚夥，虞夏之时总称为百谷。耕稼之外，兼艺桑麻、蔬果。故《书·禹贡》丝枲绤纻列于贡品，《诗·豳风·七月》有伐桑、采蘩、亨葵、剥枣、食瓜、断壶之事。至于农民耕作，咸有定期。夏代之制，正月农纬厥耒，初服于公田，二月耰黍，三月祈麦实，五月种黍菽糜，九月树麦。《夏小正》。殷代之制则"三之日于耜，四之日举趾。"《七月》。所谓三之日四之日者，周之三月、四月，即夏之正月、二月，殷之二月、三月也。所谓于耜，谓始修耒耜。举趾，谓举趾而耕，即夏代农纬厥耒，初服于公田遗意。至"八月其获"，"九月筑场圃，十月纳禾稼"，《七月》。一岁农事始毕，复"入执宫功"《七月》。此农夫所以终岁作苦也。农夫之衣，取给于桑麻、兽皮，而为裳、为裘入于女工。所谓："八月载绩，载玄载黄，我朱孔阳，为公子裳。""一之日于貉，取彼狐狸，为公子裘。"《七月》。是也。田家饮食，苦无兼味，而园圃所入，则按时以供。故"六月食郁及薁,七月亨葵及菽,八月剥枣,十月获稻。为此春酒,以介眉寿。"又:"七月食瓜,八月断壶,九月叔苴,采荼薪樗,食我农夫。"《七月》。迨十月穑事已毕,乃修其墙屋,以避风雨。所谓"穹室熏鼠,塞向墐户"《七月》。是也。若夫岁终报赛,集社宴饮,乃"朋酒斯飨。曰杀羔羊,跻彼公堂,称彼兕觥",《七月》。以酬一岁之劳苦焉。

工业

昔禹平水土调查各州物产,列为贡品,核其种类,大都为制造之原料。[8]而民间之制造品,如织文、织贝、纤缟、玑组等物,又复盛之筐筥,特示优异,则大禹之留心工业可知。虽夏代工学,历久无征,然夏后尚匠,见于《考工记》,则夏代重工其明证矣。殷代工业,特设专官,曰土工、金工、石工、木工、兽工、草工,典司六材。土工者,司土器、瓦器之官也;金工者,司铜器、铁器之官也;木工者,司木器之官也;兽工者,司角器、羽器、革器之官也;草工者,司草器之官也。观此是殷代于工业特为注意,而百工之事古人固未尝贱视。

商业

古者神农氏为便民计,设市廛为聚货之地,"日中为市,致天下之民,聚天下之货,交易而退,各得其所。"《易·系辞下传》。是为商贾之始。黄帝以后,货币之制行,人民之贸易,不患无具。但夏代以前,商政不可考。殷代之制,设典市之官,于天子巡狩之时,"命市纳贾,以观民之所好恶"。《礼记·王制》。又"圭璧金璋,不粥于市;命服命车,不粥于市;

宗庙之器，不粥于市。牺牲不粥于市，戎器不粥于市。用器不中度，不粥于市；兵车不中度，不粥于市；布帛精粗不中、幅广狭不中量，不粥于市；奸色乱正色，不粥于市；锦文、珠玉成器，不粥于市；衣服饮食，不粥于市；五谷不时、果实未熟，不粥于市；木不中伐，不粥于市；禽兽、鱼鳖不中杀，不粥于市。"《王制》。市禁至严也。惟无征商之令，故"市廛而不税，关讥而不征，《王制》。与后世之制不同。

交通

中国古代交通情形，不甚可考。然《史记·五帝本纪》称黄帝"披山通道，未尝宁居。东至于海，登丸山及岱宗；西至空桐，登鸡头；南至于江，登熊湘；北逐荤粥，合符釜山，而邑于涿鹿之阿。迁徙往来无常处，以师兵为营卫"。《庄子·天地》篇称"黄帝游乎赤水之北，登乎昆仑之丘"。陆贾《新语》称"黄帝巡游四海，登昆仑山，起宫望于其上"。《风俗通义·声音》篇称"昔黄帝使伶伦，自大夏之西，昆仑之阴，取竹于嶰谷"。则是黄帝游迹以昆仑为最远，且曾遣使大夏也。[9]颛顼之世，"北至于幽陵，南至于交趾，西至于流沙，东至于蟠木。动静之物，大小之神，日月所照莫不砥属。"《五帝本纪》。幽陵即幽州，流沙在居延海南，蟠木在东海中。是北、西、东三方交通，与黄帝相当；而南至交趾，又远过之矣。当尧之时，分命羲仲宅嵎夷，曰旸谷；申命羲叔宅南交，曰明都；分命和仲宅西，曰昧谷；申命和叔宅朔方，曰幽都。见《尚书·尧典》。按嵎夷，今登州蓬莱；南交，交趾之地；昧谷，日所入处；幽都，则仅言在北方，无一定之地段。

是尧时域内四极，常遣官测验，则国中必有交通道路可知。又"帝尧，陶唐氏十六年，渠搜氏来宾"，见《竹书纪年》。"陶唐之世，越裳国献千岁神龟"。按《隋书·西域传》："鏺汗国都俄岭之西，五百余里，古渠搜国也。"鏺汗即今俄领中央亚西亚之费尔加拿省。《后汉书·南蛮传》谓交趾之南，有越裳国。法国鲍梯氏（Punthier）谓越裳为迦尔底（Chaldea），虽未足为确据，然越裳固亦未能谓即在今安南境。然则唐尧时之交通路，西越葱岭五百里，南越安南海际无一定之地段，固为不刊之论也。舜时"西王母来朝"，见《竹书纪年》。西王母国名，近人丁谦谓即古代迦勒底国，顾实谓即波斯国。据唐段成式《酉阳杂俎》谓西王母"治昆仑西北隅"，今人张星烺先生于所著《西北史地》中谓："西王母之邦，当在今俄领土尔其斯坦撒马儿罕附近"，"必在于阗西北也"。是舜时西方交通路，与尧时约略相当。禹平水土，"东渐于海，西被流沙，朔南暨，声教讫于四海"矣。《禹贡》。于是任土作贡，于各州物产，条列靡遗。物产既多，则交易之途日广，而各方交通亦日繁。观琅玕来自西域，生于海中者曰珊瑚，生于山中者曰琅玕，其色青碧。按《西域记》云："天竺国出琅玕。"今按雍无琅玕，盖市取于旁近之地以贡也。象齿取于岭南，《禹贡·扬州》：厥贡齿革羽毛。齿即象齿，扬产无此物。然扬州南抵五岭，接近两广、云、贵、交趾之地，盖市取于彼地以献者。则大禹之时，域内域外之交通，载在《禹贡》者，固彰彰明也。殷代之时，珣玗琪产于东方，竹箭产于广南，犀象产于南方，金石产于西南，珠玉产于西方，璆琳、琅玕产于西北，筋角产于北方，文皮产于东北，五谷、鱼、盐产于中央。据《尔雅·释地》。物产充盈，贸迁便利，内国交通发达可知。而汤时，"奇肱氏以车至"，《竹书纪年》。其国"去玉门四万里"，据《述异记》。则殷代对于西方之交通益远矣。

五　学　艺

文字

《史记·封禅书》云："古者封泰山禅梁父者，七十二家。"《正义》："《韩诗外传》云：孔子升泰山，观易姓而王，可得而数者七十余人，不得而数者万数也。按管仲所记，自无怀氏以下十二家，其六十家无纪录也。"是远古各代字体殊异，虽仲尼不能尽识。殷代金石文字流传于后世者，有《比干铜盘铭》[10]、《散氏铜盘铭》，[11]然学者或疑其非殷代器物。迨清光绪二十五年，一八九九年。殷虚甲骨文字发现，世人始共喻吾国古代文字形制。出甲骨之地，在今河南安阳县城西五里之小屯村。东西北三面，洹水环焉。即商武乙卜居河北，《史记·项羽本纪》所谓"洹水南，殷虚上"，《彰德府志》所谓河亶甲城者是也。考"商人尚鬼，祭祀、征伐、田渔、出入、年月、风雨等等，无事不以卜。卜用龟甲，亦以兽骨。龟甲用腹甲而弃背甲，兽骨用肩胛及胫骨。卜时削治甲骨，于其里凿一椭圆之渠，上博而下狭；复于圆旁凿一小洼，如❁形。以火在洼处灼之则坼，纵横见于表，如卜ト卜，所谓兆也。凡卜祭祀则以龟，余则以骨。胫骨多用于田猎，胛骨多用于征伐。兆侧刻卜辞，文字小者不及黍米，而刻画工妙，胜于楮墨"。容庚先生《燕大中国文字学讲义》第二章第六节《甲骨文》。光绪二十九年，丹徒刘鹗出其所藏甲骨五千片，拓墨选千纸付诸石印，名曰《铁云藏龟》。上虞罗振玉复出其所藏甲骨数万片，于民国元年印行《殷虚书契前编》，三年印行《殷虚书契菁精》，四年印行《铁云藏龟之余》，五年为《殷虚书契后编》。英人哈同影印于《学术丛编》中。七年英人哈同之妻印行《戬寿堂所藏殷虚文字》，海宁王国维为之考释。十四年天津王襄印行《簠室殷契征文》，后附考释。十五年丹徒叶玉森印行《铁云藏龟拾遗》。甲骨文字流传既广，学者据以考订古文，遂多所创获。

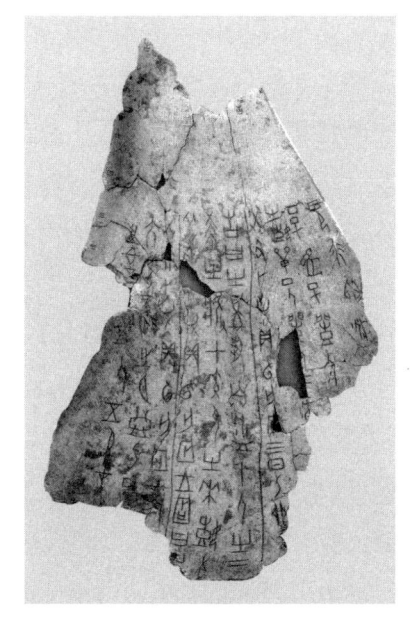

甲骨文

文学

殷代文词之可考者有《商书》：《汤誓》《盘庚》《高宗肜日》《西伯戡黎》《微子》五篇。《诗·商颂》：《那》《烈祖》《玄鸟》《长发》《殷武》五篇。《诗》《书》以外，见于《礼记》者有汤之《盘铭》，[12]《逸周书》引有《商箴》，[13]《史记·殷本纪》有《汤诰》，[14]《秦本纪》有《石棺铭》，[15]《伯夷列传》有《采薇歌》，[16]是箴铭诗歌诸体，至商皆备矣。刘彦和云："自商以下，文理允备。"即谓此也。又《法言》论《书》曰："商书灏灏尔。"苏子由曰："商人之书简洁而明肃，其诗奋发而严厉。"皆深于文者之至言。

历史

殷代之史，列于《尚书》者，有《商书》：《盘庚》《微子》，皆以人名篇。为后世本、纪、列、传之所本，余则因事命篇，不为常格。《商书》以外，有《归藏》，为卜筮之史。又史采士大夫之歌咏，以为《商颂》，则为诗史。又一代之律令，史职藏之故府，而时以诏王者，则为礼史。故孔子曰："夏礼吾能言之，杞不足征也。殷礼吾能言之，宋不足征也。文献不足故也，足则吾能征之矣。"文献之不足，则史亡；史亡，而君禄随之以绝。殷纣之亡，其史由挚抱籍以归于周，即其证也。

数学历学

殷代数学进步情形，无可考见。历学则殷代建丑，[17]以季冬月为正，鸡鸣为朔，《尚书·大传》。与夏代建寅，以孟春月为正，平旦为朔者不同。惟夏正得人统，故孔子主"行夏之时"。《论语》。又殷称年曰祀，亦曰祠，[18]一月为正月，一称一月；有闰之年，则称其末月曰十三月，[19]皆历学之可考者。

哲理

殷代哲理之学，以《易》与《洪范》为最著。殷之《易》曰《归藏》，[20]以坤为首，象万物之莫不归藏于地，故名。惟书已久佚，今所传本，乃其伪者。《四部正讹》。《洪范》成于大禹，为夏后氏之书，殷人重之，箕子在父师之位，而实典焉，刘歆说。故能为周武王陈说其义。外此则尊天、畏天，天人一贯之哲学思想，益逾昭著。故《汤誓》曰："有夏多罪，天命殛之。"又曰："夏氏有罪，予畏上帝，不敢不正。"又曰："尔尚辅于予一人致天之罚。"是获罪于民者，即获罪于天；加以诛罚，是为应天顺人。《易·革卦》曰："汤武革命，顺乎天而应乎人。"此之谓也。

绘画

《史记·殷本纪》云："伊尹从汤言素王及九主之事。"《集解》云："骃按刘向《别录》曰：九主者：有法君、专君、授君、劳君、等君、寄君、破君、国君、三岁社君。凡九品，图画其形。"[21]此为商代画像之始。又《国语·楚语》谓殷高宗武丁"使以象梦求四方之贤圣。得傅说以来，升以为公，而使朝夕规谏"。《史记·殷本纪》衍之曰："武丁夜梦得圣人，名曰说。以梦所见视群臣百吏皆非也。于是乃使百工营求之于野，得说于傅险中。"伪《尚书·说命》又从而衍之曰："梦帝赉予良弼，……乃审厥象，俾以形旁求于天下。"夫以梦见之人，而图形求之，乃竟得焉；则其绘画艺术之精绝，亦可以想见。

宫室

《考工记》谓："殷人重屋，堂修七寻，堂崇三尺，四阿，重屋。"《郑注》云："重屋者，王宫正堂，若大寝也。其修七寻，五丈六尺；放夏周，则其广九寻，七丈二尺也。

五室，各二寻。崇，高也。四阿，若今四柱屋。重屋，复笮也。"此殷初明堂建筑之可考者也。又《史记·殷本纪》谓纣为鹿台。《集解》如淳曰："《新序》曰：鹿台，其大三里，高千尺。"又曰："益广沙丘苑台。"又《御览·八十四》引《帝王世纪》云："纣造倾宫瑶台，七年乃成，其大三里，其高千仞。"是殷代晚年建筑工程，益伟大华丽。

雕铸

殷人重工，六工土工、金工、石工、木工、兽工、草工。各有专职。故雕刻冶铸艺术，亦随之进步。当时祭祀所用之礼器，颇有新制。如斝与著尊。著尊不加文饰，而斝则饰以禾稼。若食器，则虽杯觞之微，亦施以刻镂。所作之铜器，雅有文饰，即其鼎彝随处可以考见。今所存之鼎、尊、彝、卣、觚、爵、盘等古器，文字漫漶，饶有古朴之趣，而铭文亦有识别。"大抵款识悉为古文，无有用籀文者；且字数极少，不若春秋所载铭文之长，若一字铭，则几限于商器，古人曾有言之矣。即如庚、辛、癸、子、孙、举、木、田、中、非等字，或为当时帝王之名，或纪年代先后之序。更有立戈、横戈、禾、斧、矢、车、兕、龙、虎、兽之形，及人之持戈戟、旗、刀、干等之款识，殆为商器之特征。器物之中，如有上记之文字或象形者，即宗庙之器。铭文中之人名，有'祖乙''小乙''武乙''天乙'等字者，亦可断为商器。其人名可据经传而考证之。其器之年代及由来，可以推考而确知者则少。自晚清之季，殷虚掘得刻有卜占文字之龟甲兽骨出，而商代文字，因以考知者数百字；又在同处发现牙角所作器物之断片，有类铜器文字之雕刻，而古物学家鉴识商代铜器，乃得一有力之证明。"陈彬龢译《中国美术史》第四章《商》。凡此皆商代雕铸之可考者。

音乐

《吕氏春秋·古乐》篇云："汤乃命伊尹，作为大护，歌晨露，修九招六列，以见其善。"大护，《左传》作大濩。《襄公二十九年》"见舞大濩者"是也。《周礼·春官大司乐》疏云："濩即救也，求护使天下得所也。"《绎史》引《春秋元命苞》说同。今考甲骨文有濩字，见《殷虚书契考释》七九页。即大护之乐。

医术

殷代医术进步情形，不甚可考。惟伪《古文尚书·说命》有云："若药弗瞑眩，厥疾弗瘳。"若然，则殷代已知利用重剂，以起积疴。

注释

[1] 夏代大国三卿，皆命于天子，下大夫五人，上士二十七人；次国三卿，二卿命于天子，一卿命于其君，下大夫五人，上士二十七人；小国二卿，皆命于其君，下大夫五人，上士二十七人。大国之卿，不过三命，下卿再命，小国之卿与下大夫一命。《礼记·王制》《孔疏》定为夏制，殷制略同。

[2] 夏代天子之官，咸有禄田。三公之田视公侯，卿视伯，大夫视子男，元士视附庸。诸侯之官，大国之下士，禄食九人，中士食十八人，上士食三十六人，下大夫食七十二人，卿食二百八十人。次国之卿，食二百一十七人，小国之卿食百四十四人。

[3] 据《夏小正》，则夏亦有公田、特调不可考。故殷田制当因于夏。

[4] 顾炎武《日知录》卷七："其实皆什一也"条下云："古来田赋之制，实始于禹水土既平，咸则三坏。后之王者，不过因其成绩而已。"故《诗》曰："信彼南山，维禹甸之。畇畇原隰，曾孙田之。我疆我理，南东其亩。"然则周之疆理，犹禹之遗法也。（原注《周礼·小司徒》注：昔夏少康在虞思，有田一成，有众一旅。一旅之众，而田一成，则井牧之法，先古然矣。孔氏《信南山正义》引此则曰：丘甸之法，禹之所为。）孟子乃曰："夏后氏五十而贡，殷人七十而助，周人百亩而彻。"夫井田之制，一井之地，画为九区。故苏洵谓万夫之地，盖三十二里有半，而其间为川为路者一，为浍为道者九，为洫为涂者百，为沟为畛域者千，为遂为径者万。使夏必五十，殷必七十，周必百。则是一王之兴，必将改畛涂，变沟洫，移道路以就之。为此烦扰，而无益于民之事也，岂其然乎？（原注《周官·遂人》：凡治野，夫间有遂，遂上有径，十夫有沟，沟上有畛，百夫有洫，洫上有涂，千夫有浍，浍上有道，万夫有川，川上有路，以达于畿。夫子言禹，尽力乎沟洫，而禹之自言亦曰：浚畎浍距川。知其制不始于周矣。）盖三代取民之异，在乎贡助彻，而不在乎五十七十百亩。其五十七十百亩，特丈尺之不同。（沈氏曰：《通鉴外纪》云：夏十寸为尺，商十二寸为尺，周八寸为尺。）而田未尝易也。故曰：其实皆什一也。古之王者，必改正朔，易服色，异度数。故《史记·秦始皇帝本纪》于改年十月朔上黑之下，即曰数以六为纪，符法冠皆六寸，而舆六尺。六尺为步，乘六马。三代之王，其更制改物亦大抵如此。故《王制》曰："古者以周尺八尺为步，今以周尺六尺四寸为步。"而当时因时制宜之法，亦有可言。夏时土旷人稀，故其亩特大。殷周土易人多，故其亩渐小，以夏之一亩，为二亩。其名殊，而实一矣。国佐之对晋人曰："先王物土之宜而布其利。"岂有三代之王，而为是纷纷无益于民之事哉？"

[5] 《礼记·王制》云："凡养老，有虞氏以燕礼，夏后氏以飨礼，殷人以食礼，周人修而兼用之。"孔《疏》云："凡养老者，皇氏

云'人君养老有四种：一是养三老五更；二是子孙为国难而死，王养死者父祖；三是养致仕之老；四是引户校年养庶人之老'。"

[6]《比干铜盘铭》云："左林右泉，前岗后道，万世之灵，于焉是保。"据《金石萃编》卷二，谓盘出偃师县，唐开元中，县人耕地得之。《中州金石记》云："文颇似李斯传国玺，绵密茂美，当是秦汉人所为。"

[7] 参阅本书第五章《夏代之文明》—《制度田制》条。

[8]《禹贡》所载贡品，如"羽毛齿革，惟金三品，杶干栝柏，砺砥砮丹"之属，皆为制造原料。

[9] 昆仑，在今于阗西。大夏，希腊人称之为拔克脱利亚（Bactria），在今阿姆河南岸。

[10] 参见注释[6]。

[11]《散氏铜盘铭》文十九行，三百四十八字，见《金石萃编》卷二。铭系小邦诸侯相与争田，既而得讲，于是正别疆域而盟焉，盘则衅以歃血者。汪肇龙、王昶断为殷季物。江德量谓系周畿内大夫所作。

[12]《礼记·大学》篇："汤之盘铭曰：'苟日新，日日新，又日新。'"

[13]《逸周书》引《商箴》云："天降灾布祥，并有其职。"

[14]《史记·殷本纪》云：汤既绌夏命，还亳，作《汤诰》："维三月，王自至于东郊，告诸侯群后，毋不有功于民，勤力乃事，予乃大罚殛汝，毋予怨。曰：'古禹、皋陶，久劳于外，其有功乎民，民乃有安，东为江，北为济，西为河，南为淮，四渎已修，万民乃有居。后稷降播农殖百谷。三公咸有功于民，故后有立。昔蚩尤与其大夫作乱百姓，帝乃弗与有状。'先王言不可不勉，曰：'不道毋之在国。汝毋我怨，以令诸侯。'"

[15]《史记·秦本纪》云："蜚廉生恶来，恶来有力，蜚廉善走，父子俱以材力事殷纣。周武王之伐纣，并杀恶来。是时蜚廉为纣石北方，还无所报，为坛霍太山而报，得石棺。铭曰：'帝令处父不与殷

乱，赐尔石棺以华氏。'死遂葬于霍太山。"

[16]《史记·伯夷列传》云："武王已平殷乱，天下宗周，而伯夷、叔齐耻之，义不食周粟，隐于首阳山，采薇而食之。及饿且死，作歌，其辞曰：'登彼西山兮，采其薇矣；以暴易暴兮，不知其非矣。神农、虞、夏忽焉没兮，我安适归矣？于嗟徂兮，命之衰矣。'遂饿死于首阳山。"

[17] 夏、商、周三代，月正之建，各有不同。其法以斗柄所指为主，斗柄一岁而周天，画其周天之度，为十二辰，以应十二月。子为正北，午为正南，卯为正东，酉为正西，其余以次左旋。天开于子，地辟于丑，人生于寅，斗柄建此三辰之月，皆可以为岁首。夏以寅为人正，故建寅为正月。商以丑为地正，故建丑为正月。周以子为天正，故建子为正月。又建子、建丑、建寅三正之制，夏代以前已有之。高堂隆谓轩辕、高辛皆以十三月为正，少昊、有唐皆以十二月为正，高阳、有虞皆以十一月为正。

[18]《尔雅·释天》："夏曰岁，商曰祀，周曰年，唐虞曰载。"

[19] 见《殷虚书契考释·礼制第七》。

[20]《周礼》：太卜掌三《易》之法，一曰《连山》；二曰《归藏》；三曰《周易》。

[21]《史记索隐》：法君谓用法严急之君，若秦孝公及始皇等也。劳君谓勤劳天下，若禹、稷等也。等君，等者平也，谓定等威，均禄赏，若高祖封功臣侯雍齿也。授君谓人君不能自理，而授政其臣，若燕王哙授子之，禹授益之比也。专君谓专己独断，不任贤臣，若汉宣之比也。破君谓轻敌致寇，国灭君死，若楚戊、吴濞等是也。寄君谓人困于下，主骄于上，离析可待，故孟轲谓之寄君也。国君，国当为固字之讹耳；固谓完城郭，利甲兵，而不修德，若三苗、智伯之类也。三岁社君谓在襁褓而主社稷，若周成王、汉昭平等是也。

第八章

周

一　周之崛起

《史记·周本纪》谓：帝喾生稷，别姓姬氏，为帝尧农师；子不窋，不窋生鞠；鞠生公刘，公刘生庆节；庆节生皇仆，皇仆生差弗；差弗生毁隃，毁隃生公非；公非生高圉，高圉生亚圉；亚圉生祖类，祖类生古公亶父；古公少子季历生昌，是为文王。自稷至文王凡十五世。然考其年代，自帝尧至殷末，至少已历千二百年，以千二百年之时间仅有十五世之子孙，是平均每世必享寿八十岁，此为不近人情之甚，其间有无脱误，或是否可信，至今已无从考证。惟后稷、公刘、亶父之遗事，具见《诗·大雅》。

周人托始后稷，初居于邰，在今陕西武功县西南。盖亦西北之民族。其后公刘始迁于豳，亦作邠，即今陕西邠县。亶父始迁于岐，今陕西岐山县。而民族始大，改国号曰周。

又据《史记·周本纪》：亶父有长子曰太伯，次子曰虞仲，少子曰季历，季历娶太任，生昌，有圣瑞。古公曰："我世当有兴者，其在昌乎？"太伯、虞仲知亶父欲立季历以传于昌，二人乃如荆蛮，文身断发以让季历，亶父卒，季历立；季历卒，昌立，是为西伯，曰文王。又据《竹书纪年》，季历为殷王文丁所杀，《晋书·束皙传》。与此不同。《诗·鲁颂》："后稷之孙，实维太王，居岐之阳，实始翦商。"盖周至太王亶父时，已甚强大；又见殷商之衰，及文王之才，于是始有翦商之志。

文王即立，遵后稷、公刘之业，则古公、季历之法，敬老慈幼，礼下贤者，日中不暇食，以待士，伯夷、叔齐、太颠、闳夭、散宜生、鬻熊、辛甲之徒皆往归之。吕尚者，东海上人，年七十钓于渭渚。文王出猎，卜之曰："所获非龙非螭，非虎非罴，所获霸王之辅。"果遇吕尚于渭之阳，与语大悦。曰："吾太公望子久矣。"故号之曰太公望，载与俱归，立为师，阴谋修德以倾商政，其事多兵权与奇计。崇侯虎谮文王于殷纣，纣乃囚文王于羑里。在今河南汤阴县北。闳夭之徒，乃求美女文马他奇怪物，因殷嬖臣费仲而献

周文王
——从明万历三十七年（1609）原刊本《三才图会》

之纣，乃赦文王。文王于受命之年，此年究在何岁，今不可考。称王，而断虞、芮之讼。虞在今山西平陆县东北，芮在今陕西朝邑县。次年，伐犬戎；次年，伐密须；今甘肃灵台县。次年，伐耆；亦作黎，按黎有二处，说文内之𪏆，当在今山西黎城县。《诗序》内之黎，当在今河南濬县西南。次年，伐邘；今河南河内县。次年，伐崇。今陕西鄠县。徙都丰邑。在今陕西鄠县东。次年，文王崩。以上据《周本纪》。《诗·大雅》所述伐混夷，即昆夷，亦作犬夷。伐密，伐于，即邘。伐崇，乃作都于丰，与此正同。惟伐耆，《尚书》作戡黎。戡黎而祖己恐，奔告于纣，《尚书·戡黎篇》。可见关系重要。

　　《史记》又称武王即位，九年东观兵于盟津，在今河南孟县西南。载文王木主，自称太子发，言奉文王以伐；是时不期而会者八百诸侯。居二年，武王率戎车三百乘，虎贲三千人，甲士四万五千人，伐纣。十一年十二月戊午，渡盟津。二月甲子昧爽，至于商郊牧野。据《泰誓》佚文。所谓九年，十一年者，本文王受命之年而数之也。然《史记》所谓十一年十二月戊午渡盟津，二月甲子至牧野者；二月一作正月，《齐世家》作十一年正月。然是否指殷历，抑指周历，亦未言明。据皮锡瑞所考，今文尚书家当作十二月戊午及正月甲子；古文尚书家当作一月戊午及二月甲子。《今文尚书考证》卷十。又按《书序》仅言十一年伐殷，一月戊午渡孟津。此盖用周历，周之一月，即殷之十二月，与《史记》正同。由以上所考，知武王胜殷之甲子，当在周之十一年二月之内。至于此年距今究竟若干岁，今已无从考证。

《牧野誓师图》
——从清光绪三十一年（1905）内府刊本《钦定书经图说·牧誓》

《史记·周本纪》称牧野之战，纣兵七十万，虽不可信，而殷旅如林，实见于诗。则战争之际，多杀自所难免。故《书·武成》有血流漂杵之语。乃孟子反不信《武成》，谓："以至仁伐至不仁，何其血之流杵也。"儒家欲寄托其理想，妄信纣师皆倒戈，以开武王，而故为之词耳，不足为据。又纣师之倒戈，果何如乎？《吕览·诚廉》篇称武王使周公盟胶鬲，使召公盟微子。又《庄子·让王》篇称：武王使人与伯夷、叔齐盟曰：加富二等，就官一列。此虽未必可信，然文王既用征诛，则不能不用权谋，殷人之倒兵，正未必不由于此。《尚书·康诰》曰："天乃大命文王殪戎殷。"是文王本有伐纣之志，不幸年老而死；武王乃继父未竟之志起兵伐纣，故载文王木主以行。然则《论语》所谓"三分天下有其二，以服事殷"者，亦未必可信。

武王既以十一年入商，膺受大命革殷，后二年，问箕子殷所以亡？《周本纪》。箕子陈《洪范》。故《尚书》称"惟十有三祀，王访于箕子"，按箕子为殷末之大学者，孔子称之。《论语》曰："殷有三仁焉。微子去之，箕子为之奴，比干谏而死。"其所陈之《洪范》，自称禹王受之于上帝，汉儒谓之《洛书》，《汉书·五行志》。内容实足以代表夏、殷政治学术思想。参阅第五章《夏代之文明》五《学艺哲理》条。

《礼记》称武王崩，成王幼，不能莅祚，周公摄政，践阼而治。《文王·世子》篇。所谓践阼而治者，即谓践天子之位以治天下。《明堂位》篇。是武王崩，周公缘殷代兄终弟及之例而践天子位也。先是武王初灭纣，封纣子禄父于殷，并使其弟管叔鲜、蔡叔度相禄父治殷。《周本纪》。旧说武王分殷地为鄁、鄘、卫，鄁亦作邶，在今河南汲县东北；鄘在其西；卫在今河南淇县东北。封武庚于鄁，使管叔尹鄘、蔡叔尹卫以监殷民。《汉书·地理志》。武王死，奄君薄姑，奄在今山东曲阜，郑玄谓薄姑齐地非奄君名。谓禄父曰："武王死，成王幼，周公见疑，请举事。"陈寿祺《尚书大传》（定本卷四）。管叔、蔡叔疑周公专王室，不利于成王，乃挟武庚以作乱。《史记·管蔡世家》。并率淮夷反周。《鲁世家》。此盖因奄君助殷，而管、蔡不满意于周公所致。《史记》称周公兴师东伐，作《大诰》，遂诛管叔，杀武庚，即禄父。放蔡叔；收殷之余民以封康叔于卫，今河南淇县东北。并迁殷顽民于洛邑。所以防备殷民者甚至。又封微子于宋。今河南商丘县。宁淮夷二年而定。《鲁世家》。三年践奄，《尚书大传》。灭国五十。《孟子·滕文公》。《诗·豳风》咏其事曰："既破我斧，又缺我斨。"可见当时之战争甚烈。大名崔述不信周公践阼，且不信周公摄政，以为此不过如古者君薨百官总己以听于冢宰，崔述《丰镐考信录》。然《尚书·洛诰》篇实称"周公诞保文、武受命惟七年"。夫既称受命之七年，则非寻常摄政可比矣。又《康诰》篇称"王若曰：孟侯朕其弟，小子封"云云。此王即是周公尤为确凿。以康叔封为周公同母少弟，故得云云。若《礼记·明堂位》《正义》所引王肃说，谓此王为成王，则成王对于康叔不得曰弟，尤不得直呼其名，而目之为小子也。又考《逸周书·度邑解》，本有武王传位周公之说，若依殷代兄终弟及遗制视之，本无可异。惟周公七年而退，还政成王，复定立嫡之制为后世法，则有大过人处。《尚书大传》称"周公摄政一年救乱，谓管蔡。二年克殷，谓武庚。三年践奄，四年建侯卫，五年营成周，《史记·鲁世家》谓在七年。六年制礼作乐，七年致政成王"。《隋书·李德林传》引。是"武王于天下未宁而殁"。《史记·封禅书》。如无周公，则周之为周，尚未可知。乃《史记·蒙恬传》又有成王信谗，周公奔楚之事，尤足见君臣功名之际，始终之不易。

二　西周之盛衰

夏殷之世，中国之政治组织甚疏。当时所谓诸侯者，实皆自由占据土地，自由迁徙部落，只有小国大国之分，并无天子诸侯之别。周初始有统一中国思想，其见诸政策者，即为分封列国。当时得封者，以王室亲族为最多。《左传》所谓"封建亲戚，以藩屏周"是也。《尚书·康诰》称"惟三月哉生魄，周公初基，作新大邑于东国洛，四方民大和会"。《尚书大传》以为在周公摄政之五年，《史记》以为在七年。盖洛邑工程浩大，绝非一年可成，大约开工在前，而成于七年返政成王之后。《周本纪》言成王作洛邑之理由，为"此天下之中，四方入贡道里均"。然据《吕氏春秋·长利》篇所述成王定成周之辞曰："惟予一人，营居于成周，有善易得而见，有不善易得而诛。"又《汉书·娄敬传》称："成王营成周，以为此天下中，有德则易以王，无德则易以亡。凡居此者，欲令以德致人，不欲险阻令后世骄奢以虐民。"然洛邑既成，仅迁九鼎，实未迁都，此亦见践言之难。成王崩，康王立。"成康之世，天下安宁，刑措四十年不用。"《周本纪》。康王卒，子昭王立。十六年，伐楚。十九年，丧师于汉。《初学记》卷七引《竹书纪年》。昭王卒于江上。《周本纪》。《吕览·昔初》篇以为"王及汉，梁败，陨于汉中"。此与《左传》所谓"昭王南征而不复"正合，当系实事。子穆王嗣立。《尚书》于穆王《吕刑篇》称"王享国百年"，后人皆谓穆王享寿百年，或在位百年；而《竹书纪年》实以为自周受命至穆王共百年。《晋书·束晳传》引。此见古人计数，与后人计数不同，自当以《竹书》之解释为是。

《左传》称"穆王欲肆其心，周行天下，将必皆有车辙马迹"，《昭公十二年传》。故有北征行流沙，西征昆仑见西王母之说。《穆天子传》郭注引《竹书》。其事具见晋初汲冢发现之《穆天子传》，盖亦战国初年人记载，其书虽多夸大之词，而大抵周初实有穆王远游之事。考流沙包括中国甘肃、新疆及中亚西亚，其地甚广，不能确指某处。西王母为西方地名，《尔雅·释地》。亦为其首领名。《山海经·大荒西经》言西王母虎尾豹饰。依《竹书纪年》及《穆天子传》考之，西王母当在昆仑山附近，即当在今甘肃、新疆界内。晋人马岌谓"酒泉南山即穆王见西王母之地，山上有石室玉堂，珠玑镂饰，焕若神宫"。《晋书·张骏传》。此言信否，今虽不能定，然英人怕克尔（E. H. Parker）谓"穆王所行，即由现时大路，约自兰州、西宁之间，经新疆之罗布泊，至乌鲁木齐。此或即西王母之地"。怕克尔并就《穆天子传》计算其行程，"为去时用三百日，回时三百日，共行一万三千三百华里，约日行二十英里"（E. H. Parker, *Ancient China Simplified*, P.217）。此说较为可信。

《国语》谓穆王征犬戎，仅获四白鹿、四白狼以归；而《竹书纪年》以为取其五王，《穆天子传注》引。未知孰是。

初造父以善御幸于穆王，得赤骥、温骊、骅骝、騄耳之驷，及王西巡狩，乐而忘归，徐偃王作乱，造父为王御，一日千里以救乱。《史记·秦本纪》。并令楚灭徐。徐偃王不忍斗其民，败走彭城、武原县东山下，后人名其山曰徐山。《后汉书·东夷传》。偃王好仁义，《淮南子·说山训》。割地而朝者三十六国。《韩非子·五蠹》篇。至是败亡，是汤武之事，已不能行于穆王之时，可以知社会之变迁矣。

穆王崩，子共王立；共王崩，子懿王立；懿王崩，共王弟孝王立；孝王崩，懿王子夷王立。《周本纪》。始下堂见诸侯，《礼记·郊特牲》。王室日衰。夷王崩，子厉王立。《周本纪》。

厉王好利，以荣夷公为卿士。荣夷公好专利而不知大难，国人谤王。王得卫巫，使监谤者，以告，则杀之。于是国人莫敢言，道路以目。三年乃流王于彘。今山西霍县。按此为中古上之第一次平民革命，与汤武以诸侯伐暴君之贵族革命不同。又所谓国人者，盖即指京师市民而言；既演成流君主之事，足证当时民众之势力颇大。《史记》以为此事，在厉王三十七年，是后由周、召二相行政，凹号曰"共和"，《周本纪》。亦谓之"共和行政"。《十二诸侯年表序》。《汲冢纪年》称"共伯和，即于王位"。《庄子·让王》篇释文引。《吕氏春秋》称："共伯和修其行，好贤仁，而海内皆以来为稽矣。周厉之难天子旷绝，而天下皆来谓矣"。《开春论》。然则《史记》所谓共和者，与《纪年》《吕览》意义不同，二说未能定论，然终以《纪年》《吕览》之说为近古，因庄子曾称共伯和为古之得道者也。《让王》篇。

厉王时民众革命，放流暴君，共和行政，为吾国上古史中第一大纪念，故《史记》于周代纪年即托始于此，并以是年为庚申，书曰"共和元年"。《十二诸侯年表序》。是年距春秋纪元前一百十九年，《集解》引徐广说。即公元纪元前八四一年。是年以前之年岁，则不可详。凡共和行政十四年，而后宣王即位，"共伯复归于宗，逍遥得意共山之首"。《庄子·让王》篇释文。宣王修政法文、武、成、康之遗风，诸侯复宗周。

宣王崩，子幽王立。幽王伐有褒，褒人以褒姒女焉。《史记正义》卷四引《国语》。幽王嬖爱褒姒，生子伯服，乃废申后及太子宜臼，以褒姒为后，以伯服为太子。褒姒不好笑，幽王欲其笑万方，故不笑。初幽王为烽燧，《史记正义》曰：昼日

第八章 周 / 143

燃烽以望火烟，夜举燧以望火光。有寇至则举烽火，诸侯悉至。至而无寇，褒姒乃大笑。幽王悦之，为数举烽火，其后诸侯不信，遂不至。《周本纪》。太子宜臼既废，出奔申。《晋语》。王欲杀太子，以成伯服，求之申。《郑语》。申侯怒，与缯、西夷、犬戎攻幽王。申在今河南南阳北二十里申城。缯《括地志》云缯县在沂州承县，古侯国。西夷，当在陕西境内。犬戎即獯狁。幽王举烽火征兵，兵莫至，遂杀幽王骊山下。山在今陕西临潼县下。虏褒姒，尽取周赂而去。《周本纪》。《集解》云："骃案《汲冢纪年》曰：自武王灭殷，以至幽王，凡二百五十七年也。"此说确否，今已不可考。

幽王为亡国之君，诗人多为诗以刺之，具见《诗》之《大雅》《小雅》，就中《十月之交》篇述有日蚀之事，关系古史年月，至为重要。其文有曰："十月之交朔日辛卯，日食之，亦孔之丑。"据《郑笺》云："周之十月，夏之八月也。"按此日蚀，既在十月辛卯朔，唐人以历法推之，谓在幽王六年十月一日。《新唐书》卷二十七下《历志》。与《汲冢纪年》所载"幽王六年，冬十月辛卯朔日有食之"相合。西人以历法推之，谓在公元纪年前七百七十六年八月二十九号（F. Hirth, Ancient History of China, P.147），其说正合。上古史中之日蚀，经中西人考证相合者，此为第一次。据此可证周幽王六年。即《春秋》前五十四年，公元纪元前七百七十六年。以后之年代，实为中国史上最正确之年代。

幽王之乱，犬戎入西周之都，宫室宗庙，尽成禾黍。先是申侯、鲁侯及许文公立平王于申；至是郑武公会晋、卫之师，迎立平王。平王元年，迁居洛邑，依于晋、郑。《左传》所谓"周之东迁，晋、郑焉依"是也。是年为公元纪元前七七〇年。

三 春秋之世

吾国上古纪年完全之史，只有现存《春秋》一种。孟子称此书为孔子所作，又称此书为孔子所成。《孟子·滕文公下》所谓"孔子惧作《春秋》"，"孔子成《春秋》，而乱臣贼子惧"是也。《吕览·求人》篇称："观于《春秋》，自鲁隐公至哀公十有二世。"此与今存之《春秋》正合，可见此书在战国末年，已为各国传诵。然《墨子·明鬼》篇称"周宣王杀杜伯，著于周之《春秋》"，是周史或原名《春秋》，鲁秉周礼，故鲁史亦名《春秋》。孔子之《春秋》，即根据鲁《春秋》而加以修正，而鲁《春秋》之作，当远在孔子以前，自不待言。《春秋》所记日食三十六次，现经西国天算家证明与实际相合者已有二十八次。（详见 E. H. Psrker, *Ancient China Simplified*, P.27），足征《春秋》一书，确是根据当时史料修成。又《春秋》托始于鲁隐公元年，是为周平王四十九年，公元纪元前七一七年。

《春秋》为有统系之纪年史，然于每事仅书其目，不能考见本事始末。今所存《左传》《国语》二书，正与《春秋》相表里。司马迁称鲁君子左丘明因孔子史记具论其语，成《左氏春秋》。《史记·十二诸侯年表序》。又称"左丘失明，厥有

《国语》"。《史记·自序》。今本《左传》《国语》虽未必全是左氏原本，而其成书当在秦前，所记史事自是周末史料，大抵可信。至《公羊》《穀梁》受《春秋》于子夏之说，实出于东汉人所传语，《公羊疏》卷一引戴宏说，《经典释文序录》引应劭说。在西汉著作中实无此事，《公》《穀》二传当为汉初人记录，故其历史的价值又在《左传》之下。

春秋之初，郑国甚强。郑庄公为平王卿士，王贰于虢，庄公怨王，王曰无之，故周、郑交质。平王崩，桓王立，庄公不朝，王以诸侯伐郑，庄公御之，郑人射王中肩，王师大败。《左传·桓公五年》。自是以后，周天子之威权扫地以尽；虽虚拥王号，而实则无异于列国。故平王以前，为周室统一之时代；平王以后，为列国竞争之时代。

《史记·周本纪》称武王伐纣，不期而会者八百诸侯。贾山《至言》又称周初盖千八百国。其见于《左传》《国语》暨他著录者，不过二百余国，国名具见顾栋高《春秋大事表》卷五《春秋列国爵姓及存灭表》。然其在历史上占一地位者，又不过十二诸侯：曰鲁、曰卫、曰齐、曰楚、曰晋、曰宋、曰陈、曰蔡、曰燕、曰秦、曰曹、曰郑。故《史记》仅有《十二诸侯年表》。十二诸侯中，占重要地位者，亦不过齐、晋、秦、楚四国。是以《十二诸侯年表序》云："齐、晋、秦、楚，其在成周微甚，封或百里，或五十里。晋阻三河，汉以河东、河内、河南为三河。齐负东海，楚介江淮，秦因雍州之固，四国迭兴号为伯王，文武所褒大封，皆威而服焉。"大抵春秋二百四十年之政治史，皆以此四国之活动为转移，自余诸国，莫不受其支配。

春秋初期，南部有荆、楚，北部有戎、狄，而内地又有杂居之外族甚多，均为中国大患。是时"南夷与北夷交，中国不绝如线"。《公羊传·僖公四年》。赖霸者迭兴，以尊周室攘夷狄为号召，幸免神州陆沉之大患。霸之为言伯也，起于古之方伯。战国时已有五霸之说，具见于《孟子》《荀子》《左传》《国策》《吕览》等书。但究竟孰为五霸，汉时班固业有三说："一有昆吾、大彭、豕韦、齐桓、晋文；一为齐桓、晋文、秦穆、楚庄、吴阖闾；一为齐桓、晋文、秦穆、宋襄、楚庄。"《白虎通义·号》篇。高诱《吕览·当务》篇注，应劭《风俗通义·五霸》篇，均用第三说。考秦穆仅霸西戎，宋襄师败身拘，其事功皆不足道。而《史记·越世家》载勾践称霸；《吕览·简选》篇文记阖闾为霸。是班氏所举三说一为三代之五霸；二三为春秋之五霸；特春秋霸者不仅有五，若必以五说之，则《荀子》之《王霸》篇、《议兵》篇所举五霸，差足以当之。但《荀子》两举五霸之名，皆为齐桓、晋文、楚庄、吴阖闾、越勾践而无秦穆、宋襄。准是立言，似战国时人所称之五霸，当以《荀子》所说为是。

春秋之世，周室式微。桓王崩，子庄王立，有子克之乱。庄王崩，子僖王立，齐桓始霸。僖王崩，子惠王立，有子颓之乱。惠王崩，子襄王立，有子带之乱，赖晋文为霸，乱始得定。襄王崩，子顷王立。顷王崩，子匡王立。匡王崩，弟定王立。定王崩，子简王立。简王崩，子灵王立。灵王二十一年，公元纪元前五五一年。孔子生于鲁。灵王崩，子景王立。景王后穆氏。太子名寿。圣而早卒，王爱子朝欲立之，会崩，子丐之党与争立，国人立长子猛为王；子朝攻杀猛，猛为悼王。晋人攻子朝而立丐，是为敬王。敬王三十九年，鲁西狩获麟，春秋绝笔。四十一年，公元纪元前四七九年。孔子卒于鲁，年七十四。自后遂入于战国之世。周室而外，同异姓诸国盛衰之迹，其可考者如次。

（鲁）周公旦始封，都曲阜。山东曲阜县。周公留相王室，子伯禽就封，世秉礼义，号望国。三桓专政，公室微弱，宣公任孔子，国势几振。齐归女乐沮之。哀公时，西狩获麟，孔子因作《春秋》，入战国灭于楚。

（卫）康叔封始封，都朝歌。河南淇县。累徙至濮阳。直隶开县。东周初，武公髦而好学，称贤主。懿公败于狄，齐桓却狄存卫。文公立，励精图治，卒富其国。然终春秋之世，役属于晋。秦并天下，而卫独存。秦二世废之始绝。

（晋）唐叔虞始封，都唐。山西太原县北。累徙至新田。山西曲沃县西南。春秋初，晋之宗裔曲沃武公始强，并晋有国。后稍蚕食弱小，以自附益。至文公遂霸中国。百余年间，世为盟主。及六卿擅权，韩、赵、魏三家由此分晋。

（郑）桓公友始封，都新郑。河南新郑县，桓公始封在今陕西华州后迁此。友，宣王母弟，故于诸国受封独后。晋楚争衡，郑介两大间，时受扼制。简公任子产，内治外交，一时称盛。入战国灭于韩。

（曹）曹叔振铎始封，都陶邱。山东定陶县。春秋时役属于晋。入战国，为宋灭。

（蔡）蔡叔度始封，子胡都蔡。河南上蔡县。及于春秋，先后为吴、楚附庸，累徙都。入战国，灭于楚。

（吴）泰伯之后，周章始封，都梅里。江苏无锡县东。后徙吴。江苏吴县。吴自春秋鲁成之世，寿梦始通中国。少子季扎，历聘诸邦，声闻盛著。晋人结吴制楚，吴楚累用兵，至阖闾破楚，夫差灭越，遂霸江南；旋越起而覆其国。

以上皆同姓诸国之著于《春秋》者也。其异姓之国：

（齐）吕尚始封，姜姓，都营邱。山东昌乐县东南。累徙至临淄。山东临淄县。桓公创霸尊王攘夷；春秋之世，齐为首功，管仲力也；及晏婴相景公，虽称贤者，然内变屡作，陈氏厚施，已伏窃国之祸，后果为田和所篡。

（宋）殷之后，微子始封，子姓，都商丘。河南商丘县。齐霸既熄，宋襄慨然思有以继之，卒败于楚，其事业无可言者。平公朝，向戍倡弭兵会，中原无大侵伐者几十年。入战国，王偃暴虐，号为桀宋，齐灭之。

（陈）舜之后，胡公满始封，妫姓，都宛邱。河南陈县。役属于楚，为楚灭。齐桓之霸，陈公子完避祸奔齐，遂开田氏之族。

（许）四岳之后，姜姓，都许。河南许县。累迁徙，役属于郑，为郑灭。

（秦）非子始封，嬴姓，初为附庸。东周初，襄公有功周室，始列于诸侯，都汧，陕西陇县。累徙至雍。凤翔县治。穆公霸西戎，国始大，然地处西偏，前有强晋，终春秋之世，不能得志于中国。

（楚）熊绎始封，芈姓，都丹阳。<small>湖北枝江县东南。</small>春秋初，文王熊渠始迁郢，<small>湘北江陵。</small>渐有窥伺中原之志。自是齐、晋叠强，楚与争衡。庄王制郑、服宋、胜晋，遂以称霸。及吴兴而阖闾破楚入郢，赖秦人出师救之，昭王复国。

（越）少康庶子无余始封，姒姓，都会稽。<small>浙江会稽县。</small>至允常称王，始见于春秋。时吴王阖闾方强，吴、越始兵争矣。夫差灭越，勾践报之，卒以覆吴称霸。入战国，灭于楚。

四　战国之世

考春秋二百余年之事迹，有《春秋》及《左传》《国语》三书可作根据。战国时代亦历二百余年，至今只存《战国策》一书足供考证。盖秦灭六国，尽烧周室及诸侯史记。<small>《史记·六国表序》。</small>至汉初独有《秦记》尚存，而文略不具，且不载日月；而今《秦纪》又亡也。《战国策》在西汉时，藏于秘府，卷帙错乱，原名《国策》，亦名《国事》，亦名《短长》，亦名《事语》，亦名《长书》，亦名《修书》。其有国别者八篇，刘向始编为三十三篇，以此书为战国时游士辅所用之国为之策谋，因定名为《战国策》。<small>刘向《战国策序》。</small>北宋时，此书又残，仅存十一篇。曾巩访之士大夫家，始尽得之，正其误谬而疑其不可考者，然后《战国策》三十三篇复完。<small>曾巩《重校战国策序》。</small>是曾氏所辑之本，已非刘氏之旧；而刘氏所编之本，亦非汉初之旧。但欲考战国史事者，舍此已无他书；故自司马迁作《秦本纪》及《六国世家》即取材于此。而后之述战国实事者，亦不能不以为根据。

刘向序《战国策》谓"其事继春秋以后，讫楚汉之起，二百四十五年间之事"。然考史家所谓战国时代者，实无确定之界限。司马迁作《六国年表》，始于周元王元年；公元纪元前四七五年。司马光作《资治通鉴》始于周威烈王二十三年。公元纪元前四〇三年。但考战国之名词，在七国齐、楚、秦、燕、韩、赵、魏。时已通用，故苏代说燕王哙曰："凡天下之战国七，而燕处弱焉。"《战国策·燕策一》。是知战国时代之起始，似宜断自三家分晋以后，即威烈王二十三年，命晋大夫魏斯、赵籍、韩虔为诸侯之年也。

先是周敬王徙居成周。今河南洛阳县东二十里。敬王崩，子元王立。元王崩，子定王一作贞定王。立。定王元年，鲁哀公出奔。二年卒于有山氏，《左传》以是终焉。十六年三晋韩、赵、魏。灭智伯，分有其地。定王崩，长子哀王立。哀王立三月，弟叔袭杀哀王而自立，是为思王。思王立五月，少弟攻杀思王而自立，是为考王。考王崩，子威烈王立。考王封弟揭于河南，即王城在今河南洛阳县西偏。是为西周桓公。桓公卒，子惠公立，惠公封少子于巩，今河南巩县。以奉王，号东周惠公。威烈王二十三年时，始命晋大夫魏斯、赵籍、韩虔为诸侯。威烈王崩，子安王立。安王十六年，初命齐大夫田和为诸侯。安王崩，子烈王立。烈王崩，弟显王立。显王时秦始强盛，六国以次称王。苏秦以显王三十五年，公元纪元前三三四年。唱合纵拒秦之说。自此之后，事乃可得而记。自《左传》之终，以至此，凡一百三十三年，史文阙如，考古者为之茫然。显王崩，子慎靓王立。慎靓王崩，子赧王立。王时，东西周分治，王寄住而已。王复居王城，秦日益强。五十九年，秦昭王使将军摎攻西周，周君武公。奔秦顿首谢罪。尽献其邑三十六，口三万。秦受其献，归其君于周。周君王赧卒，周民遂东亡。秦取九鼎宝器，而迁西周公武公子文公。于惮狐。在洛阳南百五十里，今河南伊阙县。后七岁，秦庄襄王灭东、西周，东、西周皆入于秦，周既不祀。凡三十七年，八百六十七年。《史记·周本纪》。

由春秋入战国，其初期尚有鲁、卫、蔡、郑、宋、越、滕、薛、莒、邾诸小国。然自三家分晋，田氏篡齐，燕亦崛起河北，与西南秦、楚，号称七雄，自后宇内封邦始有幸存于七国之下者，兹分述七国事迹如后。

（赵）都晋阳，山西阳曲县。累徙至邯郸。直隶邯郸县。初晋范氏、中行氏、知氏及赵、魏、韩号六卿，擅国政。定公时，范中行为乱，旋败亡，六卿并为四。然知氏独强，知伯即荀瑶。求地于韩、魏，韩康子、魏桓子皆与之。又求地于赵，赵襄子不与。知伯怒，遂率韩、魏攻赵。襄子奔保晋阳，三氏随而围之。知伯决晋水在山西阳曲县西南。灌其城，城不浸者三版。知伯益骄，韩、魏惧及已。襄子使张孟谈潜出与韩、魏约，共图知氏，灭之，为三家分晋之始。襄子再传至烈侯籍，始受周命，与韩、魏同列诸侯，时威烈王二十三年也。自秦之强，苏秦洛阳人。倡六国合纵之说，赵实主谋。至武灵王胡服骑射，北破林胡、楼烦，在山西外。西窥秦。传子惠文王用蔺相如为上大夫，廉颇、赵奢为上将，以折强秦，此赵之极盛也。

既而秦伐韩，韩上党山西潞安府。降赵，秦移师攻之，赵败于长平；山西高平县。秦将白起，坑赵降卒四十万，赵始衰。然廉颇、李牧皆良将，秦尚忌之。末叶嬖臣郭开用事，斥廉颇，使不复用。又受秦间金，诛李牧，牧死而赵亡，王迁被虏。公子嘉奔代，直隶蔚县。立为代王，又四年秦灭之。

（魏）都安邑。今山西夏县有故城。后徙大梁。河南开封。自魏桓子灭知伯，子文侯斯立，以卜子夏、田子方为师，任魏成为相，乐羊、吴起为将，克中山，直隶定县。拒秦、韩，旋受周命为诸侯。时河山以东诸国，声誉威望，无如魏者。惠王之世，卑礼厚币，以招贤者，孟子至梁，惠王不能用，东败于齐，南辱于楚，西困于秦，丧师失地，仅保大梁。盖自秦用卫鞅，锐意以削魏为强秦之计，以后连岁克夺，魏益不支。后有信陵君公子无忌。之贤，因以救赵却秦，败秦军于邯郸下。秦使人行万金之间，魏疏信陵君不用。韩、赵既亡，秦起兵引河沟以灌大梁，王假降，魏亡。

（韩）都阳翟。河南禹县。康子之子武子虔列于诸侯，并郑而有国。当秦孝公之强，韩昭侯亦用申不害为相，修术行道，国内以治，诸侯不来侵伐。然六国惟韩最小，后屡挫于秦，势益弱。至王安时国亡，虏于秦。六国之灭，韩最先也。

（齐）田氏自春秋末，田常一作陈恒。弑简公，执齐政，四传至田和。盘之孙。季年，魏文侯为请于周安王，受命为诸侯。自是威王，用孙膑为将，再战破魏。宣王胜燕，湣王灭宋。于是秦称西帝，致东帝于齐，东诸侯势力与秦颉颃者惟齐也。燕师入临淄，湣王弑死，齐地尽没，子襄王保莒城、齐东境邑，非莒国之莒。即墨，山东平度县。守将田单，逐燕兵复国。自后秦锐攻三晋，而交欢于齐，王建在位四十年。左右多受秦间金，劝王毋修战备，不助诸侯攻秦。及五国尽灭，齐亦随之，盖最后亡。

（燕）召公之后，都蓟。今北平。自春秋不见于经传，入战国始大，遭王哙燕王哙让王于其相子之国大乱。之乱，破于齐。昭王立，吊死问孤，卑礼招贤，任乐毅魏人。为上将伐齐，收七十余城，独莒与即墨不下。毅围之四年，昭王薨。齐田单纵反间，燕惠王召毅还，毅惧罪奔赵。使骑劫代之，齐大破燕军。燕、齐剧战，二国俱疲，秦益得志矣。赵之亡，燕太子丹使荆轲刺秦王不中，秦击破燕，王喜走辽东，越三年国灭。

（楚）六国惟楚最大，陈、蔡、吴、越、鲁地皆入于楚。然怀王昏愚，受秦绐，离齐交，终败于秦。寻与秦会武关，在陕西商县。被执，死焉。时秦已得巴蜀，制楚上游。未几秦将白起拔郢，烧夷陵，湖北宜昌。顷襄王徙都以避之，最后徙寿春。安徽寿县。秦兵日逼，而楚益东，至王负楚国亡。

商　鞅
——从清光绪年《绣像东周列国志》

（秦）自孝公用卫鞅，卫之庶孽。变法令，徙都咸阳。陕西咸阳县东。伐魏，魏献河西地，陕西东北部地。秦始强大。既而惠王任张仪，魏人。更东略魏地，拥有函谷河南灵宝县。之固，南收巴蜀，开秦富饶；乃以兵力胁制诸侯，破纵为衡，秦力益厚，诸侯始困。及范雎魏人。说昭襄王以远交近攻之策，于是秦将白起伐楚举鄢，拔韩野王，河南河内县。攻赵上党，坑军长平，而遥与燕、齐相结。终之始皇用李斯上蔡人。谋，阴遣辩士赍金玉游说诸侯，离其君臣，然后使良将将兵随其后，数年之中，遂兼天下。

当时合六国之势力，而为秦是惧；秦之强商鞅变法之功也。秦国已强，宣力东方，诸侯非合其力，殆不能制秦。而秦之利，又在于诸侯相离，此苏秦合纵、张仪连横之说所由作也。中经燕、齐之难，诸侯互攻，秦遂舍去连横政策，改用范雎远交近攻政策与李斯捐金行反间政策。于是秦王政十七年，公元纪元前二三〇年。内史胜灭韩。十九年王翦灭赵。二十二年王贲灭魏。二十四年王翦灭楚。二十五年王贲灭燕、灭代。二十六年王贲灭齐。秦遂统一中国，时公元纪元前二二一年。溯"自平王东迁，王室凌夷，天下无共主，经春秋战国五百余年，至是中国复统一。计秦所以成功之原因有四：

第一，秦居关中，据上游，扼地势之要害。

第二，秦居西北，与戎狄为邻，生存竞争之结果，民风尚武，民气胜于六国。

第三，秦历代多英主，能招贤才而登庸之，不拘资格，不论亲故，故能吸收六国之人才，使为己用。

第四，秦之政策一定，历代皆循一定之方针进行，不轻易变更，与六国之朝秦暮楚，无一定之见解，动辄受人愚弄者异。

以上四大条件，为列国竞争时必须之要素，六国之中无一能具备者，故不得不处于劣败地位。"王桐龄先生《中国史》第一编《本论》第六章第七节。

五　周代种族之争

戎狄

中国自有史以来，汉民族即与西北民族冲突。故《史记·五帝本纪》称黄帝"北逐荤粥"。《集解》："《匈奴传》曰：唐虞以上有山戎、猃狁、荤粥，居于北蛮。"《索隐》："匈奴别名也，唐虞以上曰山戎，亦曰熏粥，夏曰淳维，殷曰鬼方，[2]周曰猃狁，汉曰匈奴。"惟其冲突事迹，在殷以前者不可详考。殷周之际，鬼方之地，由宗周之西，而包其东北。据《小盂鼎》《梁伯戈》二器。《小盂鼎》纪盂伐鬼方献俘之事，在周成王二十五祀。俘人之数，至万三千有余。在宗周之初，自为汉民族与匈奴民族一大冲突。详见《雪堂丛刻》王国维《鬼方昆夷猃狁考》。

周初有混夷，混夷之名，见于《诗·大雅·绵篇》。混字，《孟子》及《毛诗·采薇序》作昆。周懿王、宣王时有狎狁之名，见于《诗》之《采薇》《出车》《六月》三篇。[3]昆夷、猃狁与鬼方、獯鬻即熏粥，见《孟子》。皆同种而变名者也。

　　玁狁侵暴中国，以厉王、宣王时为最盛。自宣王以后对于玁狁被以戎号，且谓之犬戎。故《后汉书·西羌传》以太王所事之獯鬻为犬戎，又以宣王所伐之玁狁为犬戎。王国维《鬼方昆夷玁狁考》。据此则攻幽王灭宗周之犬戎，当即宣王时之玁狁。[4]顾栋高《春秋四裔表》，谓犬戎即周之玁狁，不为无据。《春秋大事表》卷三十九。

　　春秋隐公、桓公之际，但有戎号；庄公、闵公以后，始有狄号。戎者兵也，凡持兵器以侵盗者谓之。狄者，远也，凡居远方而当驱除者谓之。戎与狄皆中国所加之名，非其族所固有。春秋初列国多有戎狄之祸。戎之别有七：在陕西临潼者曰骊戎；在凤翔者曰犬戎；在瓜州者曰允姓之戎；秦、晋迁之则曰陆浑之戎，在今河南嵩县。又曰阴戎；以其处晋阴地，又曰九州戎。则晋荀吴灭陆浑之戎以后，其余服属于晋者，又曰小戎，亦曰姜戎，原在甘肃敦煌废县，后迁伊川。自晋灭陆浑，城汝滨地而有之。楚亦灭蛮氏，在汝州河南临汝县。之地，汝水南北遂为晋楚分界。其先陆浑而居伊洛之间者，又有扬拒泉皋伊洛之戎，王子带召之，伐京师焚王城东门者，后亦浸微，并为晋之内臣。蛮氏亦戎别种，在汝州西南，以处茅津，亦名茅戎；在解州之平陆，今县。其在直隶之永平卢龙县。者曰北戎，亦曰山戎。春秋初尝侵郑伐齐，已而又病燕，齐桓公因北伐山戎；无终子嘉父因魏庄子纳虎豹之皮以请和诸戎者，其别种也。又有在山东之曹县与河南兰阳接壤者，春秋初见于经传，但曰戎无名号，即戎州己氏之戎也。

狄之别有三：曰赤狄、曰白狄、曰长狄。长狄兄弟三人无种类。赤狄之种六：曰东山皋落氏、廧咎如、潞氏、甲氏、留吁、铎辰。潞为上党之潞县，处晋腹心。宣公十五年，晋灭赤狄潞氏，明年并灭甲氏、留吁、铎辰。甲氏、留吁俱在旧广平府，铎辰在潞安境。白狄之种三：其先与秦同州，在陕西旧延安府。别种在真定、正定。藁城、晋州晋县。者，曰鲜虞，曰肥，曰鼓。肥、鼓俱为晋所灭。鲜虞后为中山，入战国后灭。又考春秋时为中国患者，狄为最，诸狄之中赤狄为最；赤狄诸种族潞氏为最。狄之强莫炽闵公、僖公之世：灭邢，灭卫，灭温；伐齐，伐鲁，伐郑，伐晋；并蹂躏王室。盖自山西以迄直隶、河南，直接山东之境，皆其所出没。其俗不城郭，就山野庐帐而居，又迁徙无常。

战国初，秦自陇以西，有绵诸、《括地志》云：绵诸城，秦州秦岭县北五十六里。汉绵诸道，属天水郡。绲戎、颜师古云：混夷也。韦昭云：春秋以为犬戎。翟獂徐广曰：在天水。獂音丸。之戎。岐梁山泾、漆之北有义渠、在甘肃旧庆阳、平凉二府。大荔、在陕西大荔县。乌氏、在甘肃泾川县北。朐衍在甘肃灵武县。之戎。赵北有林胡、在山西旧大同府朔州北。楼烦在山西旧太原府岢岚州以北。之戎。燕北有东胡、服虔云：东胡，乌丸之先，后为鲜卑，在匈奴东，故曰东胡。山戎。在直隶旧永平府境。各分散居溪谷，自有君长，往往而聚者。百有余戎，然莫能相一。自后秦厉公伐大荔，取其王城，伐义渠，虏其王；赵襄子北略狄土；韩、魏灭伊洛、阴戎，余众西走。至昭襄王灭义渠，赵武灵王破林胡、楼烦，燕将秦开却东胡。于是中土民族之势，风发潮涌；举凡陕西、甘肃一带之戎，山西、直隶境内之狄，全数同化于汉族。

戎狄：根据今山西、陕西而侵入杂居于内地者，若荤粥、鬼方、昆夷、玁狁、犬戎、骊戎、赤狄、白狄、林胡、楼烦皆匈奴族。根据今甘肃而侵入杂居于内地者，若陆浑之戎，亦称姜戎，亦称阴戎，亦称允姓之戎；其后衍为羌族。根据今辽东以侵入内地而未尝杂居者，曰北戎、山戎、无终，为东胡族。

据梁启超《饮冰室全集·历史上中国民族之观察》。

夷

东方之夷，曰莱，曰介，曰根牟。莱在山东旧登州府黄县，介在山东旧莱州府胶州东南，根牟在山东旧沂州府沂水县东南。然皆僻小，不通于中夏。后莱、介并于齐，根牟灭于鲁，不复见于经。论其著者则有淮夷、徐戎，淮夷当周初在泗水、徐城县北，据《史记正义》引《括地志》说。其后辟鲁而南，居旧淮安府、山阳、安东之间，据《春秋大事表·四裔表》。周宣王曾征淮夷。当齐桓之世，淮夷尝病鄫病杞，后百余年复与楚灵王连兵伐吴，然皆窜伏海滨，于中国无甚利害。若徐戎则在旧徐州、淮安二府，当周穆王时徐偃王作乱，割地而朝者三十六国，宗周共主，几为所夺。大抵东夷与汉族血统较近，在战国后完全同化于汉族。

蛮

南方民族，种类不一。群蛮，在湖南旧辰州府、永顺府境。百濮，在晋建宁郡南，今云南界。卢戎，在湖北旧襄阳府南漳县境。巴，在四川旧重庆府巴县。群蛮尝受楚盟伐庸，后服属于楚。卢戎尝攻败屈瑕，卒灭于楚。群蛮为苗族血统。据梁启超《历史上中国民族之观察》。《左传》（杜注）卢戎为南蛮，当是苗族血统。巴族起源或与汉族相近。

由上所言，蛮、夷、戎、狄从来为中国患。至周代列国并争，各开拓疆宇，芟除异族；结果使中国内地之异族，完全同化于汉族，不惟促成中国民族之团结，亦足以增进中国文化之发越。

注释

[1] 据今本《竹书纪年》周公为周定公。又据《周语》（韦昭注）召公为召穆公。

[2] 据《鬼方昆夷玁狁考》：鬼方之名，当作畏方，经典作鬼，系由古文传写之误。

[3] 《采薇》《出车》二诗，《毛传》及《诗序》皆以为文王时诗。但据《汉书·匈奴传》则班固以《采薇》为懿王时诗。又《出车》咏南仲伐玁狁之事，《郑笺》以南仲为文王时人。然据《汉书·古今人表》则班固以南仲为宣王时人，据《后汉书·庞参传》则马融亦以南仲为宣王时人。《六月》一诗，《诗序》《郑笺》皆以为宣王时诗，世无异论。

[4] 《史记·匈奴列传》："周西伯昌伐畎夷氏。"《索隐》曰："韦昭云：春秋以为犬戎。按畎音犬。小颜云：即昆夷也。"按昆夷即玁狁，故此亦为犬戎与玁狁同族之征。

第九章
周代之文明

一 制 度

封建

周武王既定天下，就其原有诸侯之土地加以封诰，就其原无诸侯之地取以封建。新封七十余人为诸侯，其制度虽不可得而详，然据《国语》"先王规方千里以为甸服，其余以均分公、侯、伯、子、男"。《周语·中》。又据《孟子》"太公封于齐，周公封于鲁，皆方百里"。《告子下》。"天子地方千里，公侯皆方百里，伯七十里，子男五十里；不能五十里，不达于天子，附于诸侯，曰附庸"。《万章下》。是周代颁爵为五等，封地为三等。而《周官》后人谓之《周礼》。称诸公方五百里，诸侯方四百里，则土地不敷应用，殆不可信。[1]

春秋之世，强欺弱，众倍寡，交相吞并，渐坏旧制。楚以子爵僭称王，[2]杞以公爵降为子，[3]大国有地千里，渐失封建之制，遂成战国之局。

周之官秩，自一命至九命，凡九等。上公九命：一命受职，二命受服，三命受位，四命受器，五命赐则，六命赐官，七命赐国，八命作牧，九命作伯。《周礼·春官·宗伯》。大抵诸侯之有功德者，则王锡之以命。故晋文侯名仇。有佐平王东迁大功，平王锡以诰命。《尚书·文侯之命》。晋文公名重耳。败楚于濮城，今山东濮县。襄王亦锡之以命。《左传·僖公二十八年》。锡命者，又有器物殊礼以宠之，谓之九锡。《韩诗外传》卷八曰：诸侯有德，天子锡之：一锡车马，二锡衣服，三锡虎贲，四锡乐器，五锡纳陛，六锡朱户，七锡弓矢，八锡铁戉，九锡秬鬯。是以平王锡文侯命，则锡之秬鬯一卣，彤弓一，彤矢百，卢弓一，卢矢百，马四匹。《文侯之命》。襄王锡文公命，则锡之大辂之服，戎辂之服，彤弓一，彤矢百，彤弓十，玈矢千，虎贲三百人。《左传·僖公二十八年》。

周王与诸侯之间，有巡守述职之礼。诸侯能治其国者，则有庆，庆以地；不能治其国者，则有让，贬爵削地，或加征伐。故孟子曰："天子适诸侯，曰巡狩；诸侯朝于天子，曰述职。春省耕而补不足，秋省敛而助不给。入其疆，土地辟，田野治，养老尊贤，俊杰在位，则有庆，庆以地；入其疆，土地荒芜，遗老失贤，掊克在位，则有让；一不朝则贬其爵，再不朝则削其地，三不朝则六师移之。"《孟子·告子下》。考周初立国，务求巩固中央之权，故其制度如是。

官制

西周官制据伪古文《尚书·周官》谓成王时，"立太师、太傅、太保，兹为三公。论道经邦，燮理阴阳，官不必备，惟其人。少师、少傅、少保,曰三孤;贰公弘化,寅亮天地,弼予一人。冢宰掌邦治,统百官,均四海。司徒掌邦教,敷五典,扰兆民。宗伯掌邦礼,治神人,和上下。司马掌邦政,统六师,平邦国。司寇掌邦禁,诘奸慝,刑暴乱。司空掌邦土,居四民,时地利。六卿分职,各率其属,以倡九牧,阜成兆民"。此虽不可尽信,然《北堂书钞》五十引《古周礼》,亦谓天子立三公:曰太师、太傅、太保,无官属,与王同职,故曰坐而论道,谓之三公。又立三少以为之副,曰少师、少傅、少保,是谓三孤。又《公羊传·隐五年传》云:"三公者何?天子之相也。周自陕而东者,周公主之;自陕而西者,召公主之;一相居乎内。差足为周代有三公之论据。且三公殷代已有,《战国策》所谓"昔者鬼侯之鄂侯、文王,纣之三公也"。《战国策》卷第二十《赵策三》。太师,殷时箕子为之。《汉官仪》曰纣时胥余为之,胥余箕子字也。《尚书》微子作诰,父师、少师是也。《史记》周成王为太子,以太公望为太师。《周本纪》。《续事始》曰:周文王得吕尚于蟠溪,以为师,谓之太师。太傅,《大戴礼记》曰:周公始为之。又《礼记·文王世子》曰:"立太傅、少傅以养之,……入则有保,出则有师。……虞、夏、商、周有师保,有疑丞。"凡此皆周代有三公,而三公为师傅保之证。《尚书·周书》中同时言司徒、司马、司空者凡三见,《牧誓》《梓材》《立政》等篇。而同时言司徒、司空、司寇者亦一见。《洪范》篇。冢宰宗伯之名,仅见于《伪古文尚书·周官》篇及不可尽信之《周礼》。故周代六官之说,天官冢宰,地官司徒,春官宗伯,夏官司马,秋官司寇,冬官司空。根据亦较为薄弱。大抵西周官职分为诸侯、卿、大夫、士。据《孟子》则"君一位,卿一位,大夫一位,上士一位,中士一位,下士一位,凡六等"。《万章下》。至其诸侯官制,则"大国三卿,皆命于天子,下大夫五人,上士二十七人。次国三卿,二卿命于天子,一卿命于其君,下大夫五人,上士二十七人。小国二卿,皆命于其君,下大夫五人,上士二十七人。"《礼记·王制》。禄制则"天子之卿,受地视侯。大夫,受地视伯。元士,受地视子男。大国地方百里,君十卿禄,卿禄四大夫,大夫倍上士,上士倍中士,中士倍下士,下士与庶人在官者同禄,禄足以代其耕也。次国地方七十里,君十卿禄,卿禄三大夫,大夫倍上士,上士倍中士,中士倍下士,下士与庶人在官者同禄,禄足以代其耕也。小国地方五十里,君十卿禄,卿禄二大夫,大夫倍上士,上士倍中士,中士倍下士,下士与庶人在官者同禄,禄足以代其耕也。耕者之所获,一夫百亩,百亩之粪,上农夫食九人,上次食八人,中食七人,中次食六人,下食五人;庶人在官者,其禄以是为差"。《孟子·万章下》。

春秋时代,列国官制,多有改更,其见于《左传》《国语》暨他书之可信者,则周官有宰、《隐公元年》。卜正、《隐公十一年》。内史、《桓公二年》。太史、《桓公十七年》。膳夫、《庄公十九年》。史、《庄公二十二年》。御事、《僖公二十四年》。虎贲、《僖公二十八年》。宗伯、《文公二年》。司寇、《文公十八年》。虞人、《襄公四年》。行人、《襄公二十一年》。尉氏、《襄公二十一年》。司徒、《襄公二十一年》。

侯、《襄公二十一年》。陶正、《襄公二十五年》。宰旅、《襄公二十六年》。司马、《昭公四年》。县大夫、《昭公九年》。泠、《昭公二十一年》。帅、《昭公三十二年》。祝宗《定公四年》。等官。鲁官有司空、《隐公二年》。太宰、《隐公十一年》。卜士、《桓公六年》。卜人、《桓公六年》。史、《桓公六年》。太史、《桓公十七年》。圉人、《庄公三十二年》。傅、《闵公二年》。巫、《僖公二十一年》。县人、《僖公二十五年》。宗伯、《文公二年》。行人、《文公四年》。司寇、《文公十八年》。虞人、《襄公四年》。隧正、《襄公七年》。马正、《襄公二十三年》。左宰、《襄公二十三年》。御驺、《襄公二十三年》。外史、《襄公二十三年》。工、《襄公二十八年》。御、《昭公四年》。司徒、《昭公四年》。司马、《昭公四年》。工正、《昭公四年》。司宫、《昭公五年》。御、右、《昭公九年》。祝史、《昭公十七年》。饔人、《昭公二十五年》。左师、《昭公二十五年》。贾正、《昭公二十五年》。工师、《定公十年》。宰人、《哀公三年》。校人、《哀公三年》。巾车《哀公三年》。等官。宋官有大司马、《隐公三年》。大宰、《桓公二年》。司空、后改司城，《桓公六年》。右师、《僖公九年》。左师、《僖公九年》。门官、《僖公二十二年》。门尹、《僖公二十八年》。司徒、《文公七年》。司寇、《文公七年》。御、右、《文公十一年》。帅甸、《文公十六年》。御、《宣公二年》。少司寇、《成公十五年》。少宰、《成公十五年》。司里、《襄公九年》。隧正、《襄公九年》。校正、《襄公九年》。工正、《襄公九年》。司宫、《襄公九年》。巷伯、《襄公九年》。乡正、《襄公九年》。祝、《襄公九年》。宗、《襄公九年》。舞师、《襄公十八年》。褚师、《襄公二十年》。圉人、《襄公二十六年》。封人、《昭公二十一年》。御士、《昭公二十一年》。行人、《定公六年》。迹人《哀公十四年》。等官。晋官有九宗五正、《隐公六年》。司徒、《桓公二年》。御、戎右、《桓公三年》。大司空、《庄公二十六年》。卜人、《闵公元年》。寺人、《僖公五年》。仆人、七舆大夫、《僖公十年》《僖公二十四年》。县大夫、《僖公二十五年》。中军将佐、上军将佐、下军将佐、并《僖公二十七年》。执秩、《僖公二十七年》。司马、《僖公二十八年》。中行、右行、左行、并《僖公二十八年》。医、《僖公三十年》。中军大夫、上军大夫、下军大夫、并《僖公三十三年》。太傅、太师、并《文公六年》。宰夫、《宣公二年》。公族、《宣公二年》。公行、《宣公二年》。候正、《成公二年》。仆大夫、《成公六年》。巫、《成公十年》。宗、《成公十七年》。乘马御、《成公十八年》。六驺、《成公十八年》。仆人、《襄公三年》。司寇、《襄公三年》。工、《襄公四年》。行人、《襄公四年》。理、《昭公十四年》。祭史，《昭公十七年》。等官。齐官有太宰、《国语》。工正、《庄公二十二年》。寺人、《昭公二年》。饔人、《僖公十七年》。御戎、右、《成公二年》。锐司徒、辟司徒、并《成公二年》。司寇、《成公十八年》。傅、《襄公十九年》。史、《襄公二十五年》。祝、《襄公二十五年》。侍渔、《襄公二十五年》。左相、《襄公二十五年》。太史、《襄公二十五年》。虞人、《昭公二十年》。宰、《昭公二十七年》。仆《哀公二十二年》。等官。楚官有莫敖、《桓公十一年》。令尹、

《庄公四年》。县尹、《庄公十八年》。大阍、《庄公十九年》。师、《僖公二十二年》。大司马、《僖公二十六年》。太师、《文公元年》。环列之尹、《文公元年》。巫、《文公十年》。司败、《文公十年》。工尹、《文公十年》。左司马、右司马、并《文公十年》。工正、《宣公四年》。箴尹、《宣公四年》。左尹、《宣公十一年》。封人、《宣公十一年》。司徒、《宣公十一年》。县公、《宣公十一年》。沈尹、《宣公十二年》。宰、少宰、并《宣公十二年》。连伊、《宣公十二年》。清尹、《成公七年》。泠人、《成公九年》。太宰、《成公十年》。右尹、《成公十六年》。宫厩尹、《襄公十五年》。扬遁尹、《襄公十八年》。医、《襄公二十一年》。御士、《襄公二十二年》。司宫、《昭公五年》。嚣尹、《昭公十二年》。陵尹、《昭公十二年》。郊尹、正仆、芊尹、卜尹、并《昭公十三年》。师、《昭公十九年》。少师、《昭公十九年》。右领、中厩尹、并《昭公二十七年》。针尹、《定公四年》。蓝尹、《定公五年》。乐尹、《定公五年》。尹门《哀公十六年》。等官。秦官有右大夫、《成公二年》。不更、《成公十三年》。庶长《襄公十一年》。等官。吴官有阍、《襄公二十八年》。太宰、《定公四年》。司马《哀公十一年》。等官。陈官有司败、《论语》。司马、《襄公二十五年》。司空《襄公二十五年》。等官。蔡官有司马、《襄公八年》。封人《昭公十九年》。等官。是为春秋职官之大概。

战国官制,上承春秋,下开秦汉,故与三代相去远,而与近世相去近。其可考者:秦官有相、《战国策·秦一》。丞相、《史记·秦本记》。相国、《史记·穰侯传》。师、《史记·商君传》。傅、《史记·商君传》。容卿、《史记·秦本纪》。中大夫令、《史记·秦始皇本纪》。五大夫、《史记·秦本纪》。尉、《史记·秦本纪》。国尉、《史记·白起传》。廷尉、《史记·李斯传》。都尉、《史记·王翦传》。卫尉、《史记·秦始皇本纪》。长史、《史记·李斯传》。大良造、《史记·秦本纪》。庶长、《史记·秦本纪》。守、《史记·秦本纪》。县官、《史记·范雎传》。县令、《史记·商君传》。县丞、《史记·商君传》。郎、《史记·李斯传》。郎中、《史记·荆轲传》。中车府令、《史记·蒙恬传》。主铁官、《汉书·司马迁传》。舍人、《史记·李斯传》。中庶子。《史记·荆轲传》。齐官有相、《战国策·齐一》。司马、《战国策·齐六》。师、《史记·田敬仲世家》。太傅、《战国策·齐四》。御史、《史记·淳于髡传》。右帅、《孟子》。祭酒、《史记·荀卿传》。学士、《史记·田敬仲世家》。客卿、《史记·苏秦传》。驸驾、《韩非子·外储说右》。主客、《史记·淳于髡传》。谒者、《战国策·齐四》。五官。《战国策·齐一》。楚官有上柱国、《史记·楚世家》又《战国策·东周》。大将军、《史记·楚世家》。案将军之称，始见于《左传·昭公二十九年》，由来已久。盖至此，始于将军之外，又加以职别焉。裨将军、《史记·楚世家》。太子太傅、《史记·楚世家》。太子少傅、《史记·楚世家》。相国、《战国策·楚四》。新造盩、《战国策·楚一》。三闾大夫、《史记·屈原传》。执珪、《战国策·楚四》。左徒、《史记·屈原传》。令、《史记·荀卿传》。郎中、《战国策·楚四》。谒者。《战国策·楚三》。赵官有丞相、《战国策·赵三》。相国、《战国策・赵三》。左师、《战国策・赵四》。国尉、《史记・赵奢传》。尉文、《史记・赵世家》。一说地名，非官名。官帅将、《汉书・冯奉世传》。中侯、《史记・赵奢传》。御史、《战国策・赵二》。博闻师、《史记・赵世家》。司过、《史记・赵世家》。黑衣、《战国策・赵四》。田部吏。《史记・赵奢传》。魏官有相、《战国策・赵一》。师、《史记・魏世家》。傅、《史记・魏世家》。犀首、《史记・魏世家》。上将军、《史记・魏世家》。御庶子、《战国策・魏一》。博士。《汉书・贾山传》。韩官有相国、《战国策・韩三》。守、《史记・赵世家》。县令、《史记・赵世家》。中庶子。《战国策・韩二》。燕官有相国、《韩非子・外储说左上》。太傅、《史记・荆轲传》。御书。《战国策・燕二》。

地方制（附侯国疆界）

虞夏九州，冀、兖、青、徐、扬、荆、豫、梁、雍。制定于禹，殷汤奄有九有，因夏之制，无所变更。逮周既定鼎，职方所掌，亦曰九州，与《禹贡》所纪，有略异者。东南曰扬州，山会稽，在浙江绍兴县城东南十三里。薮具区，在江苏吴县城西南五十里。川三江，松江、娄江、东江，在江苏及浙江境。浸五湖。五湖，孔氏曰：大湖东岸五湾也。水弥漫而滩浅者曰薮，洼下而钟水者曰浸。正南曰荆州，山衡山，在湖南衡山县西。薮云梦，在湖北，德安县城南五十里，或曰云梦跨江南北，其泽甚巨。川江汉，浸颖、湛。颖水，发源河南登封县阳乾山，至安徽颖上县入淮。湛水，出河南临汝县鱼齿山，下流入汝。二水在《禹贡》为豫州域内。河南曰豫州，山华山，在陕西华阴县南。薮圃田，圃田泽在河南中牟县西北七里。川荥洛，荥濰，即今之汴水。洛水出陕西商县南冢岭山，至河南巩县北入河。浸波、溠。波水出河南鲁山县西北歇马岭，流入汝水。溠水，出湖北枣阳县东北黄山，流入涢水。正东曰青州，山沂山，沂山，在山东临朐县南百五十里。薮孟诸，孟诸泽在河南商丘东北，于《禹贡》为豫州境。川淮、泗，淮水出河南桐柏县桐柏山，至江苏涟水县东北入海。泗水出山东泗水县陪尾山，至江苏清河县南入淮。二水于《禹贡》为徐州川。浸沂、沭。沂水出山东临朐县沂山，至江苏邳县南入泗水。沭水，亦出沂山，至江苏涟水县入淮水。河东曰兖州，山岱山，此岱，泰山，在山东泰安县北五里。薮大野，大野泽在山东巨野县东五里。川河、泲，河大河也。济水，发源河南济源县王屋山，至山东利津县入海。浸卢、濰，卢水，《通典》曰：在济阳郡卢县，今山东长清县有废卢县，卢水湮废不可考。濰水源出山东莒县西北箕屋山，至潍县北入海。正西曰雍州，山岳山，吴岳山也，在陕西陇县南百四十里。薮弦蒲，弦蒲薮在陇县西四十里。川泾、汭，泾水出甘肃平凉县西南笄头山，至陕西高陵县西南入渭。汭水出弦蒲薮，至长武县合于泾水。浸渭、洛。渭水出甘肃渭源县西南谷山，至陕西华阴县北入于河。洛水出陕西定边县白于山，南流，合漆、沮水，至朝邑县南入渭水，此雍州之洛水也。东北曰幽州，山医无闾，在奉天广宁县西五里。薮貕养，在山东莱阳县东。川河、泲，浸菑、时。菑水即淄水，出山东莱芜县东原山，至寿光县入海。时水，出山东临淄县，合小清河入海。二水于《禹贡》皆在青州境。河内曰冀州，山霍山，在山西霍县东南三十里。薮扬、纡，即大陆泽，在直隶平乡、宁晋、隆平等县境。川漳，漳水有二，浊漳出山西长子县西发鸠山。清漳出平定。废乐平县西南少山下流自天津入海。今漳合卫入运。浸汾、潞。汾水出山西静乐县管涔山，至荣河县西入河。潞水在密云县北，即今通县之白河。正北曰并州，山常山，即恒山，在直隶曲阳县西北。薮昭余祁，在山西祁县东七里。川滹沱、呕夷，滹沱出山西繁峙县东北泰戏山，至天津入海。呕夷即唐河，出山西灵邱县西北高是山，至直隶安新县北流，合于易水。浸涞、易。涞水出直隶涞水县北，一名拒马河，下流合易水。有三源，并道分流东注，合卫河及滹沱河以入于海。兹所列之九州，上视《禹贡》，有幽、并、无梁、徐。盖周合梁、徐于雍、青，分冀野为幽、并，此其大异者也。荆、青分占豫境，而幽又犬牙青壤，兖又错出徐方，此其小异者也。《左传·昭公九年》："王使詹桓伯辞于晋曰：我自夏以后稷，魏、山西芮城县东北。骀、陕西武功县西南。芮、陕西大荔县城南。毕，陕西咸阳县。吾西土也。及武王克商，蒲姑、山东博兴县东。商奄，山东曲阜县东。吾东土也。巴、四川巴县。濮、湖南西北部故辰州、常德二府境。楚，楚之先，国于丹阳，今湖北秭归县东南。邓，河南邓县。吾南土也。肃慎、吉林宁安县境。燕、故京兆地。亳，陕西北境。吾北土也。"汉贾捐之曰："武丁、成王，殷周之大仁也。然地东不过江、河南正阳县东南。黄，河南潢川县西。西不过氐羌，南不过荆蛮，北不过朔方。"《前汉书》卷六十四下《贾捐之传》。盖九州虽广，封国所建，及于五服；[4]其他蛮族错处则如后世之羁縻州。

东周王室衰微，诸侯坐大，盖始于平王东迁，赐秦以岐、丰之地。然其时西有虢，河南陕县东南。据桃林之塞，即秦函谷关，在河南灵宝县。通西京之道。南有申、吕，俱在河南南阳县。扼天下之膂，屏东南之固。而南阳今河南沁阳县。肩背泽、潞，富甲天下，轩辕、山名，在河南巩县西南。伊阙，河南洛阳县南。披山带河。地方虽小，亦足王也。惠王割虎牢河南汜水县西。畀郑，酒泉今陕西澄城县西有甘泉水，俗称县西河，出匮谷中，造酒尤美，名酒泉。或曰酒泉在河南渑池县。畀虢，楚又灭申，而东南之屏蔽失。晋灭虢，而西归之道断。至襄王以温、河南温县。原河南济源县。畀晋，[5]而东都之事去矣。迄于二周之亡，所有者惟河南、即王城。洛阳、即下都。榖城、今洛阳西北十八里，有故榖城。平阴、故城在今孟津县东。偃师、今河南偃师县。巩、今河南巩县。缑氏，故城在今偃师县南二十里。七城而已。

春秋列国，则齐、晋、秦、楚分建四隅，迭相争长，号为大国；鲁、卫、宋、郑介乎其间，时受扼制。而吴、越抗衡江表，又后起之劲者也。其强弱之势，常以地利形势为之。兹分述鲁、齐、晋、楚、宋、卫、郑、秦、吴、越各国疆域如下。
下文参阅《春秋大事表》卷四，各该国疆域论。

鲁于春秋为望国，当泰山之南，据汶、泗上流，其地平衍，终春秋之世，常畏齐而附晋。西南则宋、郑、卫及邾、莒、杞、鄫诸国，其地犬牙相错，时吞灭弱小以自附益。祊山东费县。易之郑，防山东金乡县西北。取之宋，须句山东东平县西北有须昌故城，即古须句国。取之邾，向、山东莒县南。鄫山东峄县南。取之莒。而邾则空其国都，致邾众退保峄山，山东邹县东南。与莒争郓山东沂水县北。无宁日。连晋文分曹地，则有今濮县山东濮县。西南。而越既灭吴，与鲁、泗东方百里，地界稍稍扩矣，然不能抗衡齐、鲁。微特由其君臣之孱弱，亦由地当走集，以攻以守皆不足。

齐地形势险要不如晋，幅员广远不如吴、楚，徒以东至海，饶鱼盐之利；西至河，凭襟带之固；南至穆陵，山东临朐县大岘山。有大岘之险；北至无棣，直隶庆云，山东无棣，两县皆其地。收广漠之地。用管子之计，官山府海，遂成富强，为五伯首。岂惟地利，抑亦人谋之善。

晋初辟太原，属山西。当周室东迁之时，犹弹丸黑子之地，其势甚微。及曲沃、武公伐晋侯缗灭之，尽以其宝器赂周釐王，王以武公为晋君，列于诸侯，渐肆兼并。以后灭虢，据崤函之固；启南阳，扼孟门、太行八陉：一轵关陉，二太行陉，三白陉，四釜口陉，五井陉，六飞狐陉，七蒲阴陉，八军都陉。孟门即白陉，在河南辉县界。太行在河南沁阳西北。之险。南据虎牢，北居邯郸，今县。擅河内之殷墟，卫之朝歌，在今河南淇县，商所都也。连肥、国名，在直隶藁城县西南。鼓国名，在直隶晋县。之劲地。西入秦域，伐秦取汪及彭衙，则皆陕西白水县界。又伐秦取少梁，则在陕西韩城县南。东轶齐境，伐齐取犁及辕，犁在山东临邑县西，辕在山东禹城县西北。天下扼塞巩固之区，无不为晋有，然后以守则固，以攻则胜，拥卫天子，鞭笞列国，周室藉以绵延者二百年，皆晋之力。

楚居南服，其北向以抗衡中夏者，自文王灭申始。厥后灭吕、灭息、河南息县。灭邓，河南邓县。南阳、汝宁之地，悉为楚有，遂平步以窥周疆。故楚出师则申、息为之先驱，守御则申、吕之藩蔽。城濮之败，而子玉羞见申、息之老；楚庄初立，而申、息之北门不启。子重欲取申、吕以为赏田，而巫臣谓晋、郑必至于汉，申之系于楚，岂细故哉。故论当日楚之形势，东拒齐，则召陵郾河南城县东。之陉为咽喉之塞；西拒晋，则少习、武关少习山名，在今陕西商县东，其下即武关。通往来之道；南面扞吴，则钟离、安徽凤阳县。居巢、安徽巢县。州来，安徽寿县北。屹为重镇。迨州来失，而入郢之祸作。

宋建国商丘，为四望平坦之域，入春秋时乃有彭城。江苏铜山县。彭城俗劲悍，又当南北之冲。晋悼公之再霸也，用吴以犄楚，先用宋以通吴，实于彭城取道。楚拔彭城以封鱼石，实欲使吴、晋隔不得通。晋灭逼阳以畀宋，欲宋为地主，通吴、晋往来之道。盖彭城为宋有，而相为楚地，襄十年，晋合诸侯会吴子于柤。逼阳为楚与国，宋有逼阳。而吴、晋相援为左右手矣。故当日楚最仇宋，常合郑以龂宋亦最力；而宋以有彭城之故，为天下轻重。

卫地西邻晋，东接齐，北走燕，南拒郑、宋，楚与晋争霸，争郑、宋而卫不受兵，以郑、宋南面为之蔽也。自晋文城濮之役，用兵于卫，自后制于卫，几同晋之都邑。

郑西有虎牢之险，北有延津及廪延，在河南延津县北，为古黄河经流之道。之固，南据汝、颍之地，恃其险阻，左支右吾。盖荥阳、成皋为自古战争之地，南北有事，首先被兵，地势然也。至子产之世，虎牢已属晋，犨、河南鲁山县东南。郑、河南郏县。乐河南禹县。已先属楚，地险尽失，徒善其区区之辞命，以大义折服晋、楚而已。自后三家分晋，而韩得成皋，即虎牢。卒以灭郑。则郑之虎牢，岂非得之以兴，失之以亡者哉。

秦虽据丰镐故都，自其东则晋限以桃林河南灵宝县。之塞，少南则楚限以武关之险，故灭滑；河南偃师县。而滑为晋有。灭鄀，河南内乡境。而鄀为楚有。终春秋不得越中原一步。且自今陕西中部之地，大荔、华县、延安、绥德一带。晋地皆斗入其中。故虽以穆公之雄心，不忘东向，卒亦无以得志，乃开斥戎疆，仅霸西戎。二百年来，秦人屏息而不敢出气者，晋实有以制之。

吴跨江南北立国，其初服属于楚。自吴、晋交通，教吴叛楚，以后遂为劲敌。吴、楚交兵数百战，楚得上游，从水则楚常胜，而从陆则吴常胜。楚以水师临吴，而吴常从东北以出楚之不意也。钟离、居巢、州来三邑，为楚备吴重镇，吴争七十年而后得之。三邑灭，而楚淮右之雄藩尽撤，吴遂由陆道，从光黄河南潢川县。经义阳三关大隧即今黄岘关，亦曰百雁关，在河南信阳县南。其东曰冥阨，即今平靖关，又曰西关。又东曰直辕，即今武阳关，亦曰武胜关，又曰东关，皆南接湖北麻城、应山二县界。之险，以瞰郢都，湖北江陵北。置大江于不问。

越自允常始见于春秋，再世至勾践，遂成霸业。其初疆域，南至于句无，古地名，今浙江诸暨县。北至于御儿，浙江石门县。东至于鄞，浙江鄞县。西至于姑蔑。浙江龙游县。然檇李、浙江嘉兴县。余汗，江西余干县。皆为越壤，则西北境尚不止此。及其灭吴，遂有吴之全土，北与齐、鲁接壤。

由春秋入战国，并吞之祸益亟。于是鲁、越灭于楚，卫侵割于晋，宋灭于齐，郑灭于韩；天下强国，只余秦、韩、赵、魏、燕、齐、楚之七国。

秦地阻山带河，"西有巴蜀、汉中之利，北有胡、貉、代马之用，南有巫山、在四川巫山县。黔中湖南旧辰州、常德、永顺、沣州诸府州，及贵州旧黎平、思南诸府地。之限，东有崤函崤阪在河南永宁县北。函谷关在灵宝县南。之固，沃野千里，地势形便，所谓天府天下之雄国也"。《战国策》。

韩当秦、魏之冲，"北有巩、河南巩县。洛、河南洛阳。成皋之固，西有宜阳、今河南属县。商阪即商洛山，在陕西商县东南。之塞，东有宛、河南南阳县北。穰、河南邓县。洧水，出河南密县至西华县而入于颍水。南有陉山，在河南新郑县西南三十里亦名陉塞。地方千里"。《战国策》。其自成皋渡河，上党山西旧潞安府地，今山西冀宁道南部之地。之地，亦为韩郡。

魏地蜿蜒大河岸，山东之要，天下之脊也。"南有鸿沟，即汴河，旧曰荥阳，东南至安徽泗县入淮。东有淮、颍，西有长城，《史记》：魏惠王十九年筑长城塞固阳以备秦及西戎。又《秦纪》云：魏筑长城，自郑滨洛以北有上郡。魏惠王初，河西之地，皆魏有也。其后筑长城于荥阳、阳武间矣。北有河外。河之南邑，对河内而言也。地方千里。"《战国策》。

赵据河北之固，北出则傍阴山下，置云中、山西归化城南。雁门、山西旧大同、朔平二府地。代郡，直隶旧尉州。东南跨太行以为固，西临河"地方三千里，西有常山，即恒山，在山西曲阳县北。南有河漳，东有清河，在直隶清河西境今湮。北有燕国"。《战国策》。

燕附齐、赵以为重者也。"东有朝鲜、辽东，北有林胡、楼烦，山西旧太原府苛岚州以北，故楼烦胡地。山西旧大同府、翔州以北，故林胡地。西有云中、九原，九原今蒙古乌喇特、茂明安二旗之地。南有呼沱、易水，地方二千里。南有碣石、山名，在直隶昌黎县西北。雁门关名，在山西代县北三十里。之饶，北有枣栗之利，此天府也。"《战国策》。

齐据东海之表，与秦东西对峙，号为雄国，所谓东西秦也。"南有泰山，东有琅琊，山名，在山东诸城县东南。西有清河，北有勃海，所谓四塞之国也，地方二千余里。"《战国策》。

楚南服之劲。"西有黔中、巫郡，四川巫山县。东有夏州、即夏口，今湖北汉口。海阳，楚并吴、越，地东至海，海阳盖楚之东南境。南有洞庭、湖南洞庭湖。苍梧，即九疑山，在湖南宁远县南。北有陉塞、即陉山与韩接境。郇阳，郇水之阳，今陕西郇阳县。地方五千里。"《战国策》。

方七国盛时，其幅员秦、楚最大，齐、赵次之，燕、魏又次之，韩最小。然终以并灭于秦者何哉？初秦之不得东出也，晋为之限也。至三晋瓜分，所谓函谷天险，河西斗地，皆属于魏。及魏惠王之世，东败于齐，秦承其敝，用商鞅之策，伐魏败之，魏献河西之地。陕西宜川县。已而秦连岁用师于魏，魏纳阴晋，陕西华阴县。献少梁，故城在今陕西韩城县南。秦又连取汾阴、山西荣河县北。皮氏、山西河津县西。拔焦。河南陕县南。张仪复说魏使尽入上郡十五县陕西旧榆林府、延安府、绥德州境。于秦。于是秦始凭黄河之险，据崤函之固，东向以制诸侯。南则开通巴蜀，循江而下，攻楚拔郢，取巫黔，握长江之上游；中原形势，尽在握。其间合纵连横，相攻伐者垂百八十年。秦萃锐三晋，先灭韩，次赵，次魏，次楚，次灭燕并灭代，最后灭齐。故三晋分而秦强，秦强而六国破灭。

属国

武王伐商，庸、蜀、羌、髳、微、卢、彭、濮，咸来会师，当时诸夷之附服，已可想见。武王十五年，肃慎氏来宾，贡楛矢石砮，其长尺有咫，王铭之，以分元女太姬，归诸陈，示令德之致远也。及成王九年，复来朝，王使荣伯作《贿肃慎之命》。按舜时息慎即肃慎，亦作稷慎。其地在今吉林长白山之北，北至黑龙江城，东至今俄属东海滨省混同江口。《逸周书·王会解》：西面者，正北方稷慎大麈。十年，越裳氏[6]重三译而来朝，贡白雉。周公曰：德泽不加，君子不飨其质，政令不施，君子不臣其人，遣之归。道远恐迷其归路，周公锡以骈车五乘，皆为司南之制。越裳使者载之，缘扶南、林邑海际，期年而至国。使大夫宴将[7]送至国而还，亦乘司南，而背其所指，亦期年而还。又《逸周书·王会解》曰：西面者，正北方稷慎大麈。稷慎，肃慎也。贡麈，似鹿。正北，内台北也。秽人前儿，前儿若弥猴，立行，声似小儿。秽，韩秽，东夷别种。良夷在子，在子口身人首，脂其腹炙之，霍则鸣曰在子。良夷，乐狼之夷也；贡奇兽。扬州禺禺，鱼名解隃寇。亦奇鱼也。发人鹿鹿者，若鹿迅走。发亦东夷，迅疾。俞人虽马。俞东北夷，虽马旧驾一角，大者曰麟也。青丘狐九尾。青丘海东地名。周头煇弦，煇弦去羊也。周头亦海东名也。黑齿白鹿白马。黑齿西远之夷也，贡白鹿、白马。白民乘黄，乘黄者似骐，背有两角。东越海蛤。东越则海际；蛤，文蛤。欧人蝉蛇，蝉蛇顺食之美。东越欧人也，比交州蛇特多，为上珍也。姑于越纳，曰姑妹珍。姑妹国后属越。且瓯文蜃。且瓯在越，文唇大蛤也。共人玄贝。共人，吴、越之蛮；

玄贝，昭贝也。海阳大蟹。海水之阳，一蟹盈车。自深桂，自深亦南蛮也。会稽以鼋，皆西向。其皮可以为鼓首。自麈以下，至此，向西也。正北方义渠以兹白，兹白者若白马锯牙食虎豹。亦在台北，与大麈相对。义渠西戎国，兹白亦名驳者也。史林以尊耳，尊耳者，身若虎豹，尾长三尺，其身食虎豹。史林戎之在西南者。北唐戎以间阎以隃冠。北唐戎在西北者也。射礼以间象为射器。渠叟以鼩犬，鼩大者露犬也，能飞食虎豹。渠叟西戎之别名也。楼烦以星施，星施者珥旄。楼烦北狄，珥旄所以为旄羽耳。卜卢以羊，羊者，牛之小者也。卜卢：卢人，西北戎也，今卢水是。区阳以鳖封，鳖封者若鼗，前后有首。区阳亦戎之名也。规规以麟，麟者仁兽也。规规亦戎也。麟似麈，牛尾，一角马蹄也。西申以凤鸟，凤鸟者，戴仁抱义掖信归有德。其形似鸡，蛇头鱼尾，戴仁向仁国，抱义怀有义，掖信归有德君也。丘羌鸾鸟，丘地之羌不同，故谓之丘羌，今谓之丘奘。鸾大于凤，亦归于仁义也。巴人以比翼，巴人在南者，不比不飞其名曰鹣鹣。方扬以皇鸟。方扬亦戎别也。皇鸟配于凤者也。蜀人以文翰，文翰者若皋鸡。鸟有文彩者。皋鸡似兔，冀州谓之泽特也。方人以孔鸟。亦戎别名，孔与鸾相配也。卜人以丹沙。卜人西南之蛮，丹沙所出。夷用闾采。夷东北夷也。采生火中，色黑，面光，其坚若铁也。康民以秬苡者，其实如李，食之宜子，康亦西戎之别也。食秬苡即有身。州靡费费，其形人身，技踵自笑，笑则上唇翕，其目食人，北方谓之吐喽。州靡北狄也。费费曰枭羊，好行，立行如人，被发，前足稍长者也。都郭生生，若黄狗，人面能言。都郭北狄，生生二名也。奇干善芳，善芳者，头若雄鸡，佩之令人不昧；皆东向。

奇干亦北狄，善芳鸟名，不味不□也，皆东东向列次也。北方台正东，高夷嗛羊，嗛羊高，羊而四角。高夷东北夷高丽句。独鹿邛邛，距虚善走也。独鹿西方之戎也。邛邛兽似距虚负厥而走也。孤竹距虚。孤竹东北狄，距虚兽也，驴骡之属。不令、支玄模，不令、支皆东北夷，模曰狐，玄模则墨狐也。不屠、何青能。不屠、何亦东北夷也。东胡黄罴，东胡，东北西阜。山戎菽。山戎亦东北夷戎；菽，豆药也。其西般吾白虎。次西般吾、北狄近西也。屠州黑豹。屠州狄之别也。禺氏騊駼，禺氏西北戎夷，騊駼马之属也。大夏兹白羊。大夏西北戎，兹白羊野兽也，似白牛形也。犬戎文马而赤鬣缟身，目黄金，名古黄之乘。犬戎，西戎之远者也。数楚每牛；每牛者，牛之小者也。数楚亦北戎也。匈戎狡犬，狡犬者巨身四尺果；皆北向。匈奴者北戎也。权扶三目。权扶南蛮也，玉之有光也，形甚小也。白州北间，北间者其革若于，伐其木以为车，终行不败。白州东南蛮也，与白民接也，水中可居者洲，洲中出此珍也。禽人菅。亦东南蛮，菅车坚忍。路人大竹。路人东方之蛮贡大竹。长沙鳖。其西鱼复鼓钟、钟牛。次西列也，鱼复南蛮国也。贡鼓及钟而似牛形者，美远致也。蛮扬之翟。扬州之蛮贡翟鸟。仓吾翡翠，翡翠者所以取羽。仓吾亦蛮也，翠羽其色青而有黄也。其余皆可知。自古之政，余谓众贡物也，言政化之所至也。南人至，众皆北向。南人南越。是周成王所朝见之四方蛮夷至夥。而渠叟、康、大夏、匈、戎等部落皆见于周初。[8]

田制

《孟子·滕文公上》云："夏后氏五十而贡，殷人七十而助，周人百亩而彻，其实皆什一也。"然则三代田法，不过名称不同，其实皆行什一之制。而其所以有五十亩、七十亩、百亩之异者，由于三代不同度，蔡邕《独断》曰：夏以十寸为尺，殷以九寸为尺，周以八寸为尺。故亩数多寡不同，而地实同也。据钱塘《三代田制考》，顾亭林《日知录》其实皆什一也条。周"六尺为步，步百为亩，亩百为夫，夫三为屋，屋三为井，井方一里"。《汉书·食货志》。按《穀梁传·宣公十五年传》曰：古者三百步为里。故"方里为井，井九百亩，其中为公田，八家皆私百亩，同养公田"。《孟子·滕文公上》。公田百亩，其中画出二十亩，为八家田舍，树桑柘，种葱韭，一家各得二亩半，所谓五亩之宅，二亩半在田也。八家共耕八十亩，是谓什一之赋。然考周代井田经画，见于《周官》遂人、匠人之职。但遂人以十为数，凡治野，夫间有遂，遂上有径；十夫有沟，沟上有畛；百夫有洫，洫上有涂；千夫有浍，浍上有道；万夫有川，川上有路。匠人以九为数，田首深广二尺谓之遂，九夫为井，井间广四尺深四尺谓之沟；沟方十里为成，成间广八尺深八尺谓之洫；方百里为同，同间广二寻深二仞谓之浍，以达于川。所经画不同。论者故谓周兼二代之制，乡遂用贡法，遂人是也。都鄙用助法，匠人是也。为合一之说者，又非之，谓周家井田之法，通行全国，岂异内外。匠人以方言之，遂人特以直度之，其制则一。《通考·田赋考》。此说经家纷然聚讼，无关宏旨。且受田百亩，揆诸周制，亦不尽然。大司徒制都鄙之域，不易之地家百亩，一易之地家二百亩，再易之地家三百亩。遂人辨野之土，上地夫一廛，田百亩。莱谓休不耕者。五十亩；中地夫一廛，田百亩，莱百亩；下地夫一廛，田百亩，莱二百亩。此因土地之肥硗而异其制也。又小司徒均土地，稽人民，上地家七人，中地家六人，下地家五人。此因人口之多寡而异其制也。故周制所谓"一夫百亩"《孟子·万章下》。者，不过言其大较；而所谓八家同井者，特就土地膏腴，生齿繁庶者言之，并非通行之法。其受田之制，则长子年二十为及岁，受田百亩，六十归田。其家众男，谓之余夫，受田如此，二十五亩。士工商受田，五口乃当农夫一人，《汉书·食货志》。其受田百亩，必农之长子者；当时宗法严，而宗族主义盛行也。又井田之制，西周时代既未通行于全国；春秋战国之世，各国复废其制。故年饥何彻，则鲁无井田；《论语》。经界正始，则滕无井田；许行受廛，则楚无井田；陈相负耒，则宋无井田；百亩无夺时，则齐、梁无井田；并见《孟子》。商鞅决裂阡陌，则秦无井田。《战国策》。由是言之，自春秋以来数百年，田制变迁之结果，为人民私有田地，任民所耕，不限多少，使民有田，即为永业，并得卖买；而豪强兼并之患，亦自此起。《文献通考·田赋考》。

赋税制

考三代赋税法，皆由井田而生，故《孟子》"夏后氏五十而贡，殷人七十而助，周人百亩而彻，其实皆什一也。"《滕文公篇上》。赵岐注曰："贡者民耕五十亩，贡上五亩；助者民耕七十亩，以七亩助公家；彻者民耕百亩，彻取十亩为赋。"按古者"有赋有税，税谓公田什一及工商衡虞之入也。赋供车马士徒之用役，充实府库赐予之用。税给郊社宗庙百神之祀，天子奉养，百官禄食，庶事之费"。《汉书·食货志》。师古曰："赋谓计口发财，税谓收其田入也。"惟周代赋税法与井田有不可分之关系。大抵井九百亩，其中为公田。公田百亩中，画出二十亩为八家庐舍；所余公田八十亩中所收获者，尽举而纳诸公家，谓之粟米之征。有时调取民间绢布，盛之以筐，谓之布缕之征。或公家有修城郭，筑宫室，浚沟渠，平道路之事，则以农隙征调人夫，谓之力役之征。然布缕力役之征，不常兼用，惜民力也。《孟子·尽心下》。又有屋粟，夫三为屋。谓田不耕，罚以一屋三家之税。有里布，谓宅不毛，不树桑麻。罚以一里二十五家之布。有夫家之征，谓民无职事，罚之使出一夫百亩之税，一家力役之征。凡所以警游惰，示惩罚也。《周礼·地官载师》。春秋以降，王政不行，国自为政；鲁宣公十五年"初税亩"。《公羊传》曰："讥始履亩而税也。"《穀梁传》曰："初税亩者，非公之去公田，而履亩十取一也。"鲁成公元年作丘甲，杜预注曰："《周礼》九夫为井，四井为邑，四邑为丘；丘十六井，出戎马一匹，牛三头。四丘为甸，甸六十四井，出长毂一乘，戎马四匹，牛十二头，甲士三人，步卒七十二人。此甸所赋，今鲁使兵出之，讥重敛故书。"鲁哀公十二年用田赋。何林注《公羊传》曰："田谓一井之田，赋者敛取其财也。言用田赋者，若今汉家敛民钱以田为率矣。"昭公四年，郑子产作丘赋。杜预注曰："丘十六井，当出马一匹，牛三头。今子产别赋其田，如鲁之田赋。"魏文侯时，租赋增倍，文侯曰：今户口不加而赋倍，此由课多也。由是言之，人民之赋重矣。

兵制

班固《汉志》："殷、周以兵定天下矣。天下既定，戢藏干戈，教以文德，而犹立司马之官，设六军之众，因井田而制军赋。地方一里为井，井十为通，通十为成，成方十里；成十为终，终十为同，同方百里；同十为封，封十为畿，畿方千里。有税有赋，税以足食，赋以足兵。故四井为邑，四邑为邱。邱，十六井也，有戎马一匹，牛三头。四邱为甸。甸，六十四井也，有戎马四匹，兵车一乘，牛十二头，甲士三人，步卒七十二人，干戈备具，是谓乘马之法。郑氏曰：甲士在车士也。一同百里，提封万井，提，举也，举四封之内。除山川沈斥城池邑园囿术路三千六百井沈斥水田潟卤也，术大道也。定出赋六千四百井，戎马四百，兵车百乘，此卿大夫采地之大者也，采官也，因官食地，故曰采地。是谓百乘之家。一封三百一十六里，提封十万井，定出赋六万四千井，戎马四千匹，兵车千乘，此诸侯之大者也，是谓千乘之国。天子畿方千里，提封百万井，定出赋六十四万井，戎马四万匹，兵车万乘之主，戎马、车徒、干戈素具，春振旅以蒐，夏茇舍以苗，秋治兵以狝，冬大阅以狩，皆于农隙以讲事焉。"《文献通考·兵考》。此为周代计井田出军赋之法，亦可见寓兵于农之制。

军额据《周官·大司马》，"凡制军万有二千五百人为军。王六军，大国三军，次国二军，小国一军，军将皆命卿。二千有五百人为师，师帅皆中大夫。五百人为旅，旅帅皆下大夫。百人为卒，卒长皆上士。二十五人为两，两司马皆中士。五人为伍，伍皆有长。一军则二府、六史，胥十人，徒百人"。至于调发，据《周官·大司徒》云："令五家为比，使之相保；五比为闾，使之相受；四闾为族，使之相葬；五族为党，使之相救；五党为州，使之相赒。"又据《小司徒》云："乃会万民之卒伍而用之。五人为伍，五伍为两，四两为卒，五卒为旅，五旅为师，五师为军，以起军旅，以作田役，以比追胥，以令贡赋。"是故《疏》曰：五人为伍，即五家为比，家出一人，在家为比，在军为伍。五伍为两，即五比为闾，闾二十五家，两二十五人。四两为卒，即四闾为旅，旅百家，卒百人。五族为旅，即五族为党，党五百家，旅五百人。五旅为师，即五党为州，州二千五百家，师二千五百人。五师为军，即五州为乡，乡万二千五百家，军万二千五百人。"此等军队之组织，伍两起于比闾，而兵与民为一，因农事而定军令者也。王畿六乡，故天子六军；然王畿六乡之外，又有六遂。《地官·司徒遂人》职云：五家为邻，五邻为里，四里为酂，五酂为鄙，五鄙为县。邻有邻长，里有里宰，酂有酂长，鄙有鄙师，县有县正。遂之军法同于乡，而不并言十二军者。盖六乡为正，遂为副，更递用之，止于六军。推之大国三乡三遂，次国之二乡二遂，小国之一乡一遂，莫不皆然。不过军额虽止于是，而司徒立教，则全国之人，无不有服兵之义务。故小司徒会万民之卒伍而用之，"上地家七人，可任也者家三人；中地家六人，可任也者二家五人；下地家五人，可任也者家二人。凡起徒役者，无过家一人，以其为余羡；惟田与追胥竭作"。谓惟田猎及追逐寇贼则尽行也。此正副兵之外，又尽以为羡卒者也。

附录《通考·兵考·成周兵制图》如下：

| 王 | 六乡六遂 | 六军七万五千人 |
| 大国上公 | 三乡三遂 | 三军三万七千五百人 |

次国侯伯	二乡二遂	二军二万五千人
小国子男	一乡一遂	一军一万二千五百人
伍五人	伍长公司马下士	一军伍长二千五百人
		六军共一万五千人
两二十五人	两司马中士	一军两司马五百人
		六军共三千人
卒百人	卒长上士	一军卒长一百二十五人
		六军共七百五十人
旅五百人	旅帅下大夫	一军旅帅二十五人
		六军共一百五十人
师二千五百人	师帅中大夫	一军师帅五人
		六军共三十人
军万二千五百人	军将卿	一军一人
		六军共六人

以上所言周代兵制，大率根据《周官》《司马法》，虽不足尽信。然据《穀梁传》称古者天子六师，诸侯一军，《襄公十一年》。是师与军无别，《诗经》所谓六师，《大雅·文王·常武篇》，《小雅·甫田》篇。即《左传》所谓六军，《成三年》。为天子之兵数。至春秋时，诸侯或一军，或二军，或三军，随大小而异，[9]最足征信。但究竟若干人为一军，在《周官》《司马法》以外无可考。

春秋诸国，齐、晋、楚、秦为大；合盟争霸，常视其兵力之强弱，以为向背。故其兵制，亦可得而述。

齐

齐桓公问管仲行霸用师之道。仲对曰：公欲定卒伍修甲兵，大国亦将修之，而小国设备，难以速得志矣。乃作内政而寄军令。五家为轨，轨为之长；十轨为里，里有司；四里为连，连为之长；十连为乡，乡有良人。以为军令，五家为轨，故五人为伍，轨长帅之；居则为轨，出则为伍，所谓寄政。十轨为里，故五十人为小戎，里有司帅之；小戎兵车也。四里为连，故二百人为卒，连长率之；十连为乡，故二千人为旅，乡良人帅之；五乡一帅，故万人为一军，五乡之帅帅之。三分其国，为二十一乡，工商之乡六，工商各三也，二者不从戎役。士乡十五。韦昭谓此士，军士也，十五乡合三万人，是为三军，农野处而才暄，不在都邑之数，则下云五鄙是也。公将其一，工商之乡隶公。国子率五乡焉，高子帅五乡焉。三军，故有中军之鼓，有国子之鼓，有高子之鼓。春以蒐振旅，秋以狝治兵，是故卒伍办于里，军旅整于郊，内教既成，令无迁徙，夜战声相闻，足以不乖，昼战目相视，足以相识。凡三军教士三万人，车八百乘，周制戎车一乘，步卒七十二人，万二千五百人为军。今齐车一乘五十人，万人为军，以齐法参周制，车增三百乘，徒损三万人。盖如乡之法。五鄙，制鄙三十家为邑，邑有司；制野鄙之政，此以下与郊内之政异。十邑为卒，卒有卒帅；十卒为乡，乡有乡帅；三乡为县，县有县帅；十县为属，属有大夫；五属故立五大夫，各使治一属焉。立五正，长也。各使听一属焉。自邑积至于五属，为四十五万家，率九家得二兵，得甲十万；九十家一车，得车五千乘，可为三军者四，长勺之战，桓公自谓带甲十万，车五千乘，盖斥地甚大，非齐旧制。盖如遂之法，以通国之数，而递征之，率车用六之一，士用十之三，大略依周变从轻便。据《国语·齐语》《文献通考·兵考》。

晋

晋曲沃武公并翼，僖王使虢公命曲沃伯以一军为晋侯。庄十六年。献公之十六年，始作二军。惠公韩山西韩城县。之败，作州兵。孔颖达曰：周礼卿大夫以岁时登其夫家之众寡，辨其可任者，州长则否；今以州长管人既少，督察易精，故使州长治之。按此不过增一州长为将，于军制无所变。文公蒐于被庐作三军，僖公二十七年。城濮之战，赋车七百乘。五万一千五百人。其后作三行以御狄，僖公二十八年。特避天子六年之名，而实则为六军。清原之蒐，僖公三十年。舍三行，更为上下新军，则有五军。襄公蒐于夷，文公六年。舍二军以复三军之制，景公时复作六军；至厉公罢新上军。成公十六年。悼公初，尚四军。其后新军无帅，公使其什吏帅其卒乘官属以从于下军，明年遂舍之。襄公十四年。《传》曰：礼也。成国不过半天子之军，盖自文公僭王度，至悼公方革焉。

鲁

鲁国旧有三军，僖公能复周公之宇，故其《诗》曰"公车千乘"，说者以为大国之赋也；又公徒三万，说者以为大国之军也。宣公初税亩，什二而税，既益民税，及成公谋伐齐，元年。作邱甲，邱各一甲，又益民赋。率一甸而加步卒二十四人，甲士一人，三甸而加一乘。兵车之赋，非复司马之旧。襄公十一年，三桓改作三军，三分鲁而各征其一。昭公五年，遂舍中军，四分公室，季氏择二，二子各一，皆尽征之。迄哀公十二年，用田赋；又以夫田而赋军旅之征，悉变邱乘之制，民无余力矣。

楚

楚于春秋为新起之国，庄王之图霸也，无日不讨国人而训之于民生之不易。在军无日不讨军实而申儆之于胜之不可保。其凭此以作士气，举军典，规模远矣。考其成军之制，三军以为正军，二广以为亲军，游阙以为游兵，广有一卒，卒偏之两。按楚子为乘广，三十乘分为左右。一广者，十五乘也。《司马法》。百人为卒，卒二十五人为两，车十五乘为大偏，九乘为小偏，其尤大者又有二十五乘之偏。今一广十五乘，则古大偏之法，而曰卒偏之两者。孔颖达谓："两广之别，各有一卒之兵百人也。"一卒之外，复有十五乘之偏，并二十五人之两。质言之，周制十五乘有兵一千一百二十五人，今楚乘广之法，复有卒百人，两二十五人；是于周制外，又增百二十五人为乘车之副，合二广凡得二千五百人矣。盖防正军有败，则以偏卒易之；正卒有阙，则以偏卒补之。又游阙，盖游兵往来游补阙者，观兵陈何处为薄，则从补之。所谓奇军，以防败失。故在春秋，楚兵制为特异。

秦

秦自穆公霸西戎，始作三军。及孝公用商鞅定变法之令，为什五之法。又以秦地旷而人寡，晋地狭而人稠，诱三晋之人耕秦地，优其田宅，而使秦人应敌于外。大率百人则五十人为农，五十人习战，凡民年二十三附之畴官，给郡县一月而更谓更卒，复给中都一岁谓正卒，复屯边一岁谓戎卒。凡战获一首，赐爵一级，皆以战功相君长。鞅法行之十年，民勇于公战，怯于私斗。

春秋时霸国全军，皆不及十万人。逮战国之世，大国号称万乘。《战国策·赵策三》。故苏秦称燕带甲数十万，车六百乘，骑六千匹。《燕策一》。赵带甲数十万，车千乘，骑万匹。《赵策二》。韩带甲数十万。《韩策一》。魏武士二十万，苍头二十万，奋击二十万，厮徒十万，车六百乘，骑五千匹。《魏策一》。齐带甲数十万。《齐策一》。楚带甲百万，车千乘，骑万匹。《楚策一》。秦战车万乘，奋击百万。《秦策一》。其数皆十倍于春秋。此因自晋魏舒毁车崇卒，《左传·昭公元年》。各国战争用车日少，故时人不以车为重，而以步兵、骑兵为重。

关于兵器，则有刀、剑、戈、矛、殳、戟之类。在春秋时代皆属铜造；春秋以后，渐用铁兵。参阅《石雅》卷十二《中国古代铜器铁器沿革考》；暨民国十八年一二月间《大公报·文学副刊》《新晨报副刊》，关于铁兵问题之讨论。又有弓、矢、杆、楯、犀甲、兕甲、合甲之类，皆为战时利器。

战术，在春秋时，尚用车战。一车：甲士三人，一人主御，一人主射，一人持矛，凡持矛者居右，谓之车右。又有步卒七十二人。然昭公元年，《传》云"晋魏舒请毁车以为行"。杜预注："为步陈也。"又云"五乘为三伍"。杜预注："乘车者，车三人，五乘十五人，今改去车，更以五人为伍，分为三伍也。"又云为"五陈，以相离，两于前，伍于后，专为右角，参为左角，偏为前拒"。孔颖达《正义》：

"五阵者，即两伍专参偏是也；相离者，布置使相远也，其人数不可得知。"案此即废车战之渐矣。至战国时乃废乘而骑，赵武灵王之胡服习骑射，《史记·赵世家》。此为古今战术之一大转关。其后魏之武卒，以度取之，度，程也；下文所云是也。衣三属之甲，上身一，髀裈一，胫缴一，谓之三属。操十二石之弩，负服矢五十个，置戈其上，冠胄带剑，赢三日之粮，日中而趋百里。中试则复其户，利其

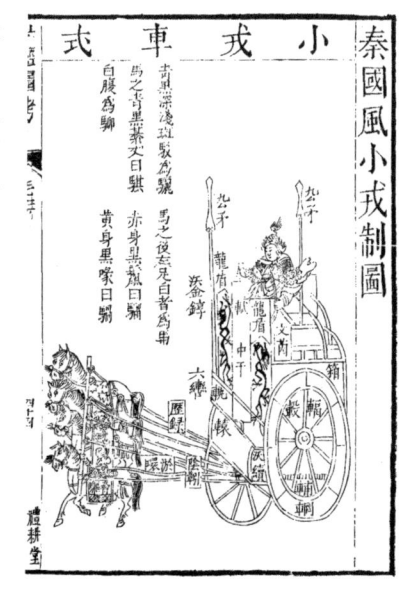

秦小戎图
——从清乾隆元年（1662）重订本《六经图考》

田宅。于此所当注意者，春秋以前行征兵制，至战国以后，变而为召募。他如营阵始于黄帝，兵略共祖吕尚。然《六韬》之书，《汉志》勿录，世或以为伪作。其传世最古者，有古《司马法》，盖周之政典也。自齐景公时，田穰苴为将，有名于时。至战国齐威王，使大夫追论古者司马兵法，而附穰苴于其中，因号曰《司马穰苴兵法》。太史公谓其书闳廓深远，虽三代征伐，未能竟其义，如其文也。古者以师克乱，而济百姓，动之以仁义，行之以礼让，故《司马法》说行兵揖让，犹存三代之风。自春秋至于战国，出奇设伏变诈之兵并作，而孙武、吴起，乃各以其书传世。然起之书，尚礼，明教训，或有得于

《司马法》者。至《孙子十三篇》，则反复驰骋，一出乎奇。而兵行窍要，至此搜剔无遗。盖趋利忘义，不复能有假借者，自孙子始。而论古今兵法，实为一大进步。

刑制

周之五刑，墨辟、劓辟、剕辟、宫辟、大辟，见《尚书·吕刑》篇；墨罪、劓罪、宫罪、刖罪、杀罪，见于《周官·司寇》。墨，黥也，先刻其面以墨室之。劓，截其鼻也。宫者，丈夫则割其势，女子闭于宫中。刖，断足也。杀，死刑也。大抵沿用唐虞旧制。其所谓"五刑不简，正于五罚"，《吕刑》。即"金作赎刑"《尧典》。也。罚锾之数，铜六两曰锾。墨辟百锾，劓辟二百锾，剕辟五百锾，宫辟六百锾，大辟千锾。墨罚之属千，千犹云其例千条。劓罚之属千，剕罚之属五百，宫罚之属三百，大辟之属二百；通计五刑之属，凡三千。据《吕刑》。盖赎刑自古有之，至周而条目尤备，又《周官·司寇》："墨者使守门，劓者使守关，宫者使守内，刖者使守囿，髡者使守积"。《周礼·秋官·掌戮》。则徒刑之属也。《礼记·王制》：司徒简不率教者，移

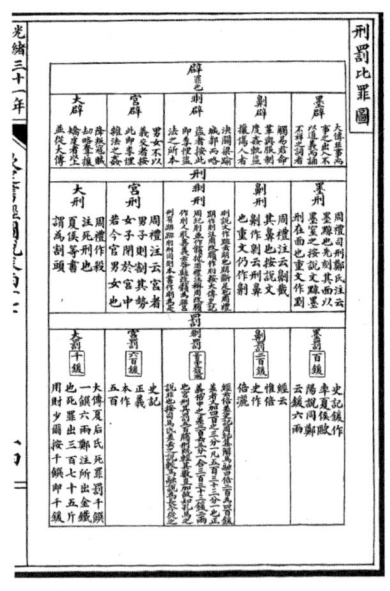

刑罚比罪图
——从清光绪三十一年（1905）内府刊本《钦定书经图说·吕刑》

之郊，移之遂，屏之远方，则流放之属也。惟周代亦尚贵族主义，礼不下庶人，刑不上大夫。"故其时劓、刵、椓、黥之法，惟行之于民，而贵族无之。贵族有罪止于杀而已，其次则为执为放。"《中国历史教科书》第二章第二十三节。

宽宥之典，据《周官·司寇》，有八议之制：一曰议亲之辟，二曰议故之辟，三曰议贤之辟，四曰议能之辟，五曰议功之辟，六曰议贵之辟，七曰议勤之辟，八曰议宾之辟。所以待亲贵有功之人，又凡有罪者，止及一身，家属不连坐。年在悼七岁。耄，八十、九十岁。虽有罪不加刑，若夫不知而犯，过误而犯，意善功恶。遗忘而犯，皆得邀宥恕轻减之典。刑人于市，而王族及有爵者，若妇人，皆不于市。又士大夫与老弱者，不使服徒刑，命夫命妇，大夫之妻。不能自出而身与讼狱，须使臣下代替，皆可见周法宽厚之意。

周制诉讼之法，以两造禁民讼，入束矢于朝，然后听之。讼谓财货相告者，造至也；使讼者两至，既两至，使入束矢，乃治之也。不至，不入束矢，则是自服不直者也。必入矢者，取其直也。诗曰：其直如矢。古者一弓百矢，束矢其百个欤。以两剂禁民狱，入钧金，三日，乃致于朝。然后听之，狱谓相告以罪名者，剂今券书也。使狱者，各赍券书，既两券书，使入钧金者，又三日乃治之，重刑也。不券书不入金，则是亦自服不直者也。必入金者，取其坚也，三十斤曰钧。刑事之讼，必以三刺断庶民狱讼之中：一曰讯群臣，二曰讯群吏，三曰讯万民。若决死刑时，士师受其宣告书，择日行刑。民事之讼，关于人事者，以证人为断；关于土地者，以地图为证。《周礼·小司徒》：凡民讼以地比证之，地讼以图证之。关于钱债者，以约剂为重。《周礼·士师》：凡以财讼狱者，正之，以传别约剂。而裁判官之对于案证，以五声听之：一曰辞听，观其出言，不直则烦。二曰色听，观其颜色，不直则赧。三曰气听，观其气息，不直则喘。四曰耳听，观其听聆，不直则惑。五曰目听。观其眸子视，不直则眊然。亦可见当时诉讼听断之完密。据《周官·秋官·司寇》。

《周官·大司寇》"以圜土聚教罢民，凡害人者置之圜土而施职事焉；以明刑耻之，其能改过，反于中国，不齿三年；不能改而出圜土者杀。……以嘉石平罢民，凡万民之有罪过，而未丽于法而害于州里者，桎梏而坐诸嘉石，役诸司空。重罪旬有三日，坐三月役。使州里任之，则宥而舍之"。所谓施职事，所谓役，皆为收而教之之事；所谓罢民，则皆无业游惰之民，为周法之所难容者。据《周官·秋官·司寇》。

西周时代成文法之可考者，有《九刑》。《左传》所谓周有乱政，而作《九刑》是也。又有《刑书》，《逸周书》所谓亡命大正之刑书，太史策刑书九篇，以升授大正者是也。而《周官·大司冠》有悬法于象魏之之文，《尚书》穆王有《吕刑》之作，自是一代法典。

春秋刑名之可见者：曰轘，即车裂。曰刖，即断足。曰梏，即械手。曰鞭，曰醢，曰亨，即烹。曰磔，曰馘割耳。等，均见于《左传》。而此时之法典：郑有《刑书》，《左传·昭公六年》。又有《竹刑》。《定公九年》。晋有《被卢之法》，《昭公二十九年》。又有《刑鼎》。《昭公二十七年》。楚有《仆区之法》，《昭公七年》。《茅门之法》，《韩非子·外储说》。

《鸡次之典》。《楚策》。惟已失传。《仆区之法》有曰："盗所隐器，与盗同罪。"犹似当时法律条文焉。

战国时，族制既改，刑遂为贵贱普及之事，而残酷又甚于春秋。秦刑有三族、《史记·秦本记》。七族、《汉书·邹阳传》。十族，《韩诗外传》。先具五刑而后腰斩、《史记·李斯传》。连坐、《史记·商君传》。腰斩、《史记·商君传》。车裂、《史记·商君传》。弃市、《史记·秦本纪》。枭首、《史记·秦始皇本纪》。凿颠、《汉书·刑法志》。抽胁、《汉书·刑法志》。黥、《史记·商君传》。劓、《史记·商君传》。士伍、《史记·白起传》。鬼薪、《史记·秦始皇本纪》。迁。《史记·商君传》。齐刑有烹。《史记·田敬仲世家》。楚刑有冥室椟棺、《古文苑诅·楚文》，案此即活葬之法。灭家。《国策·楚四》。赵刑有夷。《史记·赵世家》。魏刑有诛籍、戍、膑、刖、腻、宫、夷其乡、族，罚金三市、笞、罚。[10]《桓谭新论》引李悝《法经》。韩刑亦极深刻。据《论衡》引申不害《刑符》。关于此时之法典，魏有《太府之宪》，《宪》之上篇曰："子弑父，臣弑君，国有常不赦。国虽大赦，降城亡子，不得与焉。"《战国策·魏四》。又有李悝《法经》，《晋书·刑法志》曰："悝撰次诸国法，著《法经》。以为王者之政，莫急于盗贼，故其律始于盗贼。盗贼须劾捕，故著网、捕二篇。其轻狡越城博戏，借假不廉，淫侈逾制，以为杂律一篇。又以其律具加减，是故所著六篇而已；然皆罪名之制也。"然《唐律义疏》称李悝《法经》为盗法、贼法、囚法、捕法、杂法、具法，与《晋书·刑法》篇所载之篇目不同。

学校制

周人修虞、夏、商、周四代之学而兼用之，故设四代之学。虞则上庠、下庠，夏则东序、西序，商则右学、左学，周则东胶、虞庠。而周则又有辟雍成均瞽宗之名。则上庠、东序、右学、东胶，太学也，故国老于之养焉；下庠、西序、左学、虞庠，小学也，故庶老于之养焉。《记》曰："天子设四学，盖周之制也。周之辟雍，即成均也。东胶即东序也，瞽宗即右学也。盖以其明之以法，和之以道，则曰辟雍；以其成其亏，均其过不及，则曰成均；以习射事则曰序，以纠德行则曰胶，以乐祖在焉则曰瞽宗，以居右焉则曰右学。盖周之学，成均在中，其左东序，其右瞽宗，此太学也；虞庠在国之西郊，小学也"。又"凡侯国皆立当代之学，而损其制曰泮宫。凡乡皆立虞庠，凡州皆立夏序，凡党皆立商校；于是四代之学，达于天下"。并见《通考·学校考》。据此则周之太学有三。然《大戴礼记·保傅》篇："学礼曰：帝入东学，上亲而贵仁，……帝入南学，上齿而贵信，……帝入西学，上贤而贵德，……帝入北学，上贵而尊爵，……帝入太学，承师问道。……此五学者既成于上，而百姓黎民化辑于下矣。"是周之太学有五。但注云："太学者，辟雍之中室也。虞名学为庠，夏为序，殷为瞽宗，周人兼取之以名其四堂。《诗》曰：'镐京辟雍，自西自东，自南自北。'谓辟雍居其中，四学环之。东堂曰东序，一曰东胶，养国老在焉。西堂曰瞽宗，《周礼》'凡有道者有德者，死则以为乐祖，祭于瞽宗'；故《祭义》云'祀先贤于西学'，合于此上贤贵德之事也。北堂曰上庠，北为冬方，《文王世子》云'冬读书，书在上庠'以此。南堂曰成均，乃周学之正名，故《大司乐》独言掌成均之法。"若然，是周之太学虽有五名，而仍为合一，其百家所记参错不同者，皆即周制杂指而互言之也。又《学记》称"家有塾，党有庠，遂有序"，《白虎通义》称"乡曰庠，里曰序"，皆小学也。总之，周代学制，大略可分为大学、小学。大学当在天子之京师，及诸侯之都城；小学当在乡里。凡此皆学校建置之可知者。

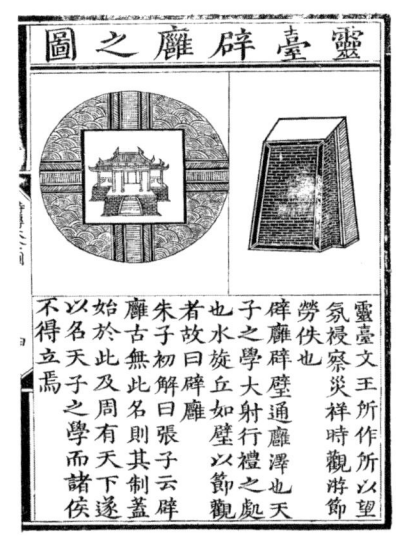

辟雍之图
——从明永乐十三年（1415）内府刊本《诗传大全》

论其就学之年龄及所学科目，则《大戴礼记·保傅》篇注曰："古者太子八岁入小学，十五入大学。"《白虎通义·辟雍》篇曰："古者所以年十五入太学何？以为八岁毁齿始有识知入学学书。计七八十五，阴阳备，故十五成童志明，入太学学经术。"朱子《大学章句序》因谓："人生八岁，则自王公以下，至于庶人之子弟，皆入小学，而教之以洒扫、应对、进退之节，礼、乐、射、御、书、数之文。及其十五年，则自天子之元子、众子，以至公卿、大夫、元士之适子，与凡民之俊秀，皆入大学，而教之以穷理、正心、修己、治人之道；此又学校之教，大小之节，所以分也。"但据《尚书大传》则谓："十五始入小学，见小节践大义；十八入大学，见大节践大义焉"。《通考》谓《保傅》及《白虎通义》所言八岁入小学者乃天子世子之礼；《尚书大传》所言十五入小学者，乃公卿、大夫、元士适子之礼。《学校考》。尚属可信。

当时教育，德、智、体三育并重。故《周官·师氏》以三德教国子：一曰至德以为道本，二曰敏德以为行本，三曰孝德以知逆恶。教三行：一曰孝行以亲父母，二曰友行以尊贤良，三曰顺行以事师长。保氏养国子以道，乃教之六艺：一曰五礼，吉，凶，军，宾，嘉。二曰六乐，云门，大咸，大韶，大夏，大护，大武。三曰五射，白矢，参连，剡注，襄尺，井仪。四曰五驭，鸣和鸾，逐水曲，过君表，舞交衢，逐禽左。五曰六书，六曰九数。方田，粟米，差分，少广，商功，均输，方程，嬴不足。乃教之六仪：一曰祭祀之容，二曰宾客之容，三曰朝廷之容，四曰丧纪之容，五曰军旅之容，六曰军马之容。又《礼记·文王世子》："凡学，世子及学士必时，春夏学干戈，秋冬学羽籥，皆于东序。小乐正学干，大胥赞之；籥师学戈，籥师赞之。"而终之以时教必有正业，退息必有长居，学则操缦以安弦，博依以安诗，杂服以安礼，君子之于学也，藏休息游无不在焉。《学记》。故所成才，于文事武备皆优为之。

至于女子教育，据《礼记·内则》云："女子十年不出。姆教婉娩，听从，执麻枲，治丝茧，织纴组紃，学女事，以共衣服。观于祭祀，纳酒浆，笾豆菹醢，礼相助奠。"故《曲礼》谓："纳女于天子曰备百姓，于国君曰备酒浆，于大夫曰备洒扫。"《易》称："无攸遂，在中馈，贞吉。"《列女传·母仪》孟母曰："夫妇人之礼，精五饭，幂酒浆，养舅姑，缝衣裳而已。"

周末国学日衰，"私学成群"。《韩非子·诡使》篇。故孔子设教于洙泗，子夏设教于西河，苏秦、张仪学于鬼谷，韩非、李斯俱事荀卿。俱见《史记》。偏重贵族底教育，始行平民化。

选举制

《礼记·王制》云："命乡论秀士升之司徒，曰选士。司徒论选士之秀者而升之学曰俊士，升于司徒者不征于乡，升于学者不征于司徒，曰造士。……大乐正论造士之秀者以告于王，而升诸司马曰进士。司马辨论官材，论进士之贤者以告于王而定其论；论定然后官之，任官然后爵之，位定然后禄之。"又《周官·大司徒》"以乡三物教万民，而宾兴之。一曰六德：智、仁、圣、义、忠、和。二曰六行：孝、友、睦、姻、任、恤。三曰六艺：礼、乐、射、御、书、数"。《乡大夫》："三年则大比，考其德行道艺，而兴贤者能者。乡老及乡大夫帅其吏与其众寡，以礼礼宾之。厥明，乡老及乡大夫群吏，献贤能之书于王，王再拜受之，登于天府，内史贰之。退而以乡射之礼五物询众庶：一曰和，二曰容，三曰主皮，四曰和容，五曰兴舞。此谓使民兴贤，出使长之；使民兴能，入使治之。"于乡如此，于遂亦然。自其举于乡，所谓升诸司徒者是也。故"《正义》曰：大司徒之官，命乡大夫论量考校此乡学之人有秀异之士者，升于司徒。先名惟在乡，今移名于司徒，其身犹在乡学，云秀士。乡大夫所考有德行道艺者，谓乡大夫考此乡学之人，有德行道艺者，德行谓孝友之徒，道艺谓多才艺；此惟升名司徒，未及贡举入官也。按《乡大夫》云：三年则大比，考其德行道艺而兴贤者能者，谓乡人有能有贤者，以乡饮酒之礼兴之，献贤能之书于王，名则生于天府，身则任以官爵；则下文云：大乐正论造士之秀者，以告于王，而升诸司马，曰进士。彼据乡人，故三年一举，此据学者，故中年考试；殷周同也。熊氏安生以为此中年举者为殷礼，乡大夫三年举者为周法，其义非也。"由是观之，周之取士，有二善焉，道德学问体用赅备，期可见诸施行。积日累功，综合缜密，杜徼幸之端二也。盖欲使人人以积学敦品为其一生之荣辱，于以化民成俗焉。

币制

《通考》云："周制以商通货，以贾易物。太公又立九府圜法，《周官》有太府、玉府、内府、外府、众府、天府、职内、职币、职金，皆掌财币之官，故云九府。圜谓均而通也。黄金方寸而重一斤，钱圜函方，外圜而内孔方。轻重以铢。黄金以斤为名，钱以铢为重也。布帛广二尺二寸为幅，长四丈为疋，故物宝于金，利于刀，流于泉，流行于泉。布于布，布于民间。束于帛。束聚也。周官司市，国凶荒札丧，则市无征而作布。凶年物贵，置钱以饶民。夹漈郑氏曰："谓之泉者言其形，谓之金者言其质，谓之刀者言其器，谓之货谓之布者言其用。古文钱字作泉者，言其形如泉文，一变而为刀器，再变而为圜法，即太公所作。自圜法流通于世，民实便之，故泉与刀为废，后人不晓其谓也。观古钱，其形即篆泉文也。后世代以钱字，故泉之文，借为泉水之泉，其实泉之篆文，下体不从水也。"《货币考》。由是言之，九府圜法，实为吾国圜法之始。然主财之官，虽有九府，专掌钱布，则为外府掌赍赐之出入，泉府掌买卖之出入，不可不知也。管仲相桓公，请以梌台之钱，鹿台之布，散之国内，衡其轻重用之，齐用富强。《管子·轻重九》。其后"周景王

周景王时期货币图样
——从清乾隆时期内府刊本清梁诗正等编《西清古鉴·钱录》

二十一年，患钱轻，更铸大钱，径一寸二分，重十二铢，文曰大泉五十，肉好皆有周郭，以劝农赡不足"。《钱币考》。先是景王将铸大钱，单穆公谏曰："古者天灾降戾，于是乎量资币，权轻重，以振救民；民患轻则为作重币，以行之。于是乎有母权子而行，民皆得焉。若不堪重，则多作轻而行之，亦不废重，于是乎有子权母而行，小大利之。"《国语·周语下》。据单穆公之言，则轻重子母，因时制宜。凡所以总盈朒之柄，而广流通之路者，极合近今货币学之精义。又钱有二品，母平子，子权母而行，自古然矣。乃"郑司农说《周礼》云：钱始盖一品也，周景王铸大钱而有二品，……省之不熟也"。《周语》韦注。又汉人以为圆钱育文曰宝货者，即景王之钱，《汉

书·食货志》。亦非事实。据《周语》韦注。至后世地下发现有文字之钱币，如安邑币、平阳币、安阳币等，[11]当是春秋战国时代遗物。戴熙《古泉丛话》。大抵三晋之币，多作铲刑二足。齐、莒、即墨之币，则作刀形。同时亦有圆钱，而有圆孔、方孔之异。又周末钱币，皆上铸地名甚精，亦有著其价值者。凡此皆周代货币之可知者也。

二　礼　俗

朝觐

朝觐之礼，所以明君臣之义也。《礼记·经解》。周制五年一朝。《礼记·王制》。天子当宸而立，诸侯北面而见天子曰觐；天子当宁而立，诸公东面，诸侯西面曰朝。《礼记·曲礼下》。案户牖之间曰宸，门屏之间曰宁。《尔雅》。朝诸侯于明堂之位，《礼记·明堂位》。诸侯朝觐，各以其所贵宝为贽。《诗·韩奕篇》。

巡守

《礼记·王制》："天子五年一巡守。"《注》云："五年者，虞夏之制也。周则十二岁一巡守。"《疏》云："《正义》曰：知五年是虞夏之制者。《尧典》云：五载一巡守，此正谓虞也。以虞、夏同科，连言夏耳。若夏与殷依《郑志》当六年一巡守也。云周则十二岁一巡守者。《大行人》云：十有二岁，王巡守殷国，故知周制十二年也。"

聘问

聘问之礼，所以使诸侯相尊敬也。《礼记·经解》。周制诸侯比年一小聘，三年一大聘，相厉以礼；小聘使大夫，大聘使卿。聘以圭璋，已聘而还圭璋，重礼轻财也。诸侯相厉以礼，则外不相侵，内不相陵。诸侯相厉以轻财重礼，则民作让。《礼记·王制》《礼记·聘义》。故春秋并争之世，列国特选专对之材，以备行人之职。

六礼

《礼记·王制》云："司徒修六礼，以节民性。"疏云："六礼：谓冠一，昏二，丧三，祭四，乡五，相见六。"兹分述如下。

（冠）"冠者，礼之始也。"《礼记·冠义》。男子二十行冠礼，《礼记·曲礼》。表其为成人之意。"筮日筮宾，所以敬冠事。敬冠事所以重礼，重礼所以为国本也。故冠于阼以著代也。[12]三加弥尊，[13]加有成也。已冠而字之，成人之道也。见于母，母拜之；[14]见于兄弟，兄弟拜。成人而与为礼也。玄冠、玄端，奠挚于君，遂以挚见于乡大夫、乡先生，以成人见也。"《礼记·冠义》。

（昏）昏礼者，将合二姓之好，上以事宗庙，而下以继后世也。先使媒氏通言，女家许之，然后有纳采、问名、纳吉、纳征、请期、亲迎之六礼。纳采者，谓采择之礼，其贽以雁；必用雁者，取其随时而南北，不失节也。又是随阳之鸟，妻从夫之义也。问名者，问其女之所生母之姓名也。此二礼一使而兼行之。纳吉者，谓男家既卜得吉与女氏也。纳征者，纳聘财也。征成也，先纳聘财而后昏成也。春秋则谓之纳币。请期者，谓男家使人讲女家以昏时之期。由男家告于女家，何必请者。男家不敢自专，执谦敬之辞，故云请也。女氏终听男家之命，乃告之。纳吉、纳征、请期，每一事则使者二人行。惟纳征无雁，以有币故，其余皆用雁。亲迎者，父亲醮子而命之迎，男先于女也。子承命以迎，主人筵几于庙，而拜迎于门外，婿执雁入，揖让升堂，再拜奠雁。降出，御妇车，而婿受绥。御轮三周，先俟于门外。妇至，婿揖妇以入，共牢而食，合卺而酳；所以合体同尊卑以视之也。厥明，舅姑共飨妇以一献之礼。《礼记·昏义》。嫁女之家，三夜不息烛，思相离也。取妇之家，三日不举乐，思嗣亲也。三月而庙见，称来妇也。择日而祭于祢，成妇之义也。《礼记·曾子问》。婚姻期限，男子三十而娶，女子二十而嫁；《礼记·内则》。男女合为五十，适为大衍之数，所以生万物者也。然男子二十而冠，《曲礼》。女子十五许嫁。《内则》。既冠则有为人父之道；许嫁亦有适人之义。而礼必以三十、二十为规定者，特举其极言之，未可泥解也。

（丧）周代丧葬之礼，因贵贱而异其制。天子死曰崩，诸侯曰薨，大夫曰卒，士曰不禄，庶人曰死。《礼记·曲礼下》。三日而敛，在床曰尸，在棺曰柩。《礼记·问丧》。小敛于户内，大敛于阼。《礼记·丧大记》。天子七日而殡，诸侯五日而殡，大夫、士、庶人三日而殡；《礼记·王制》。殡于西阶之上，则犹宾之也。《檀弓上》。天子七月而葬，同轨毕至；诸侯五月，同盟至；大夫三月，同位至；士逾月，外姻至。《左传·隐公元年传》。棺椁之别，天子四重，诸侯三重，皆用松；大夫二重，用柏；士一重，用杂木。又制竹器、瓦器之类，纳于棺中，名曰明器。葬之时，有挽歌。见于《檀弓》《春秋》《庄子》《列子》等书。[15]葬不为雨止。《王制》。惟丧服则贵贱同礼，为父母服斩衰三年，祖父母、伯叔、父母昆弟服齐衰期年，从父母、兄弟大功三月，再从兄弟、外祖父母服小功三月，三从兄弟服缌麻三月。《仪礼·丧服》。父母丧中，食馆粥；然年五十身体始衰，故不毁瘠；七十则身体全衰，故仅衣衰麻而不辍酒食。春秋以降，有倡薄葬、短丧之说者，[16]儒者辟之，而其说卒不行。

（祭）周官大宗伯掌天神、人鬼、地祇之礼，以禋祀昊天上帝，以实柴祀日月星辰，以槱燎祀司中、司命、风师、雨师，此祀天之典也。以血祭祭社稷、五祀、五岳，以狸祭祭山林、川泽，以疈辜祭四方百物，此祭地之典也。以肆献祼享先王，以馈食享先王，以祠春享先王，以禴夏享先王，以尝秋享先王，以蒸冬享先王，即《诗·小雅》所谓礿、祠、蒸、尝，于公先王者，盖享祖之典也。《周礼·春官》。又《礼记·王制》谓天子祭天地，诸侯祭社稷，大夫祭五祀。五祀谓司命也，中溜也，门也，行也，厉也。天子祭天下名山大川，诸侯祭名山大川之在其地者，所言与《周官·大宗伯》天神、人鬼、地祇之祭亦合。至宗庙之制，天子七庙三昭三穆，与大祖之庙而七；诸侯五庙，二昭二穆与大祖之庙而五；大夫三庙，一昭一穆，与大祖之庙而三；士一庙；庶人祭于寝。天子社稷皆大牢，诸侯社稷皆少牢，大夫士宗庙之祭，有田则祭，无田则荐。庶人春荐韭，夏荐麦，秋荐黍，冬荐稻。韭以卵，麦以鱼，黍以豚，稻以鹰。具见《王制》。

（乡）乡礼为乡饮酒、乡射之礼。乡饮酒者，卿大夫饮宾于庠序之礼，尊贤养老，所以明长幼之序也。《礼记·射义》。每三年集一乡之人而礼饮，乡大夫为主人，乡父老为宾客，推父老中齿德最尊者一人为大宾，余为众宾，皆以年之少长定坐之次第。宴时乐人歌诗奏乐，其始终揖让进退，各如其仪。《周官·地官·司徒》乡大夫之职，《礼记·乡饮酒义》。乡射者，州长春秋以礼会民而射于州序之礼，观德行取其士之义也。《周官·地官·司徒》州长，《礼记·射义》。"故射者，进退周还必中礼，内志正，外体直，然后持弓矢审固；持弓矢审固，然后可以言中，此可以观德矣。"《礼记·射义》。"子曰：君子无所争，必也射乎。揖让而升，下而饮，其争也君子。"《论语·八佾》。此乡射之礼也。

（相见）相见礼者，各以其职位相亲，始承挚相见也。士相见之礼，挚冬用雉，夏用腒；干雉。用雉者，取其耿介交有时别有伦也。雉必用死者，为其不可生服也。下大夫相见以雁；雁取知时，飞翔有行列也。上大夫相见以羔；羔取从帅，群而不党也。此执挚之仪也。始见于君，执挚至下，容弥蹙。庶人见于君，不为容进退走。士大夫则奠挚，再拜稽首，君答一拜。若他邦之人，则使摈者还其挚，他邦之人再拜稽首受。此委挚之礼也。与君言，言使臣；与大人言，言事君；与老者言，言使弟子；与幼者言，言孝弟于父母；与众言，言忠信慈祥；与居官者言，言忠信。凡与大人言，始视面，中视抱，卒视面勿改，众皆若是。若父母则游目勿上于面，毋下于带。若不言，立则视足，坐则视膝。此言动之节也。凡自称于君，士大夫则曰下臣；宅者，在邦则曰市井之臣，在野则曰草茅之臣；庶人则曰刺草之臣；他国之人，则曰外臣。此称谓之礼也。《仪礼·士相见礼》疏。

民风

《礼记·表记》云："周人尊礼尚施，事鬼敬神而远之，近人而忠焉，其赏罚用爵列，亲而不尊。其民之弊，利而巧，文而不惭，贼而蔽。"又云："虞夏之质，殷周之文至矣。虞夏之文，不胜其质；殷周之质，不胜其文。"是民风随时代而异趣，救敝补偏，端在政令利导。故"太史公曰：夏之政忠，忠之敝，小人以野，故殷人承之以敬；敬之敝，小人以鬼，故周人承之以文；文之敝，小人以僿，故救僿莫若以忠。三王之道，若循环终而后始。"《史记·高祖本纪》。此西周民风之可考者也。降而春秋，齐民贪粗而好勇，楚民轻而贼，越民愚疾而垢，秦民贪戾罔而好事，齐、晋谓齐之西而晋之东。民谄谀葆诈巧佞而好利，燕民愚戆而好贞轻疾而易死，宋民闲易而好正。《管子·水地》篇。战国之世，诈伪并作；而秦民质朴强悍，燕赵慷慨悲歌，齐人儇慧逐利，楚俗清刻少信，韩、魏矜刻俭啬，又其大较也。若夫任侠之风起于春秋，而盛于战国。[17]养士之风，缘于战国竞争剧烈。[18]稽考《史记》之《刺客》《游侠》《货殖》等传，益足了然其故。

阶级

阶级每起于征服者与被征服者之间，故吾国远古有百姓、黎民之分。《尚书·尧典》。百姓，贵族也。黎民，即苗民。周代阶级之风益盛，诸侯、卿大夫、士即为贵者之阶级。又古者有名而无字与谥；贵贱皆呼其名不相讳。至周时呼字之俗起。大夫二十而命字，无称名者，惟于臣子及幼贱者名之。谥法亦自周始，人死则诔其所行以立谥，而讳生时名；有物与死者同名，臣子必易其物名。晋僖侯名司徒，便废司徒为中军；宋武公名司空，便废司空为司城。又三代姓氏本分，姓者生也，所以明世系而别种族也；氏者犹家，所以明贵贱而表家门也。姓之起于太古，据古史，五帝皆有姓。惟国中之贵者，始得用之；始于封土命氏，《周语》所谓帝嘉禹德，赐姓曰姒，氏曰有夏；祚四岳国，赐姓曰姜，氏曰有吕是也。周时王子、王孙，公卿、诸侯，大抵以国邑为氏，后裔虽亡，其地亦袭称之。诸侯子孙称公子、公孙，公孙之子，以王父字为族，世臣率以邑为族。官有世功则有官族，族者，氏之支别也，通谓之氏。男子冠名以氏而不称姓。姓者，妇人所称也。及战国时，妇人亦不称姓，而姓之用废。自后以民族作姓，姓与氏始无有异义。贵族而外有庶人与奴隶，则为贱者之阶级。《曲礼》礼不下庶人，刑不上大夫。周制命夫妇不躬坐狱讼，王族有罪不即市；而庶人不得立庙，不得行冠礼；贵贱之分甚严。当时农、工、商皆庶人也。惟农、工、商之秀者，得升为士，则系设为特例。奴隶则有罚罪为奴与鬻价为奴二类，其地位更不足以望庶人。

三　宗　教

中国古初宗教思想，原有鬼神之说，本乎三苗；至禹而有五行之说。自后二说更为盛衰，夏后启，则以威侮五行之故，而伐有扈。《书·甘誓》。孔甲则以信鬼神之故，两失诸侯。《史记·夏本纪》。纣又以不敬神祇之故，而父兄料其必亡。《书·微子》。是二说之不相容如此，至周则使说并重，分鬼神为四种：在天者为天神，即上帝。在地者为地祇，即山川之神。人死曰鬼，即祖。百物曰魅。即魅，俗称妖怪。然鬼神之情状，不可直接而知也。乃以五行之理，间接而知之。其术分为六：一曰天文，二曰历谱，三曰五行，四曰蓍龟，五曰杂占，六曰形法。《汉书·艺文志·术数》。其说以为无事不有鬼神之意向，行乎其中，而用各种巫史、卜祝之法，以推测之。

大抵天神之崇拜，其别有三：一曰祭天。古时天子岁一祭天。《周礼》所谓冬日至，祀昊天上帝于圜丘是也。二曰祭寒暑。《周礼·春官·籥章》有中春、逆暑、中秋、迎寒之乐，祭法相近于坎坛，祭寒暑也。此祭寒暑之可考者。三曰祭日月星辰。祭法王官祭日，夜明祭月，幽宗祭星；其他《月令》《左传》诸书，亦皆有祭日月星辰之说。地祇之崇拜，其别有三：一曰祭地。古时惟天子可以祭地；《周礼》所谓夏日至祭地于方泽是也。其祭于库门内之西者曰大社。祭于籍田之坛者曰王社；此祭地之可考者。二曰祭社稷。《周礼·小宗伯》：

建国之神位，右社稷，左宗庙。社祭土神，稷祭谷神；自天子下至庶民，行皆其祈祭之礼。此祭社稷之可考者。三曰四望。四望者，祭五岳、四镇、四渎是也。以山川之远，望而祭之，故曰望。自余如祀户、灶、中溜、门、行、井；祭六宗、高禖、蜡腊，皆关于地祇之典礼也。人鬼之祭，其别有三：一曰祭宗庙。祭法：王立七庙。郊禘宗祖，易代不同。夏殷之制，春曰礿，夏曰禘，秋曰尝，冬曰烝；周改夏禘为礿，春曰祠，以禘为殷祭，此祭宗庙之可考者。二曰祭帝王。古之帝王，或法施于民，或以死勤事，或以劳定国，或能御大灾，或能捍大患，皆得列祭典；帝喾、尧、舜、禹、黄帝、颛顼、汤、文王、武王，皆其人也。三曰祭功臣。古时功臣配享之礼，实始于殷。[19]相沿至周未改。故《周书·洛诰》，记功宗以作元祀。《周礼·夏官》：司勋凡有功者，铭书于王之太常，至于大烝，司勋诏之。此又祭功臣之可考者。若物魅，则主驱而远之。故《周礼》方相氏掌傩，以驱方良；<small>即魍魉。</small>庭氏射妖鸟，即其著例。

天文历谱五行

三家之说，不甚可分。春秋时裨灶、梓慎皆凭为推验，《左传·昭公十五年》《左传·昭公十七年》。战国时邹衍著五行终始之说，其学鸣一时。蓍龟为筮卜之二术，蓍者筮也；始筮于庖羲。《周礼》筮人掌三易：一曰《连山》，二曰《归藏》，三曰《周易》。其经卦皆八，其别皆六十有四。盖用蓍草四十九枚揲之成卦，以观吉凶，所谓使某筮之，遇某卦之某卦云云皆筮也。其不言《周易》者，皆《连山》《归藏》。

龟者卜也。龟亦始于三代之前，故夏代已有龟书。《夏龟》二十六卷，见于《汉志》。《周礼》太卜掌三兆之法：一曰玉兆，二曰瓦兆，三曰原兆。其经兆之体皆百有二十，其繇皆千有二百。盖以火灼龟，观其墨罅，各从其形以占之。所谓使某卜之，其繇曰云云，皆卜也。杂占者，纪百事之象，候善恶之征。盖假百物之感应，而断其吉凶者也。《易》曰占事知来，知其术亦始于古代。然众占虽非一，而要以占梦为大。故《周礼》太卜掌三梦之法。梦出于所因曰致梦，其怪异者曰觭梦，无心感物而自应者曰咸陟。别有占梦之官以日月星辰占诸梦之吉凶。季冬聘王梦，郑玄曰：聘问也。献吉梦于王，王拜而受之，乃舍萌于四方以赠恶梦，郑玄曰：舍萌，犹释菜也；赠，送也。其余如《易》《诗》《左氏》诸书，多有载占梦之不爽者。形法之真传始于《山海经》。春秋时有叔服、《左传·文公元年》。姑不子卿，《荀子·非相》篇。皆以相人之术著。战国之世，赵之平原君，梁之唐举，皆能相人之形状颜色，而知其吉凶妖祥。凡此皆鬼神术数相关联之大端。

又有神仙之说，则托始黄帝。周有王子乔，秦有萧史，皆假神仙之说，流声于后。战国时，燕人宋无忌、羡门子高之徒，称有仙化之术，且言海中有三神山，诸仙人及不死之药在焉。燕、齐诸侯，类信之，由是海上多方术之士。

又考鬼神术数之说，至春秋之末渐不行。故《左传》引史嚚曰：国将兴，听于民；国将亡，听于神。《庄公三十二年》。子产曰：天道远，人道迩，非所及也，何以知之。《昭公十八年》。仲几曰：薛征于人，宋征于鬼，宋罪大矣。《定公元年》。所论皆足为人智进步，障蔽渐开之征。

四　社　会

饮食

西周饮食，较古为进化。常食用谷类，多蒸为饭，或煮为馈酏，《内则》。谷为六谷：稻、粱、菽、麦、黍、稷。具见《礼记》《左传》《论语》。蔬菜多用羹，《论语》。肉食有牛、豕、羊、鸡、雁、雉、兔，《曲礼》。鳖、鹿，《礼运》。鲤、鲂、鲔《毛诗》。等。而犬、马、熊、狼之类，亦多捕而食之。若鱼、鸟、牛、豚、羊，称"五鼎之食"，当时人民最嗜好焉。春秋之世鼋、鼍、蛤《左传》。亦登食品。战国之世，鸡、豚、狗、彘是畜，《孟子》。故民食刍豢之味。《庄子》。烹调制作之法，观《礼记·内则》一篇，可得大概。当时调和味料，用盐、醯、酱、葱。《曲礼》。降至春秋，复佐以梅、《左传》。姜《论语》。等。战国之世，又有大苦，《楚词》注豉也；五味调和，须之而成矣。

羹之种类：春秋之世，可考者有菜羹、《曲礼》。雉羹、鸡羹、兔羹、《内则》。藜羹、《荀子·宥坐》篇。鼋羹。《左传·宣公四年》。战国之世，复有瓜瓠羹、《新序·刺奢》篇。生肝羹《韩非子·内储说下》。等。

饮物有酒、醴、浆、涪等。酒系夏后时仪狄之发明；周时有杜康者，更改良其造法，大流行于世间，为燕飨之必须品，朝廷设酒正掌之。醴者，甘泉也。浆、涪为食物之附属品。迄春秋、战国，无甚变易。

夏月之用冰。《诗》曰："二之日凿冰冲冲，三之日纳于凌。"又《周礼》有凌人掌冰正，皆其证也。

衣服

周沿古制，上衣下裳；《白虎通·衣裳》篇。衣如今之袍，裳如今之裙。衣正色，裳间色。《玉藻》。为防寒之用，则有裘。衣之类有深衣、《礼记·深衣》篇。麻衣、《毛诗·蜉蝣》篇笺云：麻衣，深衣也。缟衣、《毛诗·出其东门》篇笺云：缟，白色也。素衣、《毛诗·扬之水》篇注谓素衣中衣也。黻衣、《毛诗·终南何有》篇，毛苌曰：青而黑谓之黻。绿衣、《毛诗·绿衣》篇。绢衣《毛诗》之《丰》篇。等。裳之类有绣裳、《毛诗·终南何有》篇。黄裳、《毛诗·绿衣》篇。绢裳《毛诗》之《丰》篇。等。裘之类有羔羊裘、《毛诗·羔羊》篇。犬羊裘、《礼记·玉藻》。狐裘、《毛诗·羔羊》篇。熊罴裘《毛诗·大东》篇。等。衣服依贵贱而有等差，贵者之服，具详《礼记·玉藻》《周礼·春官·司服》；特《周礼》未尽可据，故兹并不著录。深衣，如今之大领宽袖长衫，大约士以上以冕服为礼服，以深衣为便服；庶人深衣为礼服，以短褐为便服。女子则衣裳相连，《古今注》。与男子之上衣下裳者不同。男女衣服，多用袭衣；袭衣者，重衣也。衣料有褐、帛、绨、绤、绉、缟、布、锦等品。至周末贵族妇女以奢侈相尚，始有衣、罗、纨、绮、縠者。《齐策》。男女皆束带，男用革，女用丝。《曲礼》。童子不裘不帛，其衣缁布，以锦缘之，带亦锦为之。《玉藻》。其著于首者，曰冠，曰弁，曰冕。盖有位者用冕，次于冕者为弁，次于弁者为冠。冠以缁布为之，弁以皮为之，冕前有旒。平时士以上用冠，庶人用巾。《辍耕录》。其著于足者，曰舄，曰履，曰屦，均见《毛诗》。皆一物而异名。又三代皆用角袜，以带系于足踝。《中华古今注》。是时中国无木棉，而有丝绵曰絮；夏衣用葛或麻，冬衣用絮或皮。至赵武灵王始用胡服，即短衣去裳大裤革履之服。王国维《胡服考》。皮鞋亦始于此时。《中华古今注》。佩带之物，为数极夥，而男子以佩玉之风为盛；《玉藻》。至女子头饰则有筓髢、玉瑱、象揥等。儿童之装束曰两髦，曰总角。《毛传》曰：髦者发至眉，事父母之饰。总角者，聚两髦也。

居处

周代天子有明堂，诸侯有泮宫；天子、诸侯皆有宗庙朝堂。卿、大夫士亦皆有宗庙。其日常居处则天子六寝：一为路寝，其五为小寝；复有六宫，王后治之。诸侯三寝：一为路寝，亦曰大寝；其二为燕寝，亦曰小寝；复有三宫，夫人治之；余为侧室。卿、大夫士均二寝：正寝居前，燕寝居后；其妻二寝亦如之，其旁则曰侧室。《礼记·内则》。庶人无庙有寝。《礼记·祭法》。周末居处渐奢，晋有铜鞮之宫，楚有章华之台，《左传》。又有强台。《魏策》。吴有馆娃宫，越有飞翼楼，《吴越春秋》。魏有范台，《魏策》。齐有雪宫，《孟子》。秦有冀阙。《史记·商君传》。故当时贵族之居，则"高堂邃宇，槛层轩些，层台累榭，临高山些"；《楚辞·招魂》。贫民之居，则"屋室庐庚，葭稿蓐尚机筵"。《荀子·正名》篇。至相悬殊。

器具

周人重造器，所作鼎彝，后世地中发现者甚多。至普通物，有纵，用以韬发；有笏，用以记事；有小觿，用以解小结；有金燧，用以取火；有筐、筴、筲，用以盛物。俱见《礼记·内则》。用以致远者，有王之五路，王后之五路，王之丧车、服车、戎车。《周礼·春官·巾车职》《周礼·春官·车仆职》。又夜行以烛，室地用席；门前有薄，室内设帷；俱见《内则》。寐用衾裯，《毛诗·小星》。炊有锜、釜、炉，《左传》。盆、瓶《礼运》。等器。而盘、盂，《墨子·尚贤下》。壶、瓮，《韩非子·外储说右》。亦备。又古人虽席地而坐，而睡则用床，《诗·小雅》。凭则用几；《书·顾命》。至赵武灵王始用胡床，《风俗通》。即今之交椅。凡此皆足证当时社会进化之程度。

农业

周制天子孟春之月，择元辰，帅公、卿、诸侯、大夫，躬耕籍田千亩于南郊，冕而朱纮，躬秉耒，天子三推，三公五推，卿、诸侯九推，庶人终亩。《礼记·祭义》《礼记·月令》。盖国以民为本，民以食为天，重农所以厚民生，故虽以天子之尊，不废躬耕之礼。

《周礼》：太宰以九职任万民，一曰三农生九谷。大司徒辨十有二壤之物而知其种以教稼穑树艺。遂人掌邦之野，以岁时稽其人民，而授之田野，教之稼穑。遂大夫正岁简稼器，修稼政。司稼掌邦野之稼，而辨穜稑之种，周知其名，与其所宜地，以为法而悬于邑闾。稻人掌稼下地，以潴蓄水，以防止水，以沟荡水，以遂均水，以列舍水，以浍泻水，以涉扬其芟作田。司农之官，于周为备。

草人，掌土化之法，以物地向其宜而为之种。凡粪种：骍刚地色赤而土刚强也。用牛，赤缇缇色也。用羊，坟壤润解者。用麋，渴泽故水处。用鹿，咸泻泻卤也。用狟，勃壤粉解者。用狐，埴垆粘疏者。用豕，强槩强坚者。用蕡，轻爂轻脆者。用犬；其别土宜，播嘉种，施肥料，使地得尽其力，民得食其利，农学进步，非可言喻。

古者农圃兼重，故九谷而外，又有树艺草木之政。征之《论语》有樊迟请学稼，请学圃之问。又征之《周礼》场人，掌国之场圃；山虞，掌山林之政令。又征之《礼记·月令》有后妃躬桑劝蚕之文。是当时对于农产附业，亦极注意。

工业

《周礼·考工记》，言工艺之事特详。所谓国有六职，百工与居一焉，其重视工事可知。知者创物，巧者述之，守之世谓之工；百工之事，皆圣人之作也。天有时，地有气，材有美，工有巧；合此四者，然后可以为良。凡攻木之工七，则轮、舆、弓、庐、匠、车、梓也。攻金之工六，则筑、冶、凫、栗、段、桃也。攻皮之工五：则函、鲍、韗、韦、裘也。设色之工五：则画、缋、钟、筐、㡉也。刮摩之工五：则玉、栉、雕、矢、磬也。抟埴之工二：则陶、瓬也。[20]今按《考工》一篇为当时工事之经，金木诸工则制作之事，梓匠诸职则工程之司。详列象度，精究理数，权本于圣人，其义至深。又观轮舆诸职，察规矩县水之宜；陶瓬之事，揭髺垦薛暴之禁；

以逮分率之差，析及毫厘，句矩之形。通于孤度，以梓人饮器之微，一不应法，而梓师罪之。工官之法既严，工艺之业必精。

商业

《周官·夏官·职方氏》，辨九州之国，使同贯利。东南曰扬州，其利金、锡、竹、箭，其畜宜鸟兽，其谷宜稻。正南曰荆州，其利丹、锡、齿、革，其畜宜鸟兽，其谷宜稻。河南曰豫州，其利林、漆、丝、枲，其畜宜六扰，其谷宜五种。六扰：马、牛、羊、豕、犬、鸡，五种：黍、稷、菽、麦、稻。正东曰青州，其利蒲、鱼，其畜宜鸡、狗，其谷宜稻、麦。河东曰兖州，其利蒲、鱼，其畜宜六扰，其谷宜四种。四种：黍、稷、稻、麦。正西曰雍州，其利玉、石，其畜宜牛、马，其谷宜黍、稷。东北曰幽州，其利鱼、盐，其畜宜四扰，其谷宜三种。四扰：马、牛、羊、豕，三种：黍、稷、稻。河内曰冀州，其利松、柏，其畜宜牛、羊，其谷宜黍、稷。正北曰并州，其畜宜五扰，其谷宜五种。五扰：马、牛、羊、犬、豕。其时九州所产之物品，当即市上交易之商品。

周代商业政策，取干涉主义。《周官》司市、掌市之治教政刑，量度禁令。以次叙分地而经市，以陈肆辨物而平市，以政令禁物靡而均市，以商贾而行市，以量度成贾而征价，以质剂结信而止讼，以贾民禁伪而除诈，以刑罚禁虣而止盗，以泉府同货而敛赊。大市日昃而市，百族为主；朝市朝时而市，商贾为主；夕市夕时而市，贩夫贩妇为主。凡治市之货贿，六畜珍异，亡者使有，利者使阜，害者使亡，靡者使微。凡市伪饰之禁，在民者十有二，在商者十有二，在贾者十有二，在工者十有二。又《礼记·王制》曰：用器不中度，不粥于市；兵车不中度，不粥于市；布帛精粗不中数，幅广狭不中量，不粥于市；奸色乱正色，不粥于市；五谷不时，果实未熟，不粥于市；木不中伐，不粥于市；禽兽、鱼、鳖不中杀，不粥于市。是买卖物品，亦有种种之限制；总之不离保商之政策者，近是。

关市之征，据《周官》廛人掌敛市𫄨布、总布、质布、罚布、廛布，而入于泉府。布，泉也。𫄨布者，列肆之税。总布者，守斗、斛、铨、衡者之税也。质布者，质人之所罚犯质剂者泉也。罚布者，犯市令者之泉也。廛布者，货贿诸物邸舍之税。又司关掌国货之节，似联门市。司货贿之出入者，掌其治禁与其征尘，凡货不出于关者，举其货，罚其人。

交通

周官职方氏，掌天下之图，以掌天下之地，辨其邦国都鄙，四夷、八蛮、七闽、九貉、五戎、六狄之人民，与其财用九谷、六畜之数。要周知其利害。又怀方氏掌来远方之民，致方贡，致远物，而送逆之，达之以节，治其委积馆舍饮食。合方氏掌达天下之道路，通其财利，同其数器，壹其度量，除其怨恶，同其好善。故周代域内域外交通皆广。成王时朝见诸侯及四方蛮夷：渠搜、康、大夏、昆仑、莎车、匈奴、月氏等国，在周初皆见于载籍。据《汲冢》《周书·王会解》。而越裳氏来朝，使者迷其归路，周公作大驾指南车，使大夫宴将送至其国而还。据《竹书纪年》《古今注》《中华古今注》。穆王性好豫游，得千里马，使造父为御，欲辙迹遍大下。于是西征，升昆仑之虚，以观黄帝之宫。又西征至于西王母之邦，所过诸部酋长，皆馈献马、牛、羊，天子赐之则膜拜而受，天子乐而忘归。嗣以徐偃王之变，疾驱还入宗周，大朝。"乃里西土之数，曰：自宗周瀍水以西，至于河宗之邦，阳纡之山，三千有四百里。自阳纡西至于西夏氏，二千又五百里。自西夏至于珠余氏及河首，千又五百里。自河首襄山以西南，至于舂山、珠泽、昆仑之丘，七百里。自舂山以西，至于赤乌氏舂山，三百里，东北还至于群玉之山，截舂山以北，由群玉之山以西，至于西王母之邦，三千里。自西王母之邦，北至于旷原之野，飞鸟之所解其羽，千有九百里。宗周至于西北大旷原，一万四千里。乃还，东南复至于阳纡，七千里。还归于周，三千里。各行兼数，三万有五千里。"《穆天子传》卷之四。盖交通益远矣。

五　学　艺

文字

许慎《说文·序》云："仓颉之初作书，盖依类象形，故谓之文，其后形声相益，即谓之字。……以迄五帝三王之世，改易殊体，封于泰山者七十有二代，靡有同焉。……乃宣王大史籀著大篆十五篇，与古文或易。至孔子书《六经》，左丘明述《春秋传》，皆以古文，厥意可得而说。"据许氏所云古文，似指五帝三王之世，改易殊体者而言。然按之《说文》中所收古文有不然者。盖仅孔子壁中书，及《春秋左氏传》耳。

"壁中书者,鲁恭王坏孔子宅,而得《礼记》《尚书》《春秋》《论语》《孝经》;又北平侯张苍献《春秋左氏传》。郡国亦往往于山川得鼎彝,其铭即前代之古文,皆自相似。"云前代古文者,所以别于孔壁之古文;云皆自相似者,以明与孔壁古文不甚相似也。上虞罗振玉先生谓由甲骨文字之可识者观之,其与许书篆文合者十三四,且有合于许书之或体者焉,有合于今隶者焉;顾与许所出之古籀则不合者十八九;其仅合者,又与籀文合者多,而与古文合者寡。以是知大篆者,盖因商周文字之旧,小篆者又因大篆之旧;非大篆创于史籀,小篆创于相斯也。史籀第述古文为《史篇》而已。《史篇》者,小学诸书之祖,有因而无创者也。相斯同文字者,亦弟罢不与秦文合者而已。至秦数百年,所承用商、周二代之文字,未闻有所废置也。《殷商贞卜文字考》。《汉书·艺文志》《史籀》十五篇,自注"周宣王时,大史作大篆十五篇,建武时亡六篇矣"。又云:"《史籀篇》者,周时史官教学童书也。与孔氏壁中古文异体"。是《史籀》为书名也。盖举其书,则谓之《史籀》《史籀篇》《史篇》,称其字则谓之籀文、大篆。古代字书,莫古于此。许氏取以入《说文》中,其字与小篆多同;其不同者,许氏列之于重文,所云籀文作某是也。《史籀篇》久亡失,清道光间,历城马国翰《玉函山房辑佚书》中,始有辑本一卷;近人王国维复为《史籀篇疏证》一卷,以正其违失。总之,周代籀文与孔壁古文,皆行。壁中书者,周秦间东土之文字;《史籀》一书,殆出宗周文胜之后,春秋战国之间,周秦间西土之文字也。据王国维《史籀篇叙录》。

《石鼓文》，自唐张怀瓘以来，即认为籀文。石鼓在隋以前，未见著录，出土之时当在唐初。其名初不甚著，自韦应物、韩愈作《石鼓歌》以表彰之，而后始大显于世。其地为天兴县今凤翔。南二十里许，郑余庆迁于凤翔府今凤翔。夫子庙，经五代之乱，又复散失，宋司马池复辇置府学之门庑下，大观中自凤翔迁于东京今开封。辟雍，后入保殿。金人破宋，辇归燕京，今北平。今在清故国子监。石鼓凡十，径曰三尺，小上而下大，顶圆而底平，四面有略作方形者，有正圆者，铭辞即环刻于其上。宋司马池移置时，亡其一。皇祐四年，向传师求得之，石为乡人毁为臼。其刻石之时代，有以为周宣王时者，唐张怀瓘、窦群、韩愈也；有以为周文王之鼓至宣王时刻诗者，唐韦应物也；有以为周成王时者，宋董逌、程大昌也；有以为秦者，宋郑樵也；有以为宇文周者，金马定国也。今人马衡作《石鼓为秦刻石考》，据传世之秦刻遗文，自秦霸西戎时起至二世元年止，凡十二种，证石鼓为秦刻石；并主宋巩丰献公之前襄公之后所作之说云。马衡《石鼓为秦刻石考》。

　　《石鼓文》字体为籀文，铭词为四言诗。本书所刊之《石鼓文》，其第一鼓也。兹据《金石萃编》卷一录其绎文曰：吾车既工，坚致也。吾马既同；齐也物马齐其力。吾车既好，吾马既駸。同阜盛大也。君子员邋，今通用猎。员邋员斿，麀鹿速速，疾行貌。君子之求。索也。孙孙角弓，弓兹以寺。持之省文。吾敺其時，土高处曰時。其来趩趩。行声。趩趩许建切走意。炱炱，读若頯众多也。即邋同御。即时；麀鹿趚趚，其来大垄。疾资切以土增大道也。吾敺其朴，丛也树木茂密貌。其来趩趩，续也。射其貊兽三岁为肩或作貁。蜀。与属通连也。

文学

周监二代，郁郁乎文。若文王之系《易》[21]周公之作诗。[22]斧藻群言，炳曜千古。降而春秋，虽王制陵夷，而词命弥重。观《左传》《国语》所纪，以及十五国风，士大夫应酬问答，文身见志，良不乏也。迨孔子继圣，独秀前喆，裁定六经，以弘道化。于是《易》张十翼，[23]《书》标七观，[24]《诗》列四始，[25]《礼》正五经，[26]《春秋》五例。[27]义既极乎性情，辞亦匠于文理，垂之不刊，为世正极。故论说辞序，则《易》统其首；诏策章奏，则《书》发其源；赋颂歌赞，则《诗》立其本；铭诔箴祝，则《礼》总其端；纪传铭檄则《春秋》为根。此所以百家剩跃，终入环内者也。文能宗经，体有六义：一则情深而不诡，二则风清而不杂，三则事信而不诞，四则义直而不回，五则体约而不芜，六则文丽而不淫。《文心雕龙·宗经》。昔人所称禀经约雅，不其懿欤；经籍之外，则有丘明作《传》，羽翼素王，典丽雅则，为史家之冠。降及战国，有《策》，盖录而弗序，故节简为名；其纵横驰骤，又非《春秋》可比也。若乃《道德》五千，独抽玄旨，《管子》一部，惟阐伯图。庄、列、荀、韩，相继著论；虽理有偏至，而词并高秀。孟子祖述尼山，言以明道，继往开来，尤为宏远。有周一代之文章，实立千古之极则。

经与诸子之文，皆尚理。自屈原由词创为《离骚》，独尚词。骚者，愁也。依诗取兴，引类引譬，温雅皎明，盖与三百篇相若也。其徒宋玉、唐勒、景差等推而行之，统曰《楚辞》，故《楚辞》实为词章之祖。又韩非由《诗》而创连珠体，假喻达旨，累累如贯珠，欲使览者易阅而微悟焉，亦合于古《诗》讽兴之义。荀卿由《诗》而创赋体，体物曲肖，言理尽致，而以整炼之韵语出之。三者皆为后世骈文之始，皆由《诗》而变者。

经学

六艺者，六经之谓。六经之次第有二：《七略》以前，首《诗》，次《书》，

屈　原
——从清道光十年（1830）刊本《古圣贤像传略》

次《礼》，次《乐》，次《易》，次《春秋》；此法周、秦诸子，悉遵之。《七略》以后，首《易》，次《书》，次《诗》，次《礼》，次《乐》，次《春秋》；此法用之至今。《易》卜筮，《周官》太卜掌三易之法，一《连山》，二《归藏》，三《周易》。《书》政纪，《周官》外史，掌三皇五帝之书。楚左史倚相则能读《三坟》《五典》《八索》《九丘》。[28]《诗》言志，《周官》太师教六《诗》曰：风、赋、比、兴、雅、颂，[29]而古者且三千篇也。《礼》节文，《周官》宗伯所职，曰吉、凶、军、宾、嘉。扩而言之，则礼仪三百，威仪三千。《乐》和声，周官司乐掌之，播之风诗，饰之礼节者也。《春秋》国史，周所藏百二十国宝书，其繁夥如

第九章　周代之文明／223

此。故孔子曰：入其国，其教可知。其为人温柔敦厚，《诗》教也。疏通知远，《书》教也。广博易良，《乐》教也。洁静精微，《易》教也。恭俭庄敬，《礼》教也。属辞比事，《春秋》教也。孔子又谓老聃曰：丘治《诗》《书》《礼》《乐》《易》《春秋》六经，自以为孰知其故，以奸七十二君而不用。盖当孔子之世，六艺之名，由来久远；要皆先王政典，而为古史官所职守。

孔子为吾国一切学术承先启后之唯一人物，生平至大之事，为制定六经。今略述其概如下。

一、《易》 包羲始画八卦，因而重之为六十四卦。文王作《卦辞》，周公作《爻辞》。孔子晚而喜《易》，《序》《彖》《系》《象》《说卦》《文言》，是为"十翼"，以授鲁商瞿、子木，凡易十二篇。《史记·孔子世家》。然"十翼"自宋以来，即有辨其一部分非孔子作者。欧阳修有《易童子问》三卷辨《系辞》《文言》《说卦》《序卦》《杂卦》等非孔子之作。叶适著《记学习言》，其第四卷专辨《系辞》与《彖》《象》之不合，断定《系辞》

孔 子
——清道光六年（1826）吴门赐砚堂顾氏刊本《圣庙祀典图考》

以下非孔子之作。故"十翼"中，惟《彖》《象》无人否认为孔子所作。

二、《书》 《书》本王之号令，右史所记。《尚书纬》谓孔子求得黄帝元孙帝魁之书，迄于秦穆公，凡三千二百四十篇。《史记》谓孔子序《书传》，上纪唐虞之际，下至秦穆，编次其事。*孔子世家*。孔子编次之后，《典》《谟》《训》《诰》《誓》《命》之文，凡百篇。由孔子授漆雕开，然师说无传，唯孔子世传其书。及秦禁学，孔氏壁藏之。*孔安国《尚书序》*。

三、《诗》 《诗》者，所以言志，吟咏性情，以讽其上者也。古者，《诗》三千余篇，孔子最先删录，去其重，取可施于礼义；上采契、后稷，中述殷、周之盛，至幽、厉之缺；孔子皆弦歌之，以求合韶、武、雅、颂之音。凡三百十一篇。以授子夏。

四、《礼》 帝王质文，世有损益，至于周公，代时转浮；周公居摄，曲为之制；故曰经礼三百，威仪三千。及周之衰，诸侯始僭，将逾法度，恶其害己，皆灭去其籍，自孔子时而不具矣。孔子返鲁，乃始删定。值战国交争，秦氏坑焚，故惟礼经，崩坏为甚。今所存者，惟《仪礼》十七篇，至为可信。汉代称为《礼古经》，又名《士礼》；至东汉始改称《仪礼》。至《周礼》在《汉志》称《周官经》，《隋志》始改名《周官礼》，为战国、秦、汉之间人根据从前短篇讲制度之书，借来发表个人主张者；《礼记》则由汉人掇拾而成，其大部分在战国中叶已陆续出现，小部分为西汉前半儒者缀加。故《周礼》《礼记》于古六艺无与。

五、《乐》　自黄帝下至三代，乐各有名。孔子：安上治民，莫善于礼，移风易俗，莫善于乐。二者相与并行，周衰俱坏。孔子自卫返鲁，然后乐正，雅颂各得其所。盖从前之《诗》，或不尽可歌。自孔子谱诗入乐，于是三百篇无有不可歌者。故《孔子世家》云："《诗》三百篇，孔子皆弦而歌之，以求合于韶武之音。"然乐既微眇，复以音律为节，又为郑、卫所乱，故无遗法。

六、《春秋》　古之王者，必有史官，君举必书，所以慎言行，昭法式也。诸侯亦有国史，故孟子曰："晋之《乘》，楚之《梼杌》，鲁之《春秋》一也。"《春秋》即鲁之《史记》。孔子应聘不遇，自卫而归，西狩获麟，伤其虚应，乃因鲁旧史，而作《春秋》。上述周公遗制，下明将来之法；约其文辞，以绳当世。笔则笔，削则削，子夏之徒，不能赞一辞。

六经而外，有《论语》《孝经》二种，与六经并重。《论语》者，孔子应答弟子时人，及弟子相与言。而接闻于夫子之语也。当时弟子各有所记，孔子既卒，门人相与辑而论纂，故谓《论语》。《孝经》者，孔子为曾子陈孝道也。所记皆孔子与曾子问答之辞，大抵为曾子门人所作。

诸家学说

周、秦之际，至要之事，莫如诸家之学派。大约中国自古及今至美之文章，至精之政论，至深之哲理，并在其中，百世之后，穷研终不能尽。此由春秋以降，王室衰微，诸侯力争，阶级毁灭，言论自由。[30]于是说治国济民者，与欲求名立身者，遂蜂起于四方，各述其说，以求用世，结果则诸家并兴。

春秋之季，孔、老、墨三家并作，其思想学说，为春秋以后一切学术之源泉。兹略述其事迹与学说如下：

一、孔子　孔子名丘，字仲尼；其先宋人，父叔梁纥，母颜氏，以鲁襄公二十二年庚戌之岁，周灵王二十一年，公元纪元前五五一年。十一月庚子，生孔子于鲁昌平乡陬邑。为儿嬉戏，常陈俎豆，设礼容。及长为委吏，料量平；为司职吏，畜蕃。倡儒教，其要以孝悌为本，以忠恕为方，而行仁道于天下。故其教始于修身齐家，终于治国平天下。孔子叹王室衰微，抱恢复之志。适周，问礼于老子。既反而弟子益进。鲁昭公二十五年，孔子年三十五，而昭公奔齐；鲁乱，于是适齐，为高昭子家臣，以通乎景公。公欲封以尼谿之田，晏婴不可，公惑之，孔子遂行，反乎鲁。定公元年，孔子年四十三，而季氏强僭，其臣阳虎作乱专政，故孔子不仕，而退修《诗》《书》《礼》《乐》，弟子弥众。九年，孔子年五十一岁，定公以孔子为中都宰，一年四方则之，遂为司空，又为大司寇。十年，相定公会齐侯于夹谷，齐人归鲁侵地。十二年，使仲由为季氏宰，堕三都，收其甲兵。孟氏不肯堕成，围之不克。十四年，孔子年五十六，摄行相事，诛少正卯，与闻国政；三月，鲁国大治；齐人馈女乐，季桓子受之，郊又不致膰于大夫，孔子行。适卫，主于子路妻兄颜雠由家。适陈，过匡，匡人以为阳虎而拘之。既解，还卫，主蘧伯玉家。见南子，去适宋；司马桓魋欲杀之，又去适陈，主司城贞子家，居三岁而返乎卫，卫灵公不能用。将西见赵简子，至河而返，又主蘧伯玉家，灵公问陈，不对而行，复如陈。季桓子卒，遗言谓康子必召孔子，其臣止之，乃召冉求。孔子如蔡，及叶，楚昭王将以书社地封孔子，令尹子西不可，乃止。又返乎卫，时灵公已卒，卫君辄欲得孔子为政，而冉求为季氏将，与齐战有功，康子乃召孔子，而孔子归鲁，实哀公之十一年也，孔子年六十八矣。然鲁终不能用孔子，于时孔子亦不求仕，于是传《易》《彖》《系》《象》《说卦》《文言》，序《书》修《诗》正《乐》。十四年春，狩大野，叔孙氏之车子鉏商获兽，以为不祥。孔子视之曰：麟也，孰为来哉，吾道穷矣。乃因鲁史作《春秋》。十六年壬戌，周敬王四十一年，公元纪元前四七九年。四月乙丑，孔子卒，年七十三岁。弟子三千人，身通六艺者七十二人，皆异能之士也。[31]

孔子学说言道言政，皆植本于"仁"。故孔子曰："仁者，人也。"《中庸》。又曰："夫仁者，己欲立，而立人；己欲达，而达人；能近取譬，可谓仁之方也已。"《论语》。按孔家一切学问，专以"研究人之所以为人者"为其范围。故孟子亦曰："仁也者，人也。合而言之道也。"荀子曰："有知之属，莫不知爱其类也。"爱类观念，以消极的形式发动者，则谓之恕；以积极的形式发动者，则谓之仁。子贡问一言可以终身行？孔子曰："其恕乎！己所不欲，勿施于人。"《论语》。"强恕而行，求仁莫近焉。"《孟子》。孔子论政，则曰："政者正也。"《论语》。"为政以德，譬如北辰，居其所而众星拱之。"《论语》。至其为政之方法，则以正名为先。故子路问曰："卫君待子以为政，子将奚先？"孔子曰："必也正名乎。……名不正，则言不顺；言不顺，则事不成；事不成，则礼乐不兴；礼乐不兴，则刑罚不中；刑罚不中，则民无所措手足。故君子名之必可言也，言之必可行也。君子于其言，无所苟而已矣。"《春秋》一书，即孔子实行正名之作。盖因当时"世衰道微，邪说暴行有作。臣弑其君者有之，子弑其父者有之。孔子惧，作《春秋》。"《孟子》。《春秋》为例之情有五：一曰微而显，文见于此，而起义在彼。二曰志而晦，约言示制，推以知例。三曰婉而成章，曲从义训以示大顺。四曰尽而不污，直书其事，具文见意。五曰惩恶而劝善，求名而亡，欲盖而彰。大抵《春秋》文成数万，其指数千，凡所以诛天下之为人臣不忠，为人子不孝者也。故"孔子成《春秋》，而乱臣贼子惧"。《孟子》。虽然，"《春秋》，天子之事也"。是故孔子曰："知我者，其惟《春秋》乎！罪我者，其惟《春秋》乎！"《孟子》。又孔子留术数，而去鬼神，认术数为一种天然法则，即所谓"命"也。孔子云："五十而知天命。"又云："不知命，无以为君子。"又云："道之将行也与，命也；道之将废也与，命也。"皆其适例。总上以观，孔子主张作人以"仁""恕"为本，为政以"正名"为先，用世以"知命"为贵。

二、老子　《史记》曰：老子者，楚苦县厉乡仁里人也，姓李氏。名耳，字伯阳，谥曰聃。周守藏室之史也。《史记·老子列传》。然考《索隐》云："许慎云：聃，耳曼也。故名耳字聃。有本字伯阳，非正也。老子号伯阳父，此传不称也。"是聃为字，不为谥之说也。至所以称为老子者，据《神仙传》曰："生而皓首，故称老子。"《高士传》曰："以其年老，

老 子
——从清道光十年（1830）刊本
《古圣贤像传略》

故号其书为老子。"二说虽未尽信，然皆古说，必有所受。按老子事迹，不可详考。鲁昭公二十四年，孔子三十四岁，适周，问礼于老子。准是立言，老子略先孔子而出，至多比孔子大二十岁，当生于周灵王初年，当公元前五七〇年左右。老子之学，以自隐无名为务，惩当时之繁文缛礼，专尚自然，倡无为，排礼仪制作。居周久之，见周之衰，乃遂去至关。关令尹喜曰：子将隐矣，强为我著书。于是老子乃著书上下篇，言道德之意，五千余言，名曰《道德经》，遁世不知所终。然《庄子·养生主》云："老聃死，秦失吊之，三号而出。"是明记老子之死，则流沙化胡，入关仙去《列仙传》。之神话，不攻自破矣。

　　老子之学，以自隐无名为务。故其言曰："五色令人目盲，五音令人耳聋，五味令人口爽；驰骋畋猎，令人心发狂；难得之货，令人行妨。是以圣人为腹不为目，故去彼取此。"又曰："大道废，有仁义；智慧出，有大伪。六亲不和，有孝慈；国昏乱，有忠臣。"又曰："绝圣弃智，民利百倍；绝仁弃义，民复孝慈；绝巧弃利，盗贼无有。"又曰："天下之至柔，驰骋天下之至坚，无有入无间，吾是知无为之有益。"又曰："我有三宝，持而保之。一曰慈，二曰俭，三曰不为天下先。"又曰："欲上民，必以言下之；欲先民，必以身后之。"又曰："民不畏死，奈何以死惧之。"又曰："抗兵相加，哀者胜矣。"又曰："以道佐人主者，不以兵强天下，其事好还。师之所处，荆棘生焉。大军之后，必有凶年。"又曰："夫佳兵者，不祥之器，物或恶之，故有道者不处。"此等非政非兵之学说，殆因老子惩于末流之就衰，礼意之失实，原于盛周之繁文缛礼，又观于列国竞争，干戈满地，役使数万，百不一归。故对于政治思想，激而主张清静无为，以服从自然为极则。而主张"我无为而民自化，我好静而民自正，我无事而民自富，我无欲而民自朴"。又老子之学，以为万物皆出于道，而道出于自然。故曰："有物浑成，先天地生，吾不知其名，字之曰道。"又曰："人法地，地法天，天法道，道法自然。"夫唯如是，故"万物芸芸，各归其根；归根则静，是为复命"，是旧说鬼神之情状，不可以人理推，而一切祷祀之说破矣。道先天地而生，则知天地山川五行百物之非原质，不足以明天人之故，而占验之说废矣。"祸兮福所倚，福兮祸所伏"，则知祸福纯乎人事，非能有前定之者，而天命之说破矣。鬼神五行前定既破，而后知天地不仁，以万物为刍狗；圣人不仁，以百姓为刍狗。此等新说，大约以反复申明炎黄以来鬼神术数之学之误为宗旨，矫枉前代之失过正，有破坏而无建立，终不如孔子学说之适中而近于人事也。

三、墨子　墨子名翟姓墨氏，盖宋之大夫。《史记·孟荀列传》。或云鲁人，《吕氏春秋·当染·慎大》篇。或云宋人。

《墨子》
——从明嘉靖三十一年（1552）福建芝城铜活字蓝印本《墨子》

《荀子·修身》篇。今依孙诒让说，定为鲁人。《墨子闲诂·后语列传》第一《按语》。其生也，或云并孔子时；《史记·孟荀列传》。或云在孔子后；《汉书·艺文志》。或云六国时人，至周末犹存。毕沅《墨子序》。汪中谓墨子时代，"明在勾践称霸之后，秦献公未得志之前，全晋之时，三家未分，齐未为田氏也"。据此，墨子大概生于周敬王二十年与三十年之间，公元前五〇〇年—四九〇年。卒于周威烈王元年与十年之间。公元前四二五年—四一六年。墨子生时，约当孔子五十岁六十岁之间。孔子生公元前五五一年。此时正当儒学极盛之际，故"墨子学儒者之业，受孔子之术"。《淮南子·要略》。是墨子者，孔子弟子也。然一说为史角之弟子焉。《吕氏春秋·当染》篇。墨子是否为孔子弟子，虽不能确定。然墨子确学于鲁，《当染》篇。受儒家影响当不少。

墨子之学说，与孔子相反。孔子不党，墨子尚同。孔子亲亲，墨子尚贤。孔子差等，墨子兼爱。孔子繁礼，墨子节用。孔子重丧，墨子节葬。孔子统天，春秋以元统天，《文言》称先天而天不违。盖孔子不尚鬼神,故有此说。墨子天志。孔子远鬼,《论语》称未知生,焉知死,敬鬼神而远之。墨子明鬼。孔子正乐,墨子非乐。孔子知命,《论语》道之将行也与,命也。道之将废也与,命也。不知命,无以为君子也。墨子非命。孔子尊仁,墨子贵义。殆无一不与孔子相反。墨子者,真与孔子为敌者也。孟子曰:"墨子兼爱,是无父也。杨、墨之道不息,孔子之道不著。"荀子曰:"不知壹天下建国家之权称,上功用,大俭约,而慢差等,曾不足以容辨异县君臣。然而其持之有故,其言之成理,是墨翟、宋钘也。"虽然,儒墨不为其人,而惟其学。以宰我之智,而议短丧;以曾子之贤,而其居卫也,缊袍无表,颜色肿哙,手足胼胝,三日不举火,十年不制衣,是以儒兼墨者也。墨子守宋,为宋拒强楚,扞国家之难,存其君,使宋之社稷无患。是儒者所为竭忠以事君者也。鲁君谓子墨子曰:"吾恐齐之攻我也,可救乎?"墨子曰:"可。昔者三代之圣王,禹、汤、文、武,百里之诸侯也,说忠行义,以取天下。三代之暴王,桀、纣、幽、厉,以仇怨行暴失天下。"是儒家之恒说通理也。是墨子又以墨而兼儒者也。总之,儒墨皆有救天下之心,而墨之救天下也尤亟。孟子曰:"墨子兼爱,摩顶放踵,利天下为之。"即其明证。《庄子·天下篇》评墨子有言曰:"其生也勤,其死也薄,其道大觳,使人忧,使人悲,其行难为也,恐其不可以为圣人之道。反天下之心,天下不堪,墨子虽独能任,奈天下何。离于天下,其去王也远矣。……虽然,墨子真天下之好也,将求之不得也,虽枯槁不舍也,才士也夫。"

《韩非子·显学》篇曰："自墨子之死也，有相里氏之墨，有相夫氏之墨，有邓陵氏之墨。"《庄子·天下》篇曰："相里勤之弟子，五侯之徒；南方之墨者，若获、已齿、邓陵子之属，俱诵《墨经》而倍谲不同，相谓别墨；以坚白同异之辩相訾，以觭偶不忤之辞相应，以巨子为圣人，皆愿为之尸，冀得为其后世，至今不决。"古书言墨学传受派别者，如是而已。

战国之世，诸学蓬生，流派浸多。《汉书·艺文志》本刘歆《七略》又于司马谈六家之外，增纵横、杂、农、小说家，共为九流十家。又索其原流曰："儒家者流，盖出于司徒之官；……道家者流，盖出于史官；……阴阳家者流，盖出于义和之官；……法家者流，盖出于理官；……名家者流，盖出于礼官；……墨家者流，盖出于清庙之守；……纵横家者流，盖出于行人之官；……杂家者流，盖出于议官；……农家者流，盖出于农稷之官；……小说家者流，盖出于稗官；……"此等九流出于王官之说，近人章太炎先生于所著《诸子略说》，刊在丙午年《国粹学报》。言之綦详。然最近胡适则著《诸子不出于王官论》以驳之，并引《淮南子·要略》以为论据。谓："诸子之学皆起于救世之弊，应时而兴。故有殷周之争，而太公之阴谋生。有周公之遗风，而儒者之学兴。有儒学之敝，礼文之烦扰，而后墨者之教起。有齐国之地势，桓公之霸业，而后管子之书作。有战国之兵祸，而后纵横修短之术出。有韩国之法令'新故相反，前后相缪'，而后申子刑名之书生。有秦孝公之图治，而后商鞅之法兴焉。此所论列，虽间有考之未精，然其大旨以为学术之兴皆本于世变之所急。其说最近理。

即此一说，已足推破九流出于王官之陋说也"。胡适《中国哲学史大纲·附录诸子不出于王官论》。顾诸家之学，虽不出于王官，而其派别则颇有可记，兹谨著录如下：

一、儒家　儒家以孔子为宗，其学以仁为道德之极则，以恕为立身标准，以中庸为行为之权衡，以大同为政治之理想。孔子弟子三千人，通六艺者七十二人。《易经》由孔子授商瞿，六传而为田何。《史记》。《书经》虽由孔子授漆雕开，然师说无传。唯孔氏世传其书，九传而至孔鲋。《孔丛子》。《诗经》由孔子授子夏，六传而至荀卿，荀卿授《诗》浮邱伯为鲁诗之祖；复以《诗》授毛亨为《毛诗》之祖。《经典释文·叙录》。《春秋》自左丘明作传，六传而至荀卿，复由荀卿授张苍，是为左氏学之祖。刘向《别录》。《公》《穀》二传，咸为子夏所传。一由子夏授公羊高，五传而至胡母生，是为公羊学之祖。戴弘《序》。一由子夏授穀梁赤，《风俗通》。一传而为荀卿，复由荀卿授申公，《杨疏》。是为穀梁学之祖。又子夏、子贡，皆深于乐；《礼记·乐记》。曾子、子游皆深于礼。见《礼记·檀弓》《礼记·杂记》诸篇。子夏并有《丧服传》《仪礼》。之作。六国之时传礼经者，复有公孙尼子、青史氏、王氏诸人。《汉书·艺文志》。大抵孔门六艺传授，以子夏为最；徐防曰："诗书礼乐，定自孔子，发明章句，始于子夏。"《后汉书·徐防传》。故孔门经学之传，子夏功为多。

战国时孟子、荀子最为大儒。孟子名轲，邹人，受业于子思之门人。慕仲尼周流忧世，遂以儒道游于诸侯，思济斯民；然由不肯枉尺直寻，时君咸谓之迂阔于事，终莫能听纳其说。

孟子
——从明万历三十七年（1609）原刊本《三才图会》

《孟子题辞》。于是退而与万章之徒，序《诗》《书》述仲尼之意，作《孟子》七篇。[32]《史记·孟子荀卿列传》。赵岐称其通五经，尤长于《诗》《书》；《孟子题辞》。故其书引《诗》者三十，论《诗》者四，引《书》者十八，论《书》者一，而论《春秋》尤有特识。孟子之学，其长在于微言大义，而不务章句，与子夏之派异。其说尊王贱霸，重仁义，轻功利。谓人性皆善，人皆可以为尧、舜。卒于周赧王二十六年。[33]荀子名况，卿者，时人相尊而号为卿也。年五十始来游学于齐。驺衍、田骈之属，皆已死齐襄王时，而荀卿最为老师。齐尚修列大夫之缺，而荀卿三为祭酒焉。[34]入秦见秦昭王及应侯。游赵，见孝成王。又游楚，春申君以为兰陵令。卿本赵人，春申君死，遂家兰陵。或称孙卿，盖孙、荀古本通用。大毛公，浮邱伯，皆卿弟子，为《毛诗》《鲁诗》所自出。《韩诗外传》引荀子说，凡四十有四，则《韩诗》亦荀卿别子。传《穀梁》之瑕邱，传《左氏》之贾谊，则皆再传弟子。且其学长于《礼》，大戴所传之《哀公问五义》《礼三本》《曾子立事》《劝学》，小戴所传之《乐记》《三年问》

《乡饮酒义》，大略皆见于《荀子》。是子夏之后，有功于经者，又莫荀子若者也。今本《荀子》三十二篇，中以《天论》《解蔽》《正名》《性恶》四篇，为荀卿学说精华所在，大要主张性恶，法后王，及正名。其性恶之说，则由目击当世为恶者多，为善者少，从经验得来；与孟子性善说之由直觉得来者颇异。

荀 况
——从原故宫南熏殿旧藏《历代先贤名人像》

孔门传经表从孔子弟子起至汉初止。

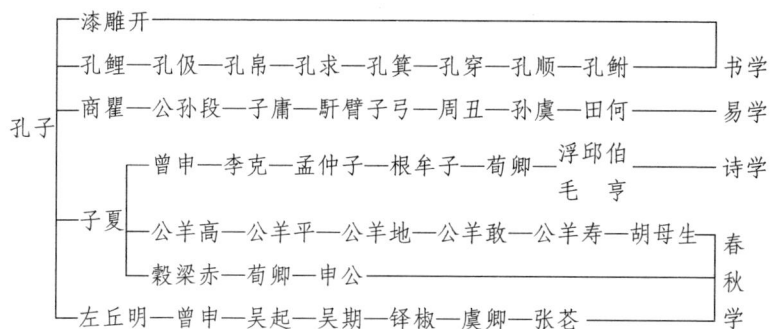

二、道家　道家以老子为宗，老子主自然主义，具见于前。其后有杨子名朱，盖梁人，其年代颇多异辞，有谓其上可以见老聃者，有谓其下可以见梁王者。杨子倡为我主义，孟子称其"拔一毛利天下不为"。《滕文公》篇。《列子·杨朱》篇虽系后人伪托，而所记杨朱言行，有孟子作旁证，大体似可凭信。"杨朱曰：伯成子高不以一毫利物，舍国而隐耕；大禹不以一身自利，一体偏枯。古之人损一毫利天下不与也，悉天下奉一身不取也。人人不损一毫，人人不利天下，天下治矣。"《杨朱》篇。"有生之最灵者，人也。人者爪牙不足以供守卫，肌肤不足以自捍御，趋走不足以逃利害，无毛羽以御寒暑，必将资物以为养，性任智而不恃力。故智之所贵，存我为贵；力之所贱，侵物为贱。"《杨朱》篇。此等极端的为我主义，一面贵存我，一面又贱侵物；一面主张损一毫利天下不与，一面又主张悉天下奉一身不取；故不得谓为损人利己主义。然与墨子之兼爱主义则大相反。儒家孟子并辞而辟之曰："圣王不作，诸侯放恣，处士横议，杨朱、墨翟之言盈天下；天下之言，不归杨则归墨。杨氏为我，是无君也；墨氏兼爱，是无父也；无父无君，是禽兽也。"《滕文公》篇。此亦可见杨氏学说，在孟子时代，实为一有力之学说，直与儒、墨并立。

又有列子名御寇，御一作圉。郑人。《战国策》史疾为韩使楚，答楚王问，谓治列圉寇之言。《庄子》内外篇称列御寇者尤多。尸子曰："列子贵虚。"《广泽》篇。《淮南子》曰："列子学壶子。"《缪称训》。刘向曰："列子者，与郑穆公同时，盖有道者也。"郑穆公远在列子前。柳宗元曰：当在郑缪公或鲁穆公也。有《列子》一书，《隋志》并录八篇，旧本题周列御寇撰，然书中多称子列子必为传其学者所追记，非自作之书。今所传《列子》八篇，《力命》篇一推分命，《杨朱》篇惟贵放逸，二义乖背，不似一家之书，足证并非原本。列子学说出于老子,"大略明群有以至虚为宗,万品以终灭为验;神惠以凝寂常全,想念以著物自丧,生觉与化梦等情,巨细不限一域,穷达无假智力,治身贵于肆任。顺性则所之皆适,水火可蹈,忘怀则无幽不照"。张湛《列子注序》。所明之义,往往与佛经参,大归同于老庄。

又有庄子,名周,宋之蒙人。蒙在河南商丘县南二十里。周尝为蒙漆园吏,与梁惠王、齐宣王同时。《老庄申韩列传》。《汉书·艺文志》谓《庄子》书有五十二篇,今存者仅三十三篇。共分《内篇》七,《外篇》十五,《杂篇》十一。其中《内篇》七篇真庄子作;《外篇》《杂篇》多为其徒假托。庄子主义,本于老子,大意在于逍遥肆志,无为而自得。一切相对之差别相,如是非然否死生,有无成毁利害,庄子概不承认之,而主张"万物皆一"。以为宇宙之内,品物万殊,"自其异者视之,肝胆楚越也,自其同者视之,万物皆一也"。《德充符》。"天下莫大于秋豪之末,而太山为小。莫寿乎殇子,而彭祖为夭。天地与我并生,而万物与我为一"。《齐物论》。故"独与天地精神往来,而不傲睨于万物,不谴是非,以与世

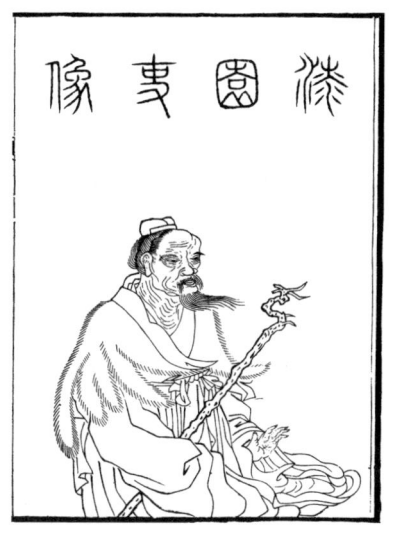

庄 子
——从清道光十年(1830)刊本《古圣贤像传略》

俗处"。《天下》篇。

三、墨家　七国时学者以孔、墨并称。孔子言满天下，而墨氏之学亡于秦季；故墨子之遗事，在西汉时已莫得其详。墨学式微，不独以其为儒者所摈绌也。其为道瘠薄而寡择，言之垂于后世者，质而不华，申其意而不驰骋其辞；故庄周谓其道大觳，使人忧，使人悲，其行难为。此墨学之所以不昌也。先秦诸子，略纪墨学传授一二，今勾集之，凡得墨子弟子十五人，再传弟子三人，三传弟子一人；治墨术而不详其传授系次者十三人，杂家四人，都不逾三十余人。据孙诒让《墨学传授考》。墨子弟子：禽滑厘、高石子、高何、县子硕、公尚过、耕柱子、魏越、随巢子、胡非子、管黔㪍、高孙子、治徒娱、跌鼻、曹公子、胜绰。墨子再传弟子：许犯、索卢参，并学于禽滑厘。屈将子，学于胡非子。墨子三传弟子：田系。学于许犯。其墨氏各家传授不可考者：有田俅子、相里子、相夫氏、邓陵子、苦获、已齿、五侯子、相里子弟子。我子、缠子。墨家钜子墨家号其道理成者为钜子，若儒家之硕儒。有孟胜、田襄子、腹䵍、徐弱。孟胜弟子。墨氏杂家有夷之、谢子、唐姑果、郑人翟。大抵墨学重实行，言多而不辩，诸子行谊，多见于《吕氏春秋》《淮南王》书。

四、法家　法家以管子为宗，管子名夷吾，《左传》。齐人。《史记》以为颍上人。今存《管子》书七十六篇，多言管子身后事，盖为其徒所附益，不尽自著。管子主功利主义，任政强齐。故其称曰："仓廪实而知礼节，衣食足而知荣辱，上服度则六亲固。四维不张，国乃灭亡。"《管子·牧民》篇。又以虚静无为，教君用术；《心术》篇。是以其言颇似道家。总之，管子之学，在明道德与生计之关系，及主张法律最高权而已。战国时，李悝首倡述之，相魏文侯，富国强兵。《汉志》有《李子》三十二篇，今其书不传。悝又收集诸国刑书，著为《法经》六篇，《盗法》《贼法》《囚法》《捕法》《具法》。极言法术要道。自李悝以后，法家惟申不害、商鞅并著。《史

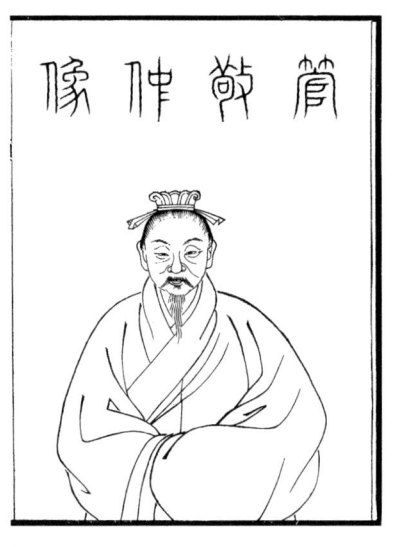

管 仲
——从清道光十年（1830）刊本《古圣贤像传略》

记》申不害者，京人也。故郑之贱臣，学术以干韩昭侯。昭侯用为相，内修政教，外应诸侯。十五年，终申子之身，国治兵强，无侵韩者。申子之学，本于黄老，而主刑名，著书二篇，号曰《申子》。《汉志》法家《申子》六篇，今其书已佚，惟见于后人所掇拾。其学可考者有三：一以虚静无为为君术，二为明法察令，三曰重农。商鞅者卫之庶孽公子，姓公孙氏。为秦变法立富强之基，秦封之商于十五邑，故号商君。《汉志》《商君》二十九篇，今存二十四篇，亦非原书。苏辙《古史》曰："商鞅专言法，申不害专言术，韩非兼言法术。"故《商君书》曰："国之所治者三：一曰法，二曰信，三曰权。法者君臣之所共操也，信者君臣之所共主也，权者君之所独制

也。"《修权》。又有尸佼，鲁人，商君师之，《汉志》有《尸子》二十篇，今亡，后人辑为二卷。慎到，赵人，齐宣时游稷下。《汉志》法家有《慎子》四十二篇，今亡。后人辑为五篇。慎子先申、韩，申、韩称之。韩非者，韩之诸公子，与李斯俱事荀卿。《汉志》法家有《韩非子》五十五篇具存。非之书，据《史记》所说，以为皆其自撰。惟《初见秦篇》见《战国策》，以为张仪初见秦之词。而《存韩篇》具李斯奏，疑出后人掇拾。书中推衍刑名法术之说，而集其大成；以为古今异宜，社会变迁不同，则制度不得不异；是以舍道德而论法律，非仁义而尚威势，而深以世之法古者为愚。大抵韩非言变古与重刑，则本诸商鞅，亦略取于荀卿，言人君无为之术，本诸管子、申不害、慎到，而亦取诸老子云。

五、名家　古者名位不同，礼亦异数。孔子曰："必也正名乎。"名不正则言不顺，言不顺则事不成，此其所长也。及警者为之，则钩钛析乱而已。《墨子》书有《辩经》。晋鲁胜注序：谓墨子作《辩经》以立名本。惠施、公孙龙祖述其学，以正别名一作刑名。显于世。孟子非墨子，其辩言正辞，则与墨同。荀卿、庄周等，皆非毁名家，而不能易其论也。据此则名家当出墨子。《汉志》列邓析为名家之首。列子谓邓析操两可之说，设无穷之辞，《吕氏春秋》谓其以非为是，以是为非，是非无度，而可与不可日变。子产杀之，是非乃定。是邓析乃诡辩者流，离理自骋为术，亦名家之失也。邓析书《汉志》二篇，今传《无厚》《转辞》二篇，其词浅而不深，故疑非其本，以相传既久，要是名家之源也。尹文，齐人。说齐宣王，先公孙龙。《汉志》《尹文子》一篇，已亡。今所传《尹文子》二篇，为魏仲长氏撰定，并非原书。庄子称其接万物以别宥为始，皇皇以救世为志，而非仅骋口辩者比也。惠施与庄子同时，尝为梁惠王相，庄子屡称之。《汉志》名家《惠子》一篇，今不传。其学说见于《庄子·天下》篇中有云："至大无外，谓之大一；至小无内，谓之小一。无厚不可积也，其大千里。天与地卑，山与泽平。日方中方睨，物方生方死。大同而与小同异，此之谓小同异；万物毕同毕异，此之谓大同异。南方无穷，而有穷。今日适越，而昔来。连环，可解也。我知天之中央，燕之北，越之南是也。泛爱万物，天地一体也。"

又云："卵有毛，鸡三足；郢有天下，犬可以为羊，马有卵，丁子有尾。火不热，山出口。轮不辗地，目不见。指不至，至不绝。龟长于蛇。矩不方，规不可以圆。凿不围枘。飞鸟之景，未尝动也。镞矢之疾，而有不行不止之时。狗非犬，黄马骊牛三。白狗黑，孤驹未尝有母。一尺之棰，日取其半，万世不竭。"关于此等辞说，不可猝知，注家亦每多异解。然大抵诡辩虽足以饰人心，易人之意；但只能胜人之

公孙龙
——从清道光六年（1826）吴门赐砚堂顾氏刊本《圣庙祀典图考》

口，不能服人之心。公孙龙，赵人，尝为平原君客。以坚白之辩，鸣于时。《汉志》有《公孙龙子》十四篇，今传《公孙龙子》有《迹府》《白马论》《指物论》《通变论》《坚白论》《名实论》等六篇。《迹府》疑后人所集录，余篇亦多脱误。

六、阴阳家　起于推步占验，盖三代以上旧教。至邹衍则一变其理想，深观阴阳消息而作怪迂之变，终始《大圣》之篇十余万言。其语闳大不经，必先验小物，推而大之，至于无垠。《史记·孟荀列传》。《汉志》有《邹子》四十九篇，又《驺子终始》五十六篇，今皆不传。

七、纵横家　纵横家托始于鬼谷子，而苏秦、张仪衍其传。《鬼谷子》书，《汉志》不著录。《隋志》纵横家始有《鬼谷子》三卷。鬼谷之术，宜出于道家之变，而尝称《阴符》。盖战国纵横之徒，记《鬼谷》之精语十三篇为此书与。《唐志》称苏秦之书，大抵皆捭阖、飞钳揣摩之术，殆指出于鬼谷书《捭阖》《飞钳》《揣摩》之篇也。

八、农家　农家有许行，楚人，与孟子同时。创为君臣并耕之说，以为无所事圣王，据《孟子·滕文公》《汉书·艺文志》。为古代之无政府主义者。

九、兵家　兵家托始太公；及齐威王使大夫追轮古者司马兵法，附穰苴于其中，号《司马穰苴兵法》，而孙武、吴起之书，亦相继而出，后世读兵法者多宗之。

历史

六经皆史也。《易》兴神物以前民用，《书》取疏通知远，《诗》以敷陈讽谕，《礼》以存官典，《春秋》以道政事。盖"古之所谓经，乃三代盛时典章法度见于政教行事之实，而非圣人作为文字以传后世也"。《文史通义·经解上》。严格论之，六经中以《尚书》《春秋》《左传》最关史料。《尚书》之外，又有《周书》，凡为七十一章，上自文、武下终灵、景。《春秋》之外有《纪年》《左传》《国语》《战国策》等书，皆为此时代之史记。《纪年》起自夏、殷、周，皆三代王事，无诸国别也。唯特记晋事，起自殇叔，次文侯、昭侯，以至曲沃、庄伯。庄伯之十一年十一月，鲁隐公之元年正月也。皆用夏正建寅之月为岁首，编年相次。晋国灭，独记魏事，下至魏哀王之二十年，盖魏国之史记也，其著书文意大似《春秋经》，推此足见古者国史策书之常也。《左传》出于左丘明，孔子既著《春秋》，而丘明受经作传。盖传者转也。转受经旨以授后人。或曰传者传也，所以传示来世，《国语》亦出于左丘明。既为《春秋内传》，又稽其逸文，纂其别说，分周、鲁、齐、晋、郑、楚、吴、越八国事，起自周穆王，终于鲁悼公，别为《春秋外传》《国语》，合为二十一篇。《战国策》其篇有东西二周、秦、齐、燕、楚、三晋、宋、卫、中山，合十二国，分为三十三卷。夫谓之策者，盖录而不序，故即简以为名。或云汉代刘向以战国游士为之策谋，因谓之《战国策》。

数学

算术之学发端远古。至周，关于算数之学，始有专书，《周髀算经》其著者也。"是书内称周髀长八尺，夏至之日晷一尺六寸。盖髀者股也，于周地立八尺之表以为股，以影为勾，故曰周髀。其首章周公与商高问答，实勾股之鼻祖。……其本文之广大精微者，皆足以存古法之意，开西法之源。"《四库全书总目提要》。又按《周礼·地官·九数》掌于保氏。所谓《九数》，即《九章算数》[35]，按《九数》《周髀》二书，相传为周公作，实则周末遗书，不知何人所传也。春秋之时，孔子之门，身通六艺者七十二人，则此中固当有长算术者。降及战国，诸子百家，杂然并出，学者多应用算术，以论形势而讲兵法。盖人事愈进化，则算术愈精密；此周之数学，所以远胜前代。

天文学

天文学至周颇见进步，推测星宿运行之术亦开，将周天之星分为二十八宿，四方各有七星。东方苍龙，有角、亢、氐、房、心、尾、箕；北方玄武，有斗、牛、女、虚、危、室、壁；西方白虎，有奎、娄、胃、昴、毕、觜、参；南方朱雀，有井、鬼、柳、星、张、翼、轸。又将列国领土，分配于各星，名曰分野。故《星经》云："角、亢郑之分野，兖州；氐、房、心，宋之分野，豫州；尾、箕，燕之分野，幽州；南斗、牵牛，吴、越之分野，扬州；须女、虚，齐之分野，青州；危、室、壁，卫之分野，并州；奎、娄，鲁之分野，徐州；胃、昴，赵之分野，冀州；毕、觜、参，魏之分野，益州；东井、舆鬼，秦之分野，雍州；柳、星、张，周之分野，三河；翼、轸，楚之分野，荆州也。"当时谓属于分野之分星，若有变异之时，则此分野国，当有灾难，因是星占之数，亦随之发达。如周之史佚、苌弘，鲁之梓慎，晋之卜偃，郑之裨灶，宋之子韦，齐之甘德，楚之唐昧，赵之尹皋，魏之石申；皆掌著天文，以星占名世，其学盖自有传者。

历学

历学掌之太史，王者敬授人时，必以司天为要。夏以建寅月为正月，殷以建丑月为正月，周以建丑月为正月。盖即夏正以正月，殷正以十二月，周正以十一月。周德既衰，史不记时，君不告朔；故畴人子弟分散，或在诸夏，或在夷狄，是以其礼祥废而不统。鲁文公元年闰三月，而春秋非之。故《传》曰："于是闰三月，非礼也。先王之正时也，履端于始，举正于中，归余于终。履端于始，序则不愆。举正于中，民则不惑。归余于终，事则不悖。"《左传》。鲁哀公十二年，以建戌之月为建亥，蛰虫不伏。"季孙问诸孔尼，仲尼曰：丘闻之，火伏而后蛰者毕，今火犹西流，司历过也。"《左传》。故《春秋书》曰："冬十有二月螽。"盖讥之也。

哲学

儒家哲学，至孔子集其大成。孔子学说，最主要者为"仁"，仁之一字，孔子以前无人道及。以仁为人生观中心，为孔子最大发明。义之一字，孔子所不讲，孔子只讲智、仁、勇；仁义对举，是孟子所发明。孔子卒后，子夏、子游、子张一派，对于孔子学说，与所删定经典，为形式的保守，异常忠实，以有若为其代表。另有曾子一派，不注重形式，注重身心修养，子思、孟子皆其后劲。孔子之学，以内圣外王为极则，对于性命，不很多讲，孟子则公然讲性与天道，以为教育根本。又孔子论政治以德治为本；处社会，揭忠恕之道；居家庭，敦孝悌之义，皆为儒家道术要谛。若《易》则为古代所传之哲学，自伏羲画卦之后，文王作《卦辞》，周公作《爻辞》，至孔子复作"十翼"；[36]于是《易》之哲学根本原理皆备。大抵《易》以明宇宙万物消长变化之大法，其于自然界，大小终始，精粗表里，无所不贯；以为物生而有象，象而后有滋；万物虽赜，皆数之滋也，故可察其数以穷其变。惟此等哲学思想，虽多系《大传》说，意其义并成周时《易》教所传，非必出自孔氏。

道家哲学至老子集大成，老子哲学思想，萃于《道德》五千言。认天道为无知，于超出天地万物之外，假设一个"道"，即是"无"，以为天地本源。以"无为"为旨，"无不为"为用，教人谦抑寡欲。其后列子喜老子，学而得其高虚，所论"有"生于"无"，及始终变易之理，大抵近于老子。又有庄周，亦以万有悉由"道"生，"道"即消长变化于吾人之前之大势力。"道"外无万有，万有以外无"道"，"道"之发现为万物。故凡一切生灭成毁皆"道"也。

墨家哲学以墨子为主，墨子之学，以天为本。学者言天，盖有四种义：一，形体之天；二，主宰之天；三，运命之天；四，理法之天。墨子所言，多是主宰之天；故认天志，为"天下之明法度"。以天为道德律与政治之渊源，处处将人生行为上的应用，作为一切是非善恶之标准。

法家哲学，昌明于春秋、战国间。是缘当时社会变迁剧烈，清净无为之教，德礼感化之言，敬天明鬼之训，皆不足以范围人心；社会制裁力全失，有赖国家强制力执行；于是法之主义，遂应社会需要而起。故管子谓："智者假众力以禁强虐，而暴人止。"《君臣》篇。商君谓："民众而奸邪生，故立法制为度量以禁之。"《君臣》篇。韩非谓法必缘民众而需要始急。而法宜平等，故尹文子曰："万事皆归于一，百度皆准于法。"《大道》篇。商君曰："法之作用，在于齐天下之动，人类之不齐者，智愚贤不肖，而可使之受同等之待遇者惟法。"《赏刑篇》。又法宜注重客观标准，故管子主张使法择人，使法量功。《明法》篇。尹文子谓圣人自己出，圣法自理出；商君主张立法明分，忠诚者赏，毁公者诛。《修权》篇。凡此皆以法为纯任客观，除去一切主观之弊害，极言人治之不可恃，而法治之可长久。

名家哲学，以循名责实为救时弊法门，即孔子亦言正名。春秋以来，如宰我、子贡、苏秦、张仪、驺衍、驺奭、淳于髡、田骈、惠施、公孙龙之徒，皆以辩说显名。然其归无不谓如使名实符合，万事万物咸得其正，以立政治之大本，则社会常治不乱；故尹文曰："今万物具存，不以名正之则乱，万名具列，不以形应之则乖；故形名不可不正也。""名定则物不竞，分明则私不行。物不竞非无心，由名定故无所措其心；私不行非无欲，由分明故无所措其欲。"此名家因正名分以定万事之说也。

医学

周代医术甚为进步。据《曲礼》有医不三世不服其药之说。又据《周官》医师掌医之政令。而食医、疾医、疡医、兽医，复各分职治事。此由国家政令与社会经验足征医学发达者也。医师之有名者，则有扁鹊，郑人，姓秦氏，名越人。为医或在齐，或在赵，视病尽见五藏症结。识赵简子之疾，起虢太子之死，知齐桓侯之不治，名闻天下。过邯郸，闻贵妇人，即为带下医；过雒阳，闻周人爱老人，即为耳目痹医；来入咸阳，闻秦人爱小儿，即为小儿医；随俗为变。然当时医者犹少，故诸侯有疾，往往求医于邻国；如晋景公有疾求医于秦，秦使医和为之是也。至于民间，多有信巫不信医者。

绘图

周代画学进程，远胜前古。据《周官》所载：冬官有役人之官，地官有掌管地图之史。又春官司常掌九旗之物；日月为常，交龙为旗，熊虎为旗，鸟隼为旟，龟蛇为旐，为画旗之证。司服所掌有衮冕、鷩冕、毳冕之属，皆因画而成，为画衮之证。司尊彝掌六尊、六彝之位，其别有鸡彝、鸟彝、山尊诸名。郑玄说鸡彝、鸟彝谓刻而画之为鸡、凤凰之形，山尊刻而画之为山云之形，为画尊彝之证。师氏居虎门之左，司王朝。郑玄说王日视朝，于路寝门外画虎焉，以明勇猛，此画门之证。《考工记》梓人张五彩之侯。郑玄说五彩者，内朱，白次之，苍次之，黄次之，黑次之，其侯之师，又以五彩画云气焉，此为画侯之证。又史书中尝言古之帝王，皆建明堂以听政，明堂之四壁，则绘有图画。《家语》谓周敬王时，孔子适周，观乎明堂，睹四门墉，有尧、舜之容，桀、纣之象，而各有善恶之状、兴废之诫焉。又有周公相成王抱之负扆南面以朝诸侯之图焉。孔子徘徊而望之，乃喟然谓从者曰："此周之所以盛也。夫明镜所以察形，则观之往古，亦可以知今矣。"谨按《周官》出自战国，《家语》或称伪作，然此等绘画史迹，终不能谓其非周代所有。且西周时封膜为周君画筴；春秋时，臧孙画藻于棁，叶公画龙，宋元君召众史作画，鲁公输班写水神忖留之貌，均列载记。而当时有为齐王绘画者，答王之问曰：画犬马实难，画鬼魅则易。是不但绘事进步，即评画亦发轫。

建筑

周代建筑见于《考工记·匠人》有云："周人明堂，度九尺之筵，东西九筵，南北七筵，堂崇一筵，五室，凡室二筵。……庙门容大扃七个，闱门容小扃三个，路门不容乘车之五个，应门二彻三个。内有九室，九嫔居之；外有九室，九卿朝焉。……王宫门阿之制五雉，雉长三丈高一丈。宫隅之制七雉，城隅之制九雉。……门阿之制，以为都城制；宫隅之制，以为诸侯之城制。"又《周官·夏官》："量人掌建国之法，以分国为九州，营国城郭，营后宫，量市朝道巷门渠，造都邑亦如之。"又《逸周书·作雒解》曰："乃位五宫，太庙、宗宫、考宫、路寝、明堂；咸有四阿、反坫、重亢、重郎、常累、复格、藻棁、设移、旅楹、春常画旅。内阶玄阶，堤塘山墙；应门库台玄闑。"据此则建筑明堂、朝庙、宫寝之厓略可征。

雕铸

雕刻之事，周代掌之玉人、雕人。据《考工记》"筑氏为削"；郑氏注云："今之书刀。"所以刻器者也。又据《考工记》："玉人之事，镇圭尺有二寸，天子守之。命圭九寸，谓之桓圭，公守之。命圭七寸，谓之信圭，侯守之。命圭七寸，谓之躬圭，伯守之。"又考《春官典端》，王执镇圭，公执桓圭，侯执信圭，伯执躬圭，子执谷璧，男执蒲璧。镇圭则雕琢四镇之山，桓圭则雕琢宫室之象，信圭躬圭雕琢人形，谷璧则雕琢米粒，蒲璧则雕琢编为网目之蒲席文。试更稽《瑞玉图·古玉图考》，观其圭璧刻纹，益足证雕刻技术之进步。

冶铸之术，始见于《考工记》。曰："攻金之工，筑氏执下齐，冶氏执上齐，凫氏为声，栗氏为量，段氏为镈器，桃氏为刃。"郑氏注曰："多锡为下齐，大刃、削杀矢、鉴燧也。少锡为上齐，钟鼎、斧斤、戈戟也。声，钟镈于之属。量，豆区釜也。镈器，田器钱镈之属。刃，大刃刀剑之属。"又《考工记》曰："金有六齐：六分其金而锡居一，谓之钟鼎之齐；五分其金而锡居一，谓之斧斤之齐；四分其金而锡居一，谓之戈戟之齐；三分其金而锡居一，谓之大刃之齐；五分其金而锡居二，谓之削杀矢之齐；金锡半，谓之鉴燧之齐。"据此不为冶铸有专官，即金锡参合之法亦甚详。论其制作，见于《春官·小宗伯》者，则有六彝六尊，为供给祭礼宾客之礼器。六彝者：鸡彝、鸟彝、斝彝、黄彝、虎彝、蜼彝。六尊者献尊、象尊、壶尊、著尊、大尊、山尊。就中虎彝、蜼彝与大尊，为有虞之遗制；鸡彝、黄彝与山尊，则为夏后之遗制；斝彝与著尊，则为商代之遗制；牺尊、象尊与鸟彝为周制。牺尊若牛形，穿其背以盛酒于体内，亦能用以酌酒。此外祭器、炊器、酒器、食器、乐器，暨其他用器，[37]流传至现代者甚多；大抵器体，皆施以刻饰，或为饕餮、可恶之兽面。螭、如龙而色黄无角。夔、木石之怪如龙一角。鱼、龙、云、雷、牛、羊、熊、虎、凤、鸟等状。又于其提梁、盖、钮、鋬、耳、流、足，往往镶之以金银。此种铸品，其明净匀整，触手滑润，不着些微模糊痕迹，技巧之精妙，为后世所莫及。

音乐

周公以治礼作乐为治国要具，故音乐视夏、商益有进步。考武王克殷，乃命周公为作大武。大武者，天下始乐周之征伐行武也。典乐之官，据《周官·春官》之属，有大司乐，掌乐德、乐语、乐舞之事。乐之德六，中、和、祗、庸、孝、友事。乐之语亦六，兴、道、讽、诵、言、语事。乐之舞又有六，云门大卷、*黄帝之乐*。大咸、*尧之乐*。大磬、*舜之乐*。大夏、*禹之乐*。大濩、*汤之乐*。大武事。周代重视音乐，故常兼收并蓄，分事以叙舞历代之乐。云门以祀天神，咸池以享地祇，大磬以祀四望，大夏以祭山川，大濩以享先妣，大武以享先祖。凡六乐者，文之以五声，播之以八音。司乐之属，有大师、小师、大胥、小胥、磬师、钟师、笙师、镈师、籥师等，诸官已为明备。又立鞮鞻氏之官，掌四夷之乐与其声歌，则立制并不遗失域外。音乐注重如此，故当时伶州鸠、师挚、师襄、师旷等，皆以精音律著名。

注释

[1] 《周礼》为战国时人所伪托，乃叙述个人治国方略之作，与黄宗羲《明夷待访录》、孙文《建国大纲》《建国方略》同一性质。故《周礼》中事实与理想参半，不惟其书非周公所作，书中所载亦不尽为

西周之制。读毛奇龄《经问》（刊在《皇清经解》）。万斯大《周官辨非》（刊在《昭代丛书》、崔述《丰镐考信录·周公相成王下》（刊在《崔东壁遗书》）、皮锡瑞《三礼通论》，可以了然其故。

[2] 楚子熊通僭称王，是为楚武王。

[3]《左传·僖公二十七年》，杞桓公来朝，用夷礼，故曰子。

[4] 五服：《尚书·禹贡》，五百里甸服，五百里侯服，五百里绥服，五百里要服，五百里荒服。又《尚书·益稷》："弼成五服。"注云："五服，侯、甸、绥、要、荒服也。服五百里，四方相距为方五千里。"此虞夏之五服也。至周之五服，则见于《尚书·康诰》者有云："侯甸男邦采卫。"注云："此五服诸侯，服五百里，侯服去王城千里，甸服千五百里，男服去王城二千里，采服二千五百里，卫服三千里，与《禹贡》异制。"但周又有九服之说，考《周礼·夏官·职方氏》有云："乃辩九服之邦国，方千里曰王畿。其外方五百里，曰侯服。又其外方五百里，曰甸服。又其外方五百里，曰男服。又其外方五百里，曰采服。又其外方五百里，曰卫服。又其外方五百里，曰蛮服。又其外五百里，曰夷服。又其外方五百里，曰镇服。又其外五百里，曰藩服。"又考伪《古文尚书·周官》有云："六服群辟。"疏云："《周礼》九服，此惟六者，夷镇藩三服，在九州之外，夷狄之地，王者之于夷狄，羁縻而已，不可同于华夏，故惟举六服。"按此等"五服、九服之说，过于整齐，与建都地形不合，古人多设想之词，未可据以为实也。"（夏曾佑《中国历史教科书》）

[5]《左传·僖公二十五年》：襄王与晋，阳樊温攒茅之田，晋于是始启南阳。

[6] 越裳国，旧说在今法属安南境。法国鲍梯氏（Punthies）则谓越裳为迦尔底。以见近世所发现之古代亚述利亚石碑，所刻人皆服长衣，下垂及地与汉文越裳二字文义相合。

[7] 宴将，《中华古今注》作婆将。

[8] 渠叟，即汉代大宛，隋之钹汗，唐之拔汉那，今俄领费尔加拿

省（Ferghanah）。康，即汉代之康居，隋唐时曰康国。

[9] 晋国初有一军，献公作二军，文公作三军，悼公作新军，具见《左传》。

[10]《桓谭新论》引李悝《法经·正律》略曰：杀人者诛，籍其家，及其妻氏；杀二人，及其母氏。大盗，戍为守卒，重则诛。窥宫者膑，拾遗者刖；曰为盗心焉。其《杂律》略曰：夫有一妻二妾，其刑臧；夫有二妻，则诛；妻有外夫，则宫；曰淫禁。盗符者诛，籍其家；盗玺者诛；议国法令者诛，籍其家，及其妻氏；曰狡禁。越城，一人则诛，十人以上，夷其乡，及族，曰城禁。博戏，罚金三币；太子博戏则笞；不止则特笞；不止则更立；曰嬉禁。群相居，一日以上，则问；三日、四日、五日则诛；曰徒禁。丞相受金在右伏诛；犀首以下受金，则诛，金自镒以下，罚，不诛也；曰金禁。大夫之家，有侯物，自一以上者族。其《咸律》略曰：罪人年十五以下，罪高三减，罪卑一减；年六十以上，小罪情减，大罪理减。

[11] 前人以安邑币为禹币，平阳币为尧币；实则币上之地名，为周末文字，故可断定为周币。

[12]《疏》云："故冠于阼以著代也者，言适子必加冠于阼。阼是主人接宾之处。今适子冠于阼阶，所以著明代父之义也。"

[13] 三加：《疏》云："初加缁布冠，次加皮弁冠，三加爵弁。"

[14]《疏》云："按《仪礼》庙中冠，子以酒脯奠庙讫，子持所奠酒脯以见于母，母拜其酒脯，重从尊者处来故拜之，非拜子也。"

[15]《檀弓》：季武子之丧，曾点倚其门而歌。《春秋》：哀公会吴子伐齐，将战，公孙夏命其徒歌虞殡，示必死也。《庄子》：绋讴所生，必于斥苦。司马彪注：拂读曰拂，引柩索；讴挽歌，斥疏缓，苦急促。言引绋讴者，为人用力也。《列子·仲尼》篇：季梁之死，杨朱望其门而歌；随梧之死，杨朱抚其尸而哭。唐段成式《酉阳杂俎》曾引《春秋》《庄子》二事，以辨挽歌之非始于田横之客。

[16]《墨子·节葬》篇：子墨子制为葬之法曰：棺三寸，足以朽

骨；衣三领，足以朽肉；掘地之深，下无菹漏，气无发泄于上，垄足以期其所则止矣。《论语·阳货》篇：宰予问三年之丧，期已久矣。

[17] 任侠之风，在春秋时代有公孙杵臼、程婴匿赵孤（《史记·赵世家》）；毕阳庇伯州犁（《晋语》）；专诸刺王僚（《史记·吴大伯世家》）；等事。在战国时代有预让刺赵襄子，聂政刺侠累，轲荆刺秦王（俱见《史记·刺客传》）等事。

[18] 养士最著者，齐有孟尝君，赵有平原君，楚有春申君，魏有信陵君。门下食客，多至三千人。

[19]《书·盘庚》：兹予大享于先王，尔祖其从与享之。

[20]《周礼疏》云：攻木之工七，轮人为轮盖，舆人为车舆，弓人为六弓，庐人为柄之等，匠人为宫室、城郭、沟洫之等，车人为车，梓人为饮器及射侯之等。攻金之工六：筑氏为削，冶氏为戈戟，凫氏为钟，栗氏为量，段氏为镈，桃氏为剑。攻皮之工五：函人为甲，鲍人主治皮，韗人为鼓，韦氏裘氏阙也。设色之工五：画缋二者，别官同职，共其事者，画缋相须故也。钟氏染鸟羽，筐氏阙，㡛氏主湅丝。刮摩之工五：玉人造圭璋之等，柳氏关，雕氏阙，矢人主造矢，磬氏为磬。抟埴之工二：陶人为瓦器，甗甑之属；瓬人为瓦簋。

[21] 说者谓《易·卦辞》文王所作。《史记·太史公自序》谓西伯拘羑里演《周易》是也。《爻辞》周公所作。《纲目前编》云：周公居东，取《易》之三百八十四爻，各系以辞。又马宛斯曰：文王囚羑里有《卦辞》，周公居东有《爻辞》。

[22]《诗·序》：《七月》，陈王业也。周公遭变，故陈后稷先公风化之所由致王业之艰难也。《鸱鸮》，周公救乱也。成王未知周公之志，公乃为诗以遗王，名之曰《鸱鸮》焉。

[23] 孔子作《上彖》《下彖》《上象》《下象》《上系》《下系》《文言》《说卦》《序卦》《杂卦》为《十翼》。

[24]《尚书·大传》：《六誓》可以观义，《五诰》可以观仁，《甫刑》可以观诚，《洪范》可以观度，《禹贡》可以观事，《皋陶》

可以观治，《尧典》可以观美。

[25]《诗序注》：《关雎》之乱以为《风》始，《鹿鸣》为《小雅》始，《文王》为《大雅》始，《清庙》为《颂》始。

[26]《礼记·祭义》：礼有五经，谓吉、凶、军、宾、嘉。

[27]《春秋序》谓春秋为例之情有五：一曰微而显，文见于此，而起义在彼。二曰志而晦，约言示制，推以知例。三曰婉而成章，曲从义训，以示大顺。四曰尽而不污，直书其事，具文见意。五曰惩恶而劝善，求名而亡，欲盖而彰。

[28] 孔安国《尚书序》：伏羲、神农、黄帝之书，谓之《三坟》；言大道也。少昊、颛顼、高辛、唐虞之书，谓之《五典》，言常道也。八卦之说，谓之《八索》；求其义也。九州之志，谓之《九丘》；丘，聚也；言有九州所有，土地所生，风气所宜，皆聚此书也。

[29]《周官郑注》：风言贤圣治道之遗化也。赋之言铺，直铺陈今之政教善恶。比见今之失，不敢斥言，取此类以言之。兴见今之美，嫌于媚谀，取善事，以喻劝之。雅正也，言今之正者，以为后世法。颂之言诵也，容也。诵今德广以美之。

[30] 春秋以前，学不下庶人，掌于官守；故龚定庵《古史钩沉论一》云："周之世官，大者史，史之外，无语言焉；史之外，无文字焉；史之外无人伦品目焉。"章实斋《校雠通义》上卷云："守官学业，皆出于一，而天下以同文为治，故私门无著述。"凡此皆春秋以前，学术专制，思想言论不能自由之征。

[31] 孔氏之门，伟然皆有用之才，其著籍者三千人，自颜渊以下，七十有二人称于时。颜渊以王佐自命，仲弓有南面才；仲弓一为季氏宰，而颜渊终其身不仕。孔子不得志于鲁，以其说干七十二君，率与诸弟子偕。当是时子路、公孙龙以勇称，子贡以辩著，澹台子羽以侠闻。而孔子尝曰："德行：颜渊、闵子骞、冉伯牛、仲弓；言语：宰我、子贡；政事：冉有、季路；文学：子游、子夏。"如然曾参大孝，有若似子，宓贱善治，原宪乐贫，皆不得与于诸子之列。子路者，与颜子并

称。孔子曰：自吾有回，门人并亲；自我得由，恶言不入于耳。又曰：千乘之国，可使治其赋也。由也果，于从政乎何有。片言可以折狱者，其由也欤。宓子贱为单父宰，三年，至使民暗行，若有严刑于旁；盖以古道德家学治其民者也。子贡者以货殖名，孔子称之曰亿则履中，然亦古纵横家者流也。故子贡一出，曾乱齐，破吴，霸越，而存鲁。冉有者，由、赐之亚也。子曰求也艺，于从政乎何有。原宪、闵子骞者，颜子之流也，身隐居不仕，为当时高士。孔子尝厄于陈、蔡之间，使子贡至楚，楚昭王兴师迎孔子，欲以书社地七百里封孔子。楚令尹子西曰："王之使，使诸侯，有如子贡者乎？王之辅相，有如颜渊者乎？王之将率，有如子路者乎？王之官尹，有如宰我者乎？且楚之祖封于周，号为子男五十里。今孔子述三王之法，明周召之业，王若用之，则楚安得世世堂堂方数千里乎？夫文王在丰，武王在镐，百里之君，卒王天下。今孔子得据土壤，贤弟子为佐，非楚之福也。"昭王乃止。此与晏婴之沮尼溪，同一私心也。婴之言曰："孔子盛容饰，繁登降之礼，趋祥之节，累世不能殚其学，穷年不能究其礼。君欲用之以移齐俗，非所以先细民也。"晏婴私一齐，子西私一楚，知孔子为圣人而不能用，况不知乎？虽然子西亦可谓知孔子与七十二子者矣。孔子以天下为己任，七十子皆非无心于民者也。又孔子不必遽贤于弟子，乃集众人之贤以为贤者也。故尸子曰：仲尼志意不立，子路侍。仪服不修，公西华侍。礼不习，子贡侍。辞不辨，宰我侍。亡忽古今，颜回侍。节小物冉伯牛侍。曰：吾以夫六子自厉也。又子夏问于孔子曰：颜回之人奚若？子曰：回之信，贤于我。曰：子贡之为人奚若？子曰：赐之敏，贤于我。曰：子路之为人奚若？曰：由之勇，贤于我。曰：子张之为人奚若？曰：师之庄，贤于我。凡此皆孔子所以成为大圣也。又孔子处衰乱之世，行其教于天下，犯时忌讳，周流以至老死，而诸侯不能杀，大夫不加诛，大率门弟子之力居多。子畏于匡，颜渊后。子曰：我以汝为死矣。夫以三千之徒，人人有死其师之心，此固季孙、阳虎之暴，所不敢加；晋楚大国之威，所不敢胁者矣。是故匡人简子，以甲士围子，子路怒，奋戟将与之战。公叔氏以蒲叛，而止孔子，公良孺以私车五乘，拔剑与之斗，甚疾；蒲人惧，乃盟而出之。孔子既不得志于天下，门弟子亦无贵显者。此可见春秋之世，贵族专擅，虽有圣人之才，亦粥粥无所施之，可悲也矣。孔子卒后，弟子皆服三年心丧，丧毕诀而去。惟子贡庐于冢上，凡六年然后归。

[32]《史记》及《孟子题辞》皆以七篇为孟子自著。《十三经孟子疏》引唐林慎思《续孟子书》二卷，以为《孟子七篇》非孟轲自著，乃弟子共记。

[33] 据明人所纂《孟子谱》，孟子生于周烈王四年四月二日，死于赧王二十六年十一月十五，年八十四。吕元善《圣门志》所纪年《与孟子谱》同。

[34]《史记》言荀卿年五十始来游学于齐。《风俗通·穷通》篇云：齐威王之时，孙卿有秀才，年十五，始来游学。晁公武《郡斋读书志》引刘向《孟子序》亦作十五。最近胡适于所著《中国哲学史大纲》主从《史记》，今依之。

[35] 九数简释

方田　此章以边线之长短，求面积之多寡，而丈量田地之法本此矣。以面形之大小，求体积之多寡，而盘仓窖之法本此矣。以方圆束法，各样堆垛量木捆法，算法相同，故悉隶焉。

粟米　此章以量法求多寡，以衡法求轻重，以度法求长短。

差分　差者等也，物之混者，求其等而分之。以人户之差，求赋税多寡。以官品之差，求俸禄多寡。以价之差，求货物多寡。以合本之差，求得利多寡之类是也。

少广　此章如田截从之多益广之少，故曰少广。以面积之多寡，求线之长短，则曰开平方，而分田截积之法本此矣。以体积之多寡，求面形之大小，则曰开立方，而求仓窖之法本此矣。以束法求边周，堆垛求广纵，算法相同，故悉隶焉。皆各方田章还原之意。

商功　南度也，商量用力之法也。此章以坚壤之律，求穿地之实。

以广阔高深，求城堤、河渠之积。以用力难易，求人工之多寡。以奔走迟速，求程途之远近。

　　均输　均平也，输送也。此章以田地之多寡，人户之上下，求赋税。以道德之远近，负载之轻重，求脚费。以物价之参差，求均停。以人物之隐互求显现。

　　方程　方者比也，程者式也。设问中储物繁冗，储价错杂，无可置算，必须布置行列，定为一成之式。然后递互遍乘同异，加减求其有等，作为比例，故曰方程。

　　盈不足　盈不足，借有余不足，以求隐杂之数也。盖隐杂者不见之数，有盈不足则有可见矣。故即此而求之，亦为因较而得正数之法。此固比例法也。但比例法以实数求实数，而盈不足则以虚数求实数焉。

　　[36]《彖上》《彖下》《象上》《象下》《系辞上》《系辞下》《文言》《说卦》《序卦》《杂卦》总称为"十翼"；亦称《传》，或《易传》，或《易大传》，自司马迁称"孔子晚而喜《易》《序》《彖》《系》《象》《说卦》《文言》"以后，后人皆谓"十翼"为孔子作。惟自北宋欧阳修疑《系辞》《文言》《说卦》《序卦》《杂卦》非孔子作，南宋叶适断定《系辞》以下非孔子作，学者间谓"十翼"非孔子作；最近梁启超先生谓"除了《彖》《象》还无人否认是孔子作品外，其余几乎同孔子没有关系。……《系辞》《文言》以下各篇，是孔子后学受了道家和阴阳家的影响而作的书"（《古书真伪及其年代》）。

　　[37]炊烹之器，有鼎（为调和五味之器，圆者三足，方者四足），镬（似釜而敛口，有两耳与环），甗（上蒸下煮，有隔，疑足，与鬲同），盉（调味之器，有盖有提梁或纽，如流多之凤螭，有三足）等。盛酒之器，有尊（如瓶而圈足），罍（似尊而大），彝（比尊低，有两耳，圈足），舟（彝之罍似彝），卣（盛香酒之中尊，有盖与提梁，圈足）等。酒筋，有爵（有流尾鋬，两注，戈足三），觚（似尊而细有侈口，圈足四棱），觯（侈口圈足），角（似爵无柱有盖），斝（似爵

而大,无流尾)等。饮食器,有簠、簋(皆熟食所用之器,簠为方者以盛加膳,簋为圆者以盛常膳,均有盖与圈足),豆(以盛濡物,形如其字,有盖),敦(以盛黍稷,又于会盟用以歃血,有两珥,有盖,圈足连方座,若三足),瓿(似壶而低,盛醢酱,圈足),壶(以盛酒酱,有方圆二种,圈足,多贯耳,或有环)等。盥涤之器,有匜、(注水之器,有流錾圈足或四足,盖形多夔兕),盘(有谓用以就洗者,盛弃水之器,侈口,圈足,或有两耳饰文多鱼龟)等。量器有钟、钫(钟圆形,钫方形皆似壶)等。乐器有镈钟、(亦谓特钟,独悬一虡之大钟),编钟(钟十六口悬于一虡),錞(体为椭圆,上大下小,无底,纽多虎蜼),镯(似钟有小甬),铙(如铃),铎(似钟而有小柄与舌)等。